全国人大常委会法制工作委员会经济法室 编

中华人民共和国
反垄断法

条文说明、立法理由及相关规定

北京大学出版社
PEKING UNIVERSITY PRESS

图书在版编目(CIP)数据

《中华人民共和国反垄断法》条文说明、立法理由及相关规定/全国人大常委会法制工作委员会经济法室编. —北京:北京大学出版社,2007.9
ISBN 978 - 7 - 301 - 12718 - 6

Ⅰ.中… Ⅱ.全… Ⅲ.反垄断法-研究-中国 Ⅳ. D922.290.5

中国版本图书馆 CIP 数据核字(2007)第 138858 号

书　　　名:	《中华人民共和国反垄断法》条文说明、立法理由及相关规定
著作责任者:	全国人大常委会法制工作委员会经济法室　编
责 任 编 辑:	苏燕英
标 准 书 号:	ISBN 978 - 7 - 301 - 12718 - 6/D · 1861
出 版 发 行:	北京大学出版社
地　　　址:	北京市海淀区成府路 205 号　100871
网　　　址:	http://www.pup.cn
电　　　话:	邮购部 62752015　发行部 62750672　编辑部 62117788
	出版部 62754962
电 子 邮 箱:	law@pup.pku.edu.cn
印　刷　者:	北京汇林印务有限公司
经　销　者:	新华书店
	650 毫米×980 毫米　16 开本　22.75 印张　315 千字
	2007 年 9 月第 1 版　2008 年 3 月第 2 次印刷
定　　　价:	36.00 元

未经许可,不得以任何方式复制或抄袭本书之部分或全部内容。
版权所有,侵权必究
举报电话:010 - 62752024　电子邮箱:fd@pup.pku.edu.cn

编写说明

《中华人民共和国反垄断法》已经十届全国人大常委会第二十九次会议通过,自2008年8月1日起施行。为了更好地宣传反垄断法,使社会各界了解《中华人民共和国反垄断法》的规定,保证反垄断法的顺利实施,全国人大常委会法制工作委员会经济法室编写了这本《〈中华人民共和国反垄断法〉条文说明、立法理由及相关规定》,对《中华人民共和国反垄断法》逐条作了说明,并附上相关规定,便于准确理解和把握立法原意。

参加本书撰写工作的作者有:黄建初、袁杰、王清、李建国、赵雷、王翔、刘新林、陈扬跃、胡健等。

编著者
2007年8月31日

目录 | Contents

第一章　总则　　　　　　　　　　　　　　　　1
第二章　垄断协议　　　　　　　　　　　　　　66
第三章　滥用市场支配地位　　　　　　　　　　99
第四章　经营者集中　　　　　　　　　　　　　116
第五章　滥用行政权力排除、限制竞争　　　　　212
第六章　对涉嫌垄断行为的调查　　　　　　　　229
第七章　法律责任　　　　　　　　　　　　　　276
第八章　附则　　　　　　　　　　　　　　　　341

第一章 总 则

第一条 为了预防和制止垄断行为,保护市场公平竞争,提高经济运行效率,维护消费者利益和社会公共利益,促进社会主义市场经济健康发展,制定本法。

【说明及立法理由】

本条规定了反垄断法的立法宗旨。立法宗旨是立法所要达到的政策目标,是法律制度设计的指导思想,不仅对理解法律具体条文有重要意义,在执法过程中,对不同案件的处理上也有指导意义。

纵观多数国家的反垄断法,其立法的核心目标是维护市场竞争机制,有效配置资源,保护和促进竞争。同时,也有其他的社会公共目标,如维护消费者利益,维护社会公共利益等。反垄断法作为国家通过法律手段调节市场的工具,具有较强的政策性,不同的发展阶段,不同的经济状况,都可能影响到反垄断法目标的实现和具体调整方法。我国正处在社会主义市场经济的建立初期,总体上说,市场还不够健全,维护竞争机制,提高经济效率,是我国搞市场经济,保持经济又好、又快发展的根本要求。因此,也是我国反垄断法的最重要的目标。反垄断法不仅反对经济性垄断,也反对政府滥用行政权力,排除限制竞争的行为;同时,考虑到我国的经济发展水平,现阶段市场经济中存在的实际问题,我国反垄断法的立法目标也包括增强国家在国际上的竞争力、维护国家经济安全、适当保护中小企业以及环境保护等其他社会公共目标。从我国市场经济实践看,我国的国内企业虽然有了竞争意识,但对竞争的理解还很不深刻,在竞争中还不能自如地运用市场规律。我国的执法机构欠缺反垄断的执法经验。因此,学习理解本法的立法宗旨,对我国企业和执法机构提高对竞争政策的认识,进一步准确理解本法的各项具体规定有重要意义。

根据这一条的规定,我国反垄断法的立法宗旨包括以下几方面的内容:

1. 预防和制止垄断行为。本法所称垄断行为,包括经营者达成垄断协议;滥用市场支配地位和具有或者可能具有排除、限制竞争效果的经营者集中。垄断行为,通常会排除或限制市场竞争,造成整体经济效率低下,破坏社会生产力的发展。反垄断法通过规定有关制度,预防和制止垄断行为的发生:

(1) 规定了垄断协议的定义、达成垄断协议的行为种类、垄断协议的豁免条件。

(2) 规定了市场支配地位的定义、认定因素和推定标准,列举了滥用市场支配地位的主要行为种类。

(3) 规定了经营者集中的申报制度、审查集中应考虑的因素、集中豁免的条件及有关审查程序。

(4) 规定了对经营者违法从事垄断行为的处罚。

上述规定给经营者提供了识别垄断行为的界限和标准,明确了对经营者违反反垄断法的行为所承担的法律责任,以期达到预防和制止垄断行为的目的。

2. 保护市场竞争机制,实现资源的有效配置,提高整体经济效率。市场竞争,鼓励经营者降低成本、提高个别生产效率,生产出质量好、价格低的产品,以维持经营者在市场中的生存。在竞争中取胜的经营者,因其使用资源的效率最高,通过价格信号,便从那些使用资源效率低的企业手中将资源争夺过来,从而使资源得到有效的使用,最大限度地创造生产力。提高经济效率即是指通过资源的有效配置,使全社会所有成员得到的财富总量最大化。反垄断法保护市场竞争机制,即维持一种竞争环境,在这一环境中,在价格引导下,通过千百万单个经营者和消费者的分散决策和交互作用,使资源得到最优化的配置,以提高整体经济效率,造福于全社会所有成员。

反垄断法作为一部竞争法,与我国已有的反不正当竞争法的立法目标不同。反垄断法的目的是维护市场竞争机制而不是直接保护特定的竞争者。其所维护的市场公平竞争,是要保护多个经营者的经济行为自由,不允许个别经营者利用其市场力量操纵价格或者强加其他市场条件。因此,它解决市场中有没有竞争的问题,而反不正当竞争法则主要解决市场中的不正当竞争的问题。在反垄断法出台以前,我国的反不正当竞争法根据中国的实际,规定了若干反对排除、限制竞争的条款,对维护我国的市场竞争机制,保护市场竞争,起到了重要作用。反垄断法实施以后,有关部门将对反不正当竞争法进一步梳理,涉及排除、限制竞争的问题将统一适用反垄断法。

3. 维护消费者合法权益。如前所述,反垄断法通过保护竞争机制,扼制垄断行为,使市场始终保持"有竞争"的状态,在竞争的作用下,迫使经营者以最低的成本生产最高质量的商品,并使消费者能以最低的价格购买到这些商品。因此,提高消费者福利,维护消费者的整体利益,也是反垄断法的重要目标。

我国现行消费者权益保护法,也以保护消费者权益为目标。反垄断法的立法目标与此的区别是:反垄断法并不排除对消费者的直接和具体的保护,但其目的侧重于通过维护市场竞争机制,提高经济效率,从整体上提高产品质量和降低价格,使消费者获得福利。因此,本法对消费者的保护着眼于竞争行为是否损害了保障消费者福利的竞争机制,而不以某一行为是否为消费者满意作为判断标准,也不刻意保护某一具体消费者的利益。

4. 维护社会公共利益。制定反垄断法,还要维护社会公共利益。制定反垄断法的主要目标是提高市场经济效率,但也要注意与其他社会目标相平衡。反垄断法从中国实际出发,将维护社会公共利益作为立法的目标之一,在具体规定上体现了对社会公共利益的保护。比如,规定为实现节约能源、保护环境、救灾救助及为保障对外贸易和对外经济合作中的正当利益的垄断协议可以得到豁免;对具有或者可能具有排除、限制竞争效果,应予禁止的经营者集中,如果经营者能够证明该集中符合社会公共利益的,可以不予禁止。反垄断法中所涉及的社会公共利益目标包括促进国民经济发展、提高国内企业的国际竞争力、保护对外贸易、社会就业、环境与资源保护及救灾、救助等。

【相关规定】

《中华人民共和国反不正当竞争法》第1条

为保障社会主义市场经济健康发展,鼓励和保护公平竞争,制止不正当竞争行为,保护经营者和消费者的合法权益,制定本法。

《中华人民共和国消费者权益保护法》第1条

为保护消费者的合法权益,维护社会经济秩序,促进社会主义市场经济健康发展,制定本法。

《中华人民共和国价格法》第1条

为了规范价格行为,发挥价格合理配置资源的作用,稳定市场价格总水平,保护消费者和经营者的合法权益,促进社会主义市场经济健康发展,制定本法。

我国台湾地区"公平交易法"第1条

为维护交易秩序与消费者利益,确保公平竞争,促进经济之安定与繁荣,特制定本法。

《日本禁止私人垄断及确保公正交易法》第1条

本法的目的,是通过禁止私人垄断、不正当的交易限制以及不公平的交易方法,防止事业支配力的过度集中,排除因联合、协议等方法形成的生产、销售、价格、技术等的不正当限制以及其他的对事业活动的不正当约束,促进公平的、自由的竞争,发挥事业者的创造性,繁荣经济,提高工资及国民实际收入水平,以确保一般消费者的利益并促进国民经济民主、健康地发展。

《韩国规制垄断与公平交易法》第1条

本法的目的,是防止经营者滥用市场支配地位和经济力的过度集中,规制不正当的协同行为及不公平的交易行为,促进公平自由竞争,鼓励创造性的经营活动,保护消费者,确保国民经济的均衡发展。

《加拿大竞争法》第1条

本法的目的在于保护和鼓励在加拿大的竞争,以提高加拿大经济的效益和适应能力,增加加拿大对世界市场的参与机会,同时确认其他国家在加拿大参与竞争,保障中小企业有参与加拿大经济发展的公平机会,使消费者能够享受价廉物美的服务。

《俄罗斯联邦有关保护竞争的联邦法》第1条

本联邦法的主体和目的

1. 本联邦法决定保护竞争的组织性和法律基础,包括防止和限制:

(1) 垄断行为和不公平竞争行为;

(2) 防止和限制、减少由联邦行政机构、俄罗斯联邦各组成国的公共机构、地方机构以及其他行使上述机构的职能的机构或组织,以及公共预算外基金和俄罗斯联邦中央银行进行的竞争。

2. 本联邦法旨在俄罗斯联邦内确保公共经济领域、商品的自由流动、竞争的保护和经济活动的自由,并且为商品市场的有效运作创造条件。

《匈牙利禁止不公平和限制性市场行为法》前言

维持市场竞争,确保市场效率和社会进步的公共利益,企业遵守商业公平要求的利益以及消费者利益要求国家以法律保护公平和自由的市场竞争。为此,有必要适用禁止与公平竞争要求相抵触或限制经济竞争的市场行为并禁止不利于竞争的企业集中,同时提供必要的制度和程序背景的竞争规则。为了达成这些目标——并且考虑到接近欧盟法律和国内竞争法条约的需要——议会通过了以下法案。

《蒙古国禁止不正当竞争法》第1条

制定本法旨在规范以下关系,即有关禁止和限制国家支配市场中的企业竞争以及禁止和限制垄断和其他阻碍公平竞争行为的关系。

《罗马尼亚竞争法》第1条

本法旨在通过保护、维持和鼓励竞争以及正常的竞争环境,从而提高消费者福利。

《印度尼西亚共和国禁止垄断活动和不公平商业竞争的法律》

考虑到:

一、经济领域内的发展必须有利于基于印度尼西亚建国五原则和一九四五年宪法的公共利益的实现;

二、经济领域内的民主要求印度尼西亚公民能在一个健康、有效率和有效的商业环境中公平地参加产品或服务的生产和营销过程,以促进经济增长,并使市场经济良好地运行;

三、每个参加印度尼西亚商业活动的人必须处于一种公平和适当的竞争环境,以至于不会导致特定企业经济权利的集中,也不会忽视印度尼西亚共和国签订的国际合同中所作的协议;

四、为实现上面所提到的第一、二和第三条目标,在众议院提案的情况下,制定禁止垄断活动和不公平商业竞争的法律被认为是必要的。

《印度尼西亚共和国禁止垄断活动和不公平商业竞争的法律》第3条

一、维持公共利益,提高国家经济的效率以促进公共福利;

二、通过健康的商业竞争来创造有益的商业环境,以保证大、中和小规模企业商业机会的平等;

三、组织企业的垄断活动和/或不公平商业竞争;并

四、在商业活动中创造有效性和效率。

《克罗地亚竞争法》第1条

本法规定保护竞争的规则和措施体系,调整被委以保护竞争职责的机构的权力、责任和组织构成,并规定实施本法的程序。

《印度2002年竞争法》

本法从我国的经济发展出发,规定建立一个防止对竞争有不利影响行为发生的委员会,以期促进并保持印度市场上的竞争,保护消费者利益,确保印度市场的其他参与者能够自由的进行交易,并规制与此相关相涉的一切问题。

第二条　中华人民共和国境内经济活动中的垄断行为,适用本法;中华人民共和国境外的垄断行为,对境内市场竞争产生排除、限制影响的,适用本法。

【说明及立法理由】

本条规定了反垄断法的调整对象。反垄断法是规范经济活动,整治垄断行为,保护市场竞争的法律。因此,其调整对象主要是经营者在我国境内经济活动中从事的垄断行为,包括经营者达成垄断协议;经营者滥用市场支配地位和具有或者可能具有排除、限制竞争效果的经营者集中。这些垄断行为的显著特征是排除、限制国内市场的竞争,因此

为反垄断法所禁止。从事垄断行为的主体一般是经营者，即从事商品生产、经营或者提供服务的自然人、法人和其他组织，这里既包括国内经营者，也包括外国企业等国际资本参与投资的经营者；垄断行为一般发生在经营者作为平等民事主体所从事的市场经济活动中。

反垄断法不仅适用于在中国境内发生的垄断行为，也包括在中国境外发生的，对国内市场竞争产生排除、限制影响的垄断行为。随着经济全球化和我国对外开放的进一步扩大，我国经济与国际经济日益融合，企业通过相互并购，形成了你中有我、我中有你的企业格局。许多境外投资者在我国国内有外商投资企业、分公司等商业存在，他们在国外的并购等行为都可能对我国境内的市场竞争产生影响；同时，随着我国对外贸易活动日益频繁，进出口产品不断丰富，外国进口商在国外达成垄断协议，向国内进口产品，损害国内进口企业利益，影响国内市场价格的情况也时有发生。为了防止和制止境外发生的垄断行为对国内的市场竞争产生不利影响，反垄断法借鉴国际上其他国家的经验，规定了域外效力。执法实践中，对反垄断法的域外效力的适用应掌握好界限，境外垄断行为，对国内市场没有影响或影响不大的，不应追究有关经营者的法律责任。同时，也应看到，反垄断法域外效力的具体适用，因存在着国家间的利益冲突和法律冲突而可能发生困难。只能通过加强双边、多边国际合作来解决这方面的问题。我国反垄断法确立域外效力制度后，也需要不断地探索反垄断域外适用的有效途径。

反垄断法不仅调整经济性垄断行为，还规范政府滥用行政权力，排除、限制竞争的行为。本法第五章专章规定了禁止行政机关滥用行政权力，排除、限制竞争。行政机关利用其行政管理职权，滥用行政权力，从事地方封锁等行为，阻碍了商品的自由流通，对市场竞争造成不良影响，不利于在全国形成统一、有序的市场，应当坚决予以制止。考虑到行政机关滥用行政权力，排除、限制竞争的行为与本法主要规范的经济性垄断行为，在行为主体、表现形式和处理方法上差别较大，难以采用与经济性垄断行为相同的规则加以规范，因此，本法在总则第8条专门规定：行政机关和法律、法规授权的具有管理公共事务的组织不得滥用行政权力排除、限制竞争，并辅之以第五章的具体规定和法律责任一章中的有关规定,对行政机关滥用行政权力,排除、限制竞争行为加以规范。

　　关于本法的调整范围,国务院在提交十届全国人大常委会审议的草案中曾规定:"本法规定的垄断行为,其他法律、行政法规另有规定的,依照其规定。""对本法规定的垄断行为,有关法律、行政法规规定应当由有关部门或者监管机构调查处理的,依照其规定"。在审议过程中,许多常委会组成人员认为,根据上述规定,对本法规定的垄断行为,只要其他法律、行政法规另有规定,就适用其他法律、行政法规,会使本法的规定被其他法律、行政法规所架空,特别是行政法规的规定不应当排除法律的适用。反垄断法是规范垄断行为的一般法,其他有关法律对特定垄断行为有特别规定的,根据特别法优于一般法的原则,可以依照有关法律的规定执行。但这一原则应仅适用于法律之间,不应当包括在法律层级上属于下位法的行政法规。经认真研究,反垄断法删去了这些规定。反垄断法是维护市场竞争的基本法律,该法中第3条规定了三种垄断行为,即:经营者达成垄断协议、经营者滥用市场支配地位和具有或可能具有排除限制竞争的经营者集中。在反垄断法实施以后,其他有关法律、行政法规涉及上述垄断行为的,均应当遵守反垄断法的规定,对个别行业需要作出特别规定的,应当由法律作出规定。法律、行政法规和国务院为贯彻国家产业政策和国家宏观调控政策而制定的市场准入规则和采取的市场准入措施,不是本法规定的垄断行为,也不是本法规定的行政机关滥用行政权力的行为,因此,不属于本法的调整范围,不受本法的限制。至于现阶段对不同的垄断行为可能由不同的部门或者监管机构进行调查处理的问题,其具体调查处理权限可以由国务院依照反垄断法的规定,根据反垄断工作的实际需要确定。

【相关规定】

《中华人民共和国消费者权益保护法》第2条

　　消费者为生活消费需要购买、使用商品或者接受服务,其权益受本法保护;本法未作规定的,受其他有关法律、法规保护。

《中华人民共和国价格法》第2条第1款

　　在中华人民共和国境内发生的价格行为,适用本法。

《德国反对限制竞争法》第 130 条

(1) 本法也适用于全部或一部属于公共部门所有或由公共部门管理或经营的企业。本法第一编至第三编的规定不适用于德意志联邦银行和复兴信贷机构。

(2) 本法适用于一切在本法适用范围内产生影响的限制竞争行为,限制竞争行为系本法适用范围以外的原因所致的,亦同。

(3)《能源经济法》的规定并不影响第 19 条和第 20 条规定的适用,《能源经济法》第 111 条的规定也不影响其他法规的适用。

《法国关于价格和自由竞争的法律》第 53 条

本命令的规定适用于所有生产、经销及劳务活动,公法人的行为也包括在内。

《俄罗斯联邦有关保护竞争的联邦法》第 3 条

本联邦法的适用范围:

1. 本联邦法适用于与保护竞争有关的关系,包括防止和限制涉及俄罗斯法人和外国法人、联邦行政机构、俄罗斯联邦各组成国的公共机构、地方机构以及其他行使以上所提机构的职能的机构或组织,以及公共预算外基金和俄罗斯联邦中央银行,包括个人企业家在内的自然人的垄断行为和不公平竞争行为。

2. 本联邦法的条款也适用于在俄罗斯联邦的领土之外的俄罗斯或外国的人或组织之间达成的协议,如果该协议符合以下两项条件:

(1) 协议涉及俄罗斯联邦的领土之内的基本生产资产和(或)无形资产或有关于俄罗斯商业合伙的股份(股票),俄罗斯商业组织的权利;

(2) 协议会或可能会限制俄罗斯联邦内的竞争。

《匈牙利禁止不公平和限制性市场行为法》第 1 条

① 除非立法有其他规定,本法适用于自然人和法人以及无法律人格的公司,包括住所位于国外的企业在匈牙利的分支机构(以下合称企业),在匈牙利共和国领土上实施的市场行为,第六章规定的行为除外。除了第二章和第三章规定的行为之外,本法亦应适用于企业在国外实施但是可能在匈牙利共和国领土上产生影响的市场行为(第二章、第三章分别为:禁止不公平竞争、禁止不公平操纵消费者选择)。② 如果依

据有关执行公约第81和82条规定的竞争规则的第1/2003号理事会条例(EC)[以下称:第1/2003号理事会条例(EC)],该市场行为可由匈牙利竞争局或匈牙利法院处理,则在适用《建立欧共体条约》(以下称EC条约)第81和82条的任何程序中,本法规定的程序规则亦应适用于该条款适用范围内的市场行为。

《芬兰竞争法》第2条

除非国会另有规定,本法不适用于对芬兰境外竞争的限制,只要这种限制并不损害芬兰消费者的利益。按照芬兰与外国达成的协议,或者为了保护芬兰的对外贸易,国会可以将本法的效力延伸至国外的限制竞争行为。

《罗马尼亚竞争法》第2条

(一)本法的规定适用于对竞争造成或可能造成限制、阻碍或者扭曲影响的行为,其行为主体包括:(1)企业或企业团体,其中包括私人或法人实体,本国或外国的,不论其国籍或公民权,以下简称企业。(2)中央或地方公共行政权力机构为干预市场运行而做出的决定或适用的法规,无论其对竞争具有直接影响或间接影响;除非这些措施是为了执行另外的法律或为了保护一项主要的公共利益。

(二)在前款第(1)项所述企业成为一个企业团体的成员,不论该团体的形式,包括协定、联合、组合集团、联盟等,通常根据协议、协定、条约、合同、契约等成立,不论其是否公开或秘密,在其不具有法人格的情况下,如果其参与的企业团体的行为是第一款所述的行为,则根据比例原则,本法的规定将适用此类企业。

(三)本法规定适用于发生在罗马尼亚境内外对罗马尼亚境内有影响的第(一)款所规定的行为。

(四)本法不适用于:(1)劳动力市场和劳动关系;(2)自由竞争的程度由特别法规定的货币市场和证券市场。

《克罗地亚竞争法》第2条

本法适用于发生在克罗地亚共和国境内的所有阻止、限制或扭曲竞争的形式;此外,如果发生在克罗地亚共和国境外的这些行为对克罗地亚共和国境内产生了影响,则本法亦适用于发生在克罗地亚共和国境外的这些行为,除非特定市场上的特定法规有不同规定。

《欧共体理事会关于执行欧共体条约第81和82条竞争规则的1/2003号条例》第3条

1. 成员国竞争主管机构以及法院对条约第81条第1款意义上且影响成员国间贸易的协议、决定和协调行为适用本国的竞争法时,它们也应将条约第81条适用这些协议、决定和协调行为。成员国竞争主管机构以及法院将本国竞争法适用于条约第82条所禁止的滥用行为时,它们也应对之适用条约第82条。

2. 适用成员国的竞争法,不应导致对可能影响成员国贸易但不构成条约第81条第1款意义上限制竞争的,或符合条约第81条第3款条件的,或条约第81条第3款适用条例所包括的协议、企业协会的决定或者协调行为的禁止。本条例不妨碍成员国在本国领土上通过或适用更为严格的本国法,以禁止或制裁企业实施的单边行为。

3. 在遵守共同体法基本原则与其他规定的条件下,成员国的竞争主管机构和法院适用本国的企业合并控制法时,本条第1款和第2款不予适用,而且它们不妨碍成员国适用与条约第81条和第82条之目的不同的本国法律。

《欧共体理事会关于执行欧共体条约第81和82条竞争规则的1/2003号条例》第32条

本条例不适用于:

(a) 欧洲经济共同体第4056/86号条例第1条第3款(a)项规定的国际不定期船舶服务;

(b) 欧洲经济共同体第4056/86号条例第1条第2款规定的在一个且同一个成员国的港口之间的海上运输服务;

(c) 共同体机场与第三国之间的航空运输。

《欧共体合并条例》第21条

1. 本条例是适用于第3条所定义的集中的唯一法规。1/2003号条例、1017/68号条例、4056/86号条例和3975/87号条例不适用于第3条规定的集中,但不具有共同体意义的合营企业和独立企业之间具有限制竞争目的或效果的协调行为除外。

2. 除受欧洲法院司法审查之外，委员会应具有本条例所规定的做出决定的单独管辖权。

3. 任何成员国不应对具有共同体意义的集中适用本国竞争法。

第1款的规定不影响任何成员国根据第4条第4款和第9条第2款所享有的权利，或者在移送后，根据第9条第3款第1项b和第9条第5款为适用第9条第8款而采取的必要措施。

4. 尽管有第2款、第3款的规定，成员国仍可采取适当的措施保护其合法利益，这些利益本条例没有予以考虑并且符合共同体法的一般原则和其他规定。

公共安全、媒体多样化和审慎原则应当被认为是第1项意义上的合法利益。

相关成员国应和委员会沟通任何其他的公共利益，在评估并确定该公共利益和共同体法律的一般原则及其他规定相一致之后，委员会应当认可该公共利益。委员会应当在沟通之后的25个工作日内将其决定通知相关成员国。

第三条　本法规定的垄断行为包括：
（一）经营者达成垄断协议；
（二）经营者滥用市场支配地位；
（三）具有或者可能具有排除、限制竞争效果的经营者集中。

【说明及立法理由】

本条是对垄断行为的规定。根据本法第2条的规定，中华人民共和国境内经济活动中的垄断行为，适用本法。根据本条的规定，反垄断法所指垄断行为包括三种行为：一是经营者达成垄断协议的行为；二是经营者滥用市场支配地位的行为；三是经营者具有或者可能具有排除、限制竞争效果的经营者集中。除本法另有规定外，禁止上述三种行为。

1. 垄断协议：又称卡特尔，是指两个以上经营者相互间达成的排除、限制竞争的协议、决定或者其他协同行为。垄断协议包括横向垄断协议和纵向垄断协议。横向垄断协议是指具有竞争关系的经营者之间达成的排除、限制竞争的协议，主要包括以下类型：(1) 固定或者变更商品价格；（2）限制商品的生产数量或者销售数量；（3）分割销售市场或者原材料采购市场；（4）限制购买新技术、新设备或者限制开发新技术、新产品；（5）联合抵制交易。纵向垄断协议是指经营者与交易相对人（一般不具有竞争关系）之间达成的排除、限制竞争的协议，主要包括固定向第三人转售商品的价格协议和限定向第三人转售商品的最低价格协议。垄断协议不仅包括书面形式的协议、决定，也包括口头形式的协议、决定；同时，还包括既没有书面协议，也没有口头协议，但采取了步调一致的行为。如几个具有市场支配地位的经营者不约而同地涨价等。确定一个协议是否为垄断协议，应主要采用合理分析原则，以其是否排除或限制了市场竞争为衡量标准。

2. 经营者滥用市场支配地位：是指具有市场支配地位的经营者，滥用其支配地位，从事排除、限制竞争的行为。主要包括：（1）以不公平的高价销售商品或者以不公平的低价购买商品；（2）没有正当理由，以低于成本的价格销售商品；（3）没有正当理由，拒绝与交易相对人进行交易；（4）没有正当理由，限定交易相对人只能与其进行交易或者只能与其指定的经营者进行交易；（5）没有正当理由搭售商品，或者在交易时附加其他不合理的交易条件；（6）没有正当理由，对条件相同的交易相对人在交易价格等交易条件上实行差别待遇。确定上述行为是否为滥用市场支配地位行为，应采取合理分析的原则。为便于识别滥用市场支配地位的行为，反垄断法还对市场支配地位的定义及认定市场支配地位应考虑的因素作了规定。

3. 具有或者可能具有排除、限制竞争效果的经营者集中。反垄断法意义上的经营者集中主要是指一个经营者通过特定的行为取得对另一个经营者的全部或部分控制权。根据反垄断法的规定，经营者集中包括三种情形：一是经营者合并；二是经营者通过取得股权或者资产的方式获得对其他经营者的控制权；三是经营者通过合同等方式取得对其他经营者的控制权或者能够对其他经营者施加决定性影响。经营者集中具有有利于竞争和可能影响竞争的双重效果。在经济全球化时代，集中是形成规模经济，提高经营者竞争能力的重要手段；同时，过度的集中又会产生或加强市场支配地位，限制竞争，降低效率。反垄断法规定经营者集中制度的目的就是通过对集中的控制,防止出现过度的市场力量,从而导致排除、限制竞争的结果。为此,我国反垄断法借鉴国际上多数国家的做法,规定了经营者集中的事前申报制度,除将申报标准授权国务院作出规定外,对审查标准、审查应考虑的因素及审查程序作了规定。

【相关规定】

《中华人民共和国反不正当竞争法》第2条第2款

本法所称的不正当竞争,是指经营者违反本法规定,损害其他经营者的合法权益,扰乱社会经济秩序的行为。

《俄罗斯联邦有关保护竞争的联邦法》第4条

垄断行为——是指具有支配地位的经济实体或人的集团的滥用行为,反垄断立法所禁止的协议或协同行为,以及由联邦法律认定的其他行为(不作为)。

《墨西哥联邦经济竞争法》第8条

本法所称垄断,是指在商品或服务的生产、加工、分销和销售环节,减少、妨害或者阻碍竞争和市场进入自由的行为。

《巴西反垄断法》第20条

无论是否具有恶意,任何意图或已经造成所列结果的行为,即使以下结果尚未形成,应当被认为是对经济秩序的违反:第一,限制、抑制或以任何方式损害公开竞争或自由企业;第二,控制相关市场或某一特定产品或服务;第三,任意决定增加产品利润;第四,滥用市场控制地位。

第四条　国家制定和实施与社会主义市场经济相适应的竞争规则,完善宏观调控,健全统一、开放、竞争、有序的市场体系。

【说明及立法理由】

本条规定了反垄断法应遵循的基本原则。反垄断规则经过世界许多发达国家多年的实践检验,目前已经较为成熟,即形成了国际上的通行规则。但是,纵观反垄断实践较成熟的国家所走过的反垄断历程,不难看出,反垄断法作为政府调节经济的手段,通常根据本国的发展需要,实现不同的经济目标和社会目标。这使得反垄断法具有较强的政策性。同一反垄断规则,在不同国家,同一国家的不同发展阶段,其侧重点和掌握的宽严都不相同。因此,从本国的实际出发,制定适合某一经济发展阶段的竞争政策,并体现为法律,是各国制定反垄断法的普遍原则。我国是实行以公有制为主体、多种所有制经济共同发展为基本经济制度的社会主义市场经济的国家,制定反垄断法,必须从我国国情出发,不能简单照搬西方国家的反垄断制度。我国的竞争规则必须与社会主义市场经济的性质和发展要求相适应。虽然经历了二十多年的改革历程,我国仍处于社会主义初级阶段,经济正处在转型时期。企业规模较小,市场上一方面存在竞争不足,如个别企业滥用市场支配地位,排除、限制竞争;一些企业搞价格联盟,损害市场竞争;有些地方政府滥用行政权力,实行地方封锁,妨碍商品在地区之间的自由流通等情况;同时,也存在着有的市场主体盲目竞争,特别是在出口中竞相压价损害国家利益的情况。还应当看到,我国在经济体制改革过程中,区域之间的不平衡十分明显,全社会的就业压力较大;经济全球化的趋势使我国企业面临着国际竞争的巨大压力。制定反垄断法,要考虑到我国的现实情况:一方面要进一步完善我国现有的竞争规则,坚决扼制达成垄断协议、滥用支配地位和以不合理集中方式排除、限制竞争的行为,维护市场竞争;同时,在制度设计上也要在国家宏观调控的指导下,统筹协调反垄断与实施国家产业政策及各项经济政策的关系,科学处理实现竞争目标和其他社会公共目标的关系,保护和促进市场有序竞争,使我国的市场真正建立起统一、开放、竞争、有序的良性市场体系。

在起草和审议反垄断法的过程中,有关工作部门也认真研究了世界上其他国家的反垄断立法与实践,在对具体垄断行为的界定标准、判定因素、审查和调查程序、反垄断执法机构的调查权限等方面,在符合我国实际情况的前提下,尽量吸收其他国家的成功经验,许多规定与国际惯例是一致的。在经济全球化的今天,反垄断法作为保护市场竞争的法律,也必须考虑其他国家对垄断行为的规制标准和所掌握的政策界限,以维护我国国家和企业的根本利益。

第五条 经营者可以通过公平竞争、自愿联合,依法实施集中,扩大经营规模,提高市场竞争能力。

【说明及立法理由】

经营者集中,是指为了达到特定的经济目的,通过一定方式和手段而形成的经营者之间的资产、人员等因素的融合。在有关国家和国际组织的反垄断法律中,经营者集中又被称为经营者"合并"、"并购"或者"结合"等。按照本法第20条的规定,本法所称的经营者集中包括下列三种情形:

(1)经营者合并;

(2)经营者通过取得股权或者资产的方式获得对其他经营者的控制权;

(3)经营者通过合同等方式取得对其他经营者的控制权或者能够对其他经营者施加决定性影响。

集中是经营者扩大自身规模,提高竞争能力,以更好地参与市场竞争的一种重要手段。集中可以为经营者带来一系列好处,如实现规模经济,降低单位产品的成本,节约交易费用,提高经营者的生产效率,实施多样化生产而降低市场风险,等等。但是,经营者集中也会减少甚至消灭市场上的竞争者,产生或者加强经营者的市场支配地位,从而对市场的有效竞争造成威胁。同时,通过集中而获得市场支配地位后,由于市场的需求缺乏弹性,仅仅通过提高价格或者减少产量就可以增加利润,经营者没有了提高生产效率的压力,从而可能造成经济效率的低下,不利于鼓励经营者开展市场竞争。正因为经营者集中可能对市场竞争产生不利后果,对于经营者集中的控制,属于反垄断法的一项重要任务,对于具有或者可能具有排除、限制竞争后果的经营者集中,反垄断法予以禁止。

经营者集中对市场竞争的影响,往往是长远的、潜在的,对经营者集中实施控制时需要考虑的因素很多。反垄断法需要根据本国经济的发展阶段、发展情况,本国企业的实际情况、市场竞争情况等因素,决定如何对经营者集中实施控制以及控制到什么程度。从国外的立法例看,有关国家和国际组织的反垄断法对经营者集中的规范,一般都是依据立法时本国的实际情况做出的,有一个发展的过程。如德国在1955年制定反垄断法时,其草案中原本有控制经营者集中的内容,但由于联邦议会的反对,在1957年颁布的德国反对限制竞争法中就没有对这一内容加以规定。直到1973年德国对反对限制竞争法进行第二次修订时,才将控制经营者集中的规定纳入法律。又比如欧盟,其对垄断行为实施管制的依据是1957年制定的欧共体条约,但在欧共体条约中并没有控制经营者集中的内容,条约的第81条和第82条仅对垄断协议和滥用市场支配地位进行了规定。1989年,欧共体理事会通过了《关于控制企业合并的第4064/89号条例》,才在欧共体范围内确立控制经营者集中的制度。

我国的反垄断法在对经营者集中作出规定时,也应符合我国当前的国情。我国现阶段经济发展中存在的一个主要问题是,产业集中度不高,许多企业达不到规模经济的要求,与国外大企业相比更有很大差距,缺乏国际竞争力。因此,制定反垄断法,应从我国现阶段经济发展的实际情况出发,既要防止经营者过度集中形成垄断,又要有利于国内企业通过依法兼并做大做强、发展规模经济,提高产业集中度,增强竞争能力。本条依据上述原则,对经营者集中作了原则性的规定:

1. 经营者可以通过公平竞争,自愿联合,实施集中。根据我国当前的情况,经营者集中在一定程度上是有利于经济发展的,可以改善我国企业规模过小的情况,提高企业的生产效率和市场竞争力。同时,在我国当前存在地方保护和部门垄断的情况下,跨地区和跨行业的集中,有利于打破地方封锁和部门垄断。因此,我国反垄断法对经营者集中并不持反对态度,经营者自愿实施的集中,是反垄断法所允许的。

2. 经营者实施的集中应当依法进行。首先,经营者集中应当符合本法的规定。本法第四章以专章的形式对经营者集中进行了规定:经营者集中达到国务院规定的申报标准的,应当按照本法规定的程序事先向国务院反垄断执法机构申报,未申报的不得实施集中;经营者集中具有或者可能具有排除、限制竞争效果的,国务院反垄断执法机构应当作出禁止经营者集中的决定;国务院反垄断执法机构对不予禁止的经营者集中,可以决定附加减少集中对竞争产生不利影响的限制性条件。对本法关于规范经营者集中的规定,经营者在实施集中时,应当严格遵守。其次,经营者集中还要符合其他有关法律、法规的规定。如以公司合并的形式实施集中的,应当符合公司法关于公司合并的规定。又比如,有的行业监管法律要求特定行业的经营者的重大事项变更应当经过审批,如《证券法》第129条规定,证券公司设立、收购或者撤销分支机构,变更业务范围或者注册资本,变更持有百分之五以上股权的股东、实际控制人,变更公司章程中的重要条款,合并、分立、变更公司形式等,必须经国务院证券监督管理机构批准。证券公司在实施集中时,应依照证券法的上述规定履行审批手续。

【相关规定】

《中华人民共和国公司法》第173条

公司合并可以采取吸收合并或者新设合并。

一个公司吸收其他公司为吸收合并,被吸收的公司解散。两个以上公司合并设立一个新的公司为新设合并,合并各方解散。

《中华人民共和国公司法》第174条

公司合并,应当由合并各方签订合并协议,并编制资产负债表及财产清单。公司应当自作出合并决议之日起十日内通知债权人,并于三十日内在报纸上公告。债权人自接到通知书之日起三十日内,未接到通知书的自公告之日起四十五日内,可以要求公司清偿债务或者提供相应的担保。

《中华人民共和国证券法》第129条

证券公司设立、收购或者撤销分支机构,变更业务范围或者注册资本,变更持有百分之五以上股权的股东、实际控制人,变更公司章程中的重要条款,合并、分立、变更公司形式、停业、解散、破产,必须经国务院证券监督管理机构批准。

证券公司在境外设立、收购或者参股证券经营机构,必须经国务院证券监督管理机构批准。

《中华人民共和国商业银行法》第 25 条

商业银行的分立、合并,适用《中华人民共和国公司法》的规定。

商业银行的分立、合并,应当经国务院银行业监督管理机构审查批准。

《中华人民共和国保险法》第 82 条

保险公司有下列变更事项之一的,须经保险监督管理机构批准:

(一) 变更名称;

(二) 变更注册资本;

(三) 变更公司或者分支机构的营业场所;

(四) 调整业务范围;

(五) 公司分立或者合并;

(六) 修改公司章程;

(七) 变更出资人或者持有公司股份百分之十以上的股东;

(八) 保险监督管理机构规定的其他变更事项。

保险公司更换董事长、总经理,应当报经保险监督管理机构审查其任职资格。

《中华人民共和国外资企业法》第 10 条

外资企业分立、合并或者其他重要事项变更,应当报审查批准机关批准,并向工商行政管理机关办理变更登记手续。

《关于外国投资者并购境内企业的规定》第 3 条

外国投资者并购境内企业应遵守中国的法律、行政法规和规章,遵循公平合理、等价有偿、诚实信用的原则,不得造成过度集中、排除或限制竞争,不得扰乱社会经济秩序和损害社会公共利益,不得导致国有资产流失。

第六条 具有市场支配地位的经营者,不得滥用市场支配地位,排除、限制竞争。

【说明及立法理由】

一、市场支配地位,在有关国家和国际组织反垄断法律中又被称为控制市场的地位、独占地位、垄断力、垄断状态等,主要是对具有控制市场能力的经营者状态的描述。按照本法第17条的规定,市场支配地位是指经营者在相关的市场内具有能够控制商品价格、数量或者其他交易条件,或者能够阻碍、影响其他经营者进入相关市场能力的市场地位。

从经济效果上看,市场支配地位的产生在一定程度上是有利于经济发展的:

(1) 市场支配地位能够发挥生产的规模经济效果。在经济资源有限的前提下,市场支配地位所产生的集聚效应,能集中使用各种资源,减少经营成本,通过规模经济提高生产效率。

(2) 市场支配地位可以增强经营者的经济实力,使经营者拥有更加强大的研发能力,促进科技创新活动的发展,带动相关行业技术的革新,推动社会的科技进步。

同时,市场支配地位的产生也会影响市场竞争,给经济发展带来不利影响:

(1) 具有市场支配地位的经营者,如果滥用其所具有的控制市场的能力,实施排除、限制竞争的行为,将严重扭曲市场的竞争机制,减少甚至消灭竞争,抑制经济的发展;

(2) 具有市场支配地位的经营者,在市场上缺乏竞争压力,往往会使经营者丧失警觉性,忽略成本控制和生产力提高,降低资源的使用效率;

(3) 具有市场支配地位的经营者,仅仅通过提高产品价格或者降低产品数量就可以获得高额利润,而不必去进行科技创新、提高生产效率,在一定程度上会阻碍科技的发展和技术进步,不利于整个行业的发展。正因为市场支配地位在带来规模经济好处的同时,会影响、限制市场的竞争,对具有市场支配地位的经营者实施控制,也就成为各国反垄断法的一项重要内容。

二、本条对具有市场支配地位的经营者实施控制的规定主要包括两方面的内容。

1. 反垄断法并不禁止经营者取得市场支配地位。经营者取得市场支配地位,实践中一般是通过以下方式:

(1) 通过国家授权而取得市场支配地位。对于一些特殊的产品,或者在一些关系国民经济命脉和国计民生的行业和领域,国家有意对其竞争秩序进行适当的控制,只允许少量的经营者进入该行业或者领域,以维护国家安全和社会公共安全。上述行业的经营者,依据国家的授权而自然取得市场支配地位。

(2) 因规模经济的需要而取得市场支配地位。在一些资本密集型产业,如电力、电信、铁路等通过网络、管线运营的行业,需要大规模的固定资产投入才能开始生产,而且投资周期长,资金回笼慢,需要大量资金支持,只有通过规模经济,才能降低产品成本。正因为这些行业的特殊性,其经营者的数量不能太多,否则就会造成资源的浪费。上述行业的经营者也通常因此而取得市场支配地位。

(3) 因竞争而产生市场支配地位。在激烈的市场竞争中,经营者通过减少成本、改善经营、改进技术,提高自己的生产效率,从而不断扩大自己的市场份额,并最终取得市场支配地位。这也是在自由竞争的市场环境中,经营者取得市场支配地位最常见的一种方式。

从经营者取得市场支配地位的方式看,市场支配地位的产生一般都是通过合法的途径,基于国家的授权或者是通过合法的竞争。因此,反垄断法对市场支配地位本身并不限制。特别是在经营者通过合法竞争取得市场支配地位的情况下,如果反垄断法反对市场支配地位,就会产生逻辑上的悖论:反垄断法是促进市场竞争的法律,经营者取得市场支配地位是合法竞争的结果,而这种结果又被反垄断法所禁止,这在理论上是说不通的。有一种看法认为反垄断法就是反规模经济、反垄断企业、反对经营者取得市场支配地位。这其实是一种误解,市场支配地位的产生是市场竞争、经济发展的必然产物,本身并没有好坏之分。有关国家和国际组织的反垄断法也都坚持这一原则,即经营者取得市场支配地位是法律所允许的。

2. 反垄断法禁止经营者滥用市场支配地位,排除、限制竞争。反垄断法并不反对经营者取得市场支配地位;但是,具有市场支配地位的经营者,拥有强大的经济实力,能够控制市场上商品的价格、数量和其他交易条件,这种地位对市场竞争是一种潜在的威胁,如果其滥用市场支配地位,从事排除、限制竞争的行为,将会严重影响市场竞争秩序。因此,有关国家和国际组织的反垄断法都对经营者滥用市场支配地位,排除、限制竞争的行为予以严格禁止。

本条明确规定,具有市场支配地位的经营者,不得滥用市场支配地位,排除、限制竞争。至于什么样的行为属于"滥用",一般应根据经营者的行为对市场竞争的影响进行判断。本法第17条对经营者滥用市场支配地位的行为,进行了详细的列举:

(1) 以不公平的高价销售商品或者以不公平的低价购买商品;

(2) 没有正当理由,以低于成本的价格销售商品;

(3) 没有正当理由,拒绝与交易相对人进行交易;

(4) 没有正当理由,限定交易相对人只能与其进行交易或者只能与其指定的经营者进行交易;

(5) 没有正当理由搭售商品,或者在交易时附加其他不合理的交易条件;

(6) 没有正当理由,对条件相同的交易相对人在交易价格等交易条件上实行差别待遇;

(7) 国务院反垄断执法机构认定的其他滥用市场支配地位的行为。

经营者从事上述行为,就属于滥用市场支配地位,为法律所严格禁止。

本条一方面允许经营者通过合法途径取得市场支配地位;另一方面禁止经营者滥用市场支配地位,排除、限制竞争。这样的规定在当前我国具有很强的现实意义:既可以消除人们对反垄断法不利于增强国有经济在关系国家安全和国民经济命脉的重要行业和关键领域的控制力,不利于促进国内企业做大做强的担心;又对具有市场支配地位的经营者起到警示的作用,防止其滥用市场支配地位,损害消费者和其他经营者的合法权益。

【相关规定】

《中华人民共和国反不正当竞争法》第6条

公用企业或者其他依法具有独占地位的经营者,不得限定他人购买其指定的经营者的商品,以排挤其他经营者的公平竞争。

《中华人民共和国电信条例》第 17 条

电信网之间应当按照技术可行、经济合理、公平公正、相互配合的原则,实现互联互通。

主导的电信业务经营者不得拒绝其他电信业务经营者和专用网运营单位提出的互联互通要求。

前款所称主导的电信业务经营者,是指控制必要的基础电信设施并且在电信业务市场中占有较大份额,能够对其他电信业务经营者进入电信业务市场构成实质性影响的经营者。

主导的电信业务经营者由国务院信息产业主管部门确定。

《关于禁止公用企业限制竞争行为的若干规定》第 3 条

公用企业应当遵守国家法律的规定,不得利用自身的优势地位妨碍其他经营者的公平竞争,也不得侵害消费者的合法权益。

《关于禁止公用企业限制竞争行为的若干规定》第 4 条

公用企业在市场交易中,不得实施下列限制竞争的行为:

(一)限定用户、消费者只能购买和使用其附带提供的相关商品,而不得购买和使用其提供的符合技术标准要求的同类商品;

(二)限定用户、消费者只能购买和使用其指定的经营者生产或者经销的商品,而不得购买和使用其他经营者提供的符合技术标准要求的同类商品;

(三)强制用户、消费者购买其提供的不必要的商品及配件;

(四)强制用户、消费者购买其指定的经营者提供的不必要的商品;

(五)以检验商品质量、性能等为借口,阻碍用户、消费者购买、使用其他经营者提供的符合技术标准要求的其他商品;

(六)对不接受其不合理条件的用户、消费者拒绝、中断或者削减供应相关商品,或者滥收费用;

(七)其他限制竞争的行为。

《制止价格垄断行为暂行规定》第 5 条

经营者不得凭借市场支配地位,在向经销商提供商品时强制限定其转售价格。

《制止价格垄断行为暂行规定》第6条

经营者不得凭借市场支配地位,违反法律、法规的规定牟取暴利。

《制止价格垄断行为暂行规定》第7条

经营者不得凭借市场支配地位,以排挤、损害竞争对手为目的,以低于成本的价格倾销;或者采取回扣、补贴、赠送等手段变相降价,使商品实际售价低于商品自身成本。

《制止价格垄断行为暂行规定》第8条

经营者不得凭借市场支配地位,在提供相同商品或者服务时,对条件相同的交易对象在交易价格上实行差别待遇。

我国台湾地区"公平交易法"第10条

独占之事业,不得有下列行为:

1. 以不公平之方法,直接或者间接阻碍其他事业参与竞争;
2. 对商品价格或服务报酬,为不当之决定、维持或者变更;
3. 无正当理由,使交易相对人给予特别优惠;
4. 其他滥用市场地位之行为。

《美国谢尔曼法》第2条

任何人垄断或者企图垄断,或与他人联合、共谋垄断州际间或者与外国间的商业和贸易,是严重犯罪。如果参与人是公司,将处以100万美元以下罚款;如果参与人是个人,将处以10万美元以下的罚款,或3年以下监禁。也可由法院酌情并用两种处罚。

《欧共体条约》第82条

一个或者多个在共同市场内或者其中的相当一部分地域内占有优势地位的企业滥用这种地位的任何行为,可能影响成员国之间贸易的,因与共同市场不相容而被禁止;特别是禁止包含下列内容的滥用行为:

(1) 直接或者间接地实行不公平的购买或者销售价格或者其他不公平的交易条件的;

(2) 限制生产、市场或者技术发展,损害消费者利益的;

(3) 在相同的交易情形下,对交易当事人实行不同的交易条件,因而置其于不利的竞争地位的;

(4) 要求对方当事人接受与合同主题在本质上或者商业惯例上无

关联的附加义务,作为签订合同的前提条件的。

《德国反对限制竞争法》第19条

1. 禁止一个企业或多个企业滥用市场支配地位。

2. 一个企业,如在实质上或空间上的相关市场上作为某种商品或服务的供应者或需求者符合下列条件,即具有市场支配地位:

(1) 没有竞争者或没有实质上的竞争,或者

(2) 相对于其他竞争者具有突出的市场地位;在此,特别要考虑该企业的市场份额、财力、进入采购或销售市场的渠道、与其他企业的联合、其他企业进入市场所面临的法律上或事实上的限制、住所设在本法适用范围之内或之外的企业的事实上的或潜在的竞争、将其供应或需求转向其他商品或服务的能力以及市场相对人转向其他企业的可能性。两个或两个以上企业之间就某种商品或服务不存在实质上的竞争,并且这些企业在总体上符合本款第一句的要件的,则该两个或两个以上企业具有支配市场地位。本法意义上的空间上的相关市场可以比本法的适用范围广。

3. 一个企业至少占有1/3市场份额的,推定其具有市场支配地位。由多个企业组成的整体视为具有市场支配地位,条件是:

(1) 该整体由3个或3个以下企业组成,它们共同占有50%的市场份额,或者

(2) 该整体由5个或5个以下企业组成,它们共同占有2/3的市场份额,但这些企业能够证明在此竞争条件下它们之间能够开展实质上的竞争,或者这些企业在总体上相对于其他竞争者不具有突出的市场地位的,不在此限。

4. 滥用,即如一个具有市场支配地位的企业作为某种商品或服务的供应者或需求者

(1) 以对市场上的竞争产生重大影响的方式,并无实质上合理的理由,损害其他企业的竞争可有性;

(2) 提出与在有效竞争情况下理应存在的报酬和其他条件相悖的报酬或其他条件;在此,特别应当考虑企业在存在有效竞争的类似市场上的行为方式;

(3) 提出的报酬或其他交易条件差于该支配市场的企业本身在类似市场上向同类购买人所要求的报酬或其他交易条件,但该差异在实质上是合理的除外;

(4) 拒绝另一个企业以适当报酬进入自己的网络或其他基础设施,但以该另一个企业出于法律上或事实上的事由,非使用他人网络或其他基础设施无法在前置或后置市场上作为支配市场企业的竞争者从事活动为限;如支配市场的企业证明这种使用因企业经营方面或其他方面的事由是不可能的或不能合理期待的,不在此限。

《德国反对限制竞争法》第 20 条

1. 支配市场的企业,第 2 条、第 3 条和第 28 条第 1 款意义上的处于竞争关系的企业的联合组织,以及依第 28 条第 2 款或第 30 条第 1 款第一句约束价格的企业,不得在同类企业通常均可参与的商业交易中,直接地或间接地不公平地阻碍另一个企业,或在无实质上合理理由的情况下直接地或间接地给予该另一个企业不同于同类企业的待遇。

2. 中小企业作为某种商品或服务的供应者或需求者依赖于某企业或企业联合组织,致其没有足够的、可合理期待的可能性转向其他企业的,第 1 款规定也适用于该企业或企业联合组织。某种商品或服务的需求者在供应者处除得到交易上通行的折扣或其他给付报酬外,还长期额外地取得不给予同类需求者的特别优惠的,推定该供应者在本款第一句意义上依赖于需求者。

3. 第 1 款意义上的支配市场的企业和企业联合组织,不得利用其市场支配地位,要求或促使其他企业在商业交易中虽无实质上合理的理由而向自己提供好处。第一句也适用于第 2 款第一句意义上的企业和企业联合组织之与依赖于它们的企业的关系上。

4. 企业相对于中小竞争者具有市场优势的,不得利用其市场优势,直接或间接地不公平地阻碍这些中小竞争者。第一句所称的不公平阻碍,即如一个企业并非临时性地以低于成本的价格供应商品或服务,但具有实质上合理理由的除外。

5. 基于某些事实,根据一般经验,一个企业有利用了其第 4 款意义上的市场优势的迹象的,该企业有义务推翻这种迹象;该企业业务范围内可产生请求权的情形,相关的竞争者或第33条第2款规定的协会无法予以澄清,而被请求的企业却轻易能够澄清,并且可以合理期待它澄清的,该企业有义务澄清之。

6. 拒绝某个企业加入经济联合会和企业联合会以及质量标志协会的,如该拒绝构成了对该企业无实质上合理理由的不平等待遇,并将使该企业在竞争中遭受不公平损害,则不得拒绝其加入。

《法国关于价格和竞争自由的法律》第8条

企业或者企业集团具备下列地位而有滥用行为者,应当受到禁止:

1. 在国内市场或者其重要部分居控制地位;
2. 在需求或者供给企业处于无其他可替代解决途径而对其有经济依赖状态。

滥用行为特别可能包括拒卖、搭售或出售条件的歧视,及只因交易相对人拒绝接受不当的交易条件而断绝既存的商业关系。

《英国竞争法》第18条

1. 除了19节的规定的情形以外,一个或若干经营者实施的任何滥用支配地位的行为,可能影响英国国内的贸易的,均予禁止。

2. 具有下列情形的行为,尤其构成滥用——

(1) 直接或间限定不合理的买卖价格或其他不合理的贸易条件;

(2) 限制生产、市场或技术发展,损害消费者利益;

(3) 在同等情形的交易中对其他贸易对象适用不同的条件,使其处于不利的竞争地位;

(4) 在签订合同之际,使对方承担在性质上或从商业惯例角度看与合同目的无关的附加义务。

3. 在本节规定中——

"支配地位"指在英国国内的支配地位;

"英国"指英国的全境或一部分地区。

4. 第1条规定的禁令在本法中称为"第二章的禁令"。

《俄罗斯联邦有关保护竞争的联邦法》第10条

1. 禁止具有支配性地位的经济实体会或可能会导致防止、限制或者排除竞争,和(或)损害其他人的利益的行为(不作为),包括以下的

行为(不作为):

(1) 制定和维持商品的垄断性高价或垄断性低价;

(2) 让商品退出流通,导致商品价格的升高;

(3) 对合同相对方强加不利的或者与合同标的无关的合同条件[经济上或技术上不合理的,且(或)没有依照联邦法律的直接规定、俄罗斯联邦总统制定的成文法案、俄罗斯联邦政府的成文法案,授权的联邦行政机构的成文法案或司法行为,要求转移金融资产、其他财产,包括财产权利,以及加入与合同相对方不感兴趣的商品有关的条款作为同意签约的条件,其他要求];

(4) 在可能生产这些商品的情况下,经济上或技术上不合理地减少或者停止生产市场有需求的或者消费者订购的商品,并且该减少或者停止生产商品没有依照联邦法律的直接规定、俄罗斯联邦总统制定的成文法案、俄罗斯联邦政府的成文法案,授权的联邦行政机构的成文法案或司法行为;

(5) 在可能生产或者交付相关商品的情况下,经济上或技术上不合理地拒绝或回避与购买方(顾客)签订合同,并且该拒绝或者回避的行为没有依照联邦法律的直接规定、俄罗斯联邦总统制定的成文法案、俄罗斯联邦政府的成文法案,授权的联邦行政机构的成文法案或司法行为;

(6) 经济上、技术上或通过其他方式不合理地对同一产品制定不同的价格(价格标准),如果法律没有;

(7) 规定金融组织制定金融服务的不合理高价或不合理低价;

(8) 设置歧视性条件;

(9) 对其他经济实体进入或退出产品市场设置障碍;

(10) 违反由成文法案规定的定价程序;

2. 经济实体有权利提供证据表明其本条第1款规定的行为(不作为)(本联邦法第1款第1、2、3、5、6、7和10项规定的除外)可以依据本联邦法第13条第1款被认定为适当行为。

3. 俄罗斯联邦政府可以规定获得自然垄断主体产品的规则,旨在防止出现自然垄断主体产品的消费者与另一消费者相比处于不公平地位的情况。

4. 本条所规定的要求不能扩大适用于智力活动成果的排他权利的实行中,对于法人特定化的方式和生产、已执行工作和以提供服务的特定化方式也一样。

《比利时经济竞争保护法》第3条

禁止一个或者多个企业滥用其在比利时的相关市场上或者其实质部分中的支配地位。这种滥用行为可能尤其包括:直接或者间接地固定购买价格、售卖价格或者其他合同条款;

1. 限制生产、门店或者技术进步,损害消费者利益;

2. 就同类服务对商业伙伴适用不平等的条款,因此使对方处于竞争劣势;

3. 以对方接受额外服务为订立合同的条件,而这些服务根据其性质或者商业惯例与合同的目标并无联系。

《荷兰竞争法》第24条

禁止经营者滥用支配地位。

根据第27条规定进行的集中不应被视为滥用支配地位。

《克罗地亚竞争法》第16条

应该禁止一个或多个企业在相关市场上滥用其支配地位的行为。

本条第1款中所提到的滥用支配地位特别地由以下行为构成:

(1) 直接或间接地施加不公平的购买或出售价格或其他的不公平交易条件;

(2) 限制生产、市场或技术发展,损害消费者利益;

(3) 对与其他企业进行的相似交易适用不同的交易条件,因此使这些企业处于竞争上不利的地位;

(4) 规定若要达成合同,另一方就必须要接受额外义务,这些义务从其性质或商业用途上来说与合同的标的并无联系。

《匈牙利竞争法》第21条

禁止滥用支配地位,尤其是:在商业关系中,包括在适用标准合同条款的情况下,规定不公平的购买或销售价格或以任何其他方式规定不正当优势或强迫另一方接受不利条件;

1. 限制生产、分销或技术开发,损害消费者;
2. 不正当地拒绝建立或保持适合交易类型的商业关系;
3. 影响另一方的商业决策以获得不正当优势;
4. 在价格提高之前或为了使价格提高或以可能产生不正当优势或导致竞争劣势的任何其他方式不正当地将产品撤出流通或贸易领域;
5. 以供应或接受其他产品作为供应或接受产品的条件,以及以接受在性质或商业用途上不属于合同对象的义务为订立合同的条件;
6. 在价值或性质相当的交易中,不正当歧视贸易方,包括使特定贸易方处于竞争劣势的价格制定、付款期限、歧视性的销售或购买条款和条件或方法;
7. 非基于更高效率规定相对于竞争者的价格来说极低并且可能将竞争者赶出相关市场或阻碍其进入市场的价格;
8. 以任何其他方式不正当阻碍市场进入;或者
9. 不正当地建立不利于竞争者的市场条件或影响其商业决策以获得不正当优势。

《波兰反垄断法》第5条

垄断行为也包括下列滥用市场支配地位的行为:
1. 抑制产生或者促进竞争所必备的形成条件;
2. 根据地域、产品、顾客划分市场范围;
3. 提高商品时对不同的经营者实施差别待遇;
4. 他人没有其他货源或者出路的情况下,拒绝销售或者购买商品,从而对其他经营者实施差别待遇;
5. 对价格形成实施不正当影响,包括维持转售价格和排斥竞争对手为目的以低于成本的价格销售商品。

《芬兰竞争法》第7条

禁止企业或行业(企业)协会滥用市场支配地位。以下行为构成滥用:
1. 无正当理由限制交易关系;
2. 采用的交易条件不是基于公平贸易条件并且限制了消费者的自由;

3. 无正当理由采用独家销售或独家购买协议;
4. 采用不合理或可能限制竞争的价格;或
5. 利用市场支配地位限制其他产品的生产或销售市场。

《罗马尼亚竞争法》第6条

禁止一个或多个企业采取反竞争的、对商业活动造成损害或可能造成扭曲影响以及损害消费者的行为,在罗马尼亚市场或其实质的一部分滥用支配地位,主要的滥用行为主要包括:

(一)直接或间接地影响买卖价格、费率或其他不公平的合同条款,拒绝与特定的供应商或顾客交易;

(二)限制生产、销售或技术发展从而对用户或消费者不利;

(三)协议的达成以要求交易方接受附加义务为条件,而这些条件无论从性质或商业用途上来讲都与合同标的无关;

(四)不通过通常的招标和技术商务谈判,在进口中决定商品和服务的全部价格以及经济费率;

(五)垄断高价或掠夺性定价,以在销售市场上排挤竞争对手为目的低于成本定价,或通过提高国内销售价格的补偿方式以低于生产成本价格在出口销售市场上排挤竞争对手;

(六)利用一个企业对另一个企业经济上的依赖性,或者企业在相同的条件下无选择的地位,以交易对方不接受不公平的商业条件为理由断绝合同关系。

《韩国规制垄断与公平交易法》第3条

支配市场的事业者不得实施符合以下各项规定之一的行为(以下称滥用行为):

1. 不正当地决定、维持或者变更商品的价格或者劳务的对价的行为;
2. 不正当地调节商品的销售或者劳务的提供的行为;
3. 不正当地妨害其他事业者的经营活动的行为;
4. 不正当地妨碍新的竞争事业者的参与的行为;
5. 为了不正当地排除竞争事业者而进行交易,或者可能明显损害消费者利益的行为。

滥用行为的类型与基准有总统令规定。

《蒙古国禁止不正当竞争法》第4条

拥有市场支配地位的企业禁止从事以下行为：

（一）为了制造人为的市场短缺和提高价格而中止或限制商品的生产和销售；

（二）以附合同条件的方式要求对方，使得相对于与其出于相似地位竞争的企业而言处于不平等的地位；

（三）为了排挤其他竞争企业进入市场或把对方赶出市场而以低于商品价值的价格低价倾销自己的商品；

（四）为了把其他竞争对手赶出市场而无任何理由的拒绝与其建立业务关系；

（五）对顾客不想要的或不完全要的商品销售设定条件而搭售另外一个单独的商品；

（六）为了建立购买者能够再次销售这样的商品的区域而为购买者所买的用于再次销售的商品定死价；

（七）为出售自己的商品而设定条件，即不允许向他的竞争对手购买商品；

（八）要求其他企业低价把他们的手中的商品销售给自己，这样就会导致本类商品的生产和销售下降；

（九）要求竞争对手解散或拆散他的公司。

《印度竞争法》第4条

任何企业不得滥用其支配地位。

如果企业有下列情形之一的，可以认定第一款所述之滥用支配地位的行为存在：

1. 直接或间接地将不公平或歧视性的

（1）条件用于购买或售卖货物或服务的过程中；

（2）价格用于购买或售卖货物或服务（包括掠夺性价格）的过程中；

2. 限定或限制

（1）货物的生产或服务的提供及其市场；

（2）与货物或服务相关的技术或科学进步,损害消费者利益；

3. 一次或多次肆意从事会导致拒绝市场准入的行动；

4. 缔结合同时迫使他方接受附带条件,依其自然属性或商业习惯与本合同并无关系的附带条件；或

5. 利用其在某一市场中的支配地位进入或保护其他相关市场。

《印度尼西亚共和国禁止垄断活动和不公平商业竞争的法律》第25条

企业不得利用他们的支配性地位达到以下目的,不管是直接的还是间接的：

（1）为了阻止或阻碍消费者获取在价格上或质量上具有竞争性的商品和/或服务,强加交易条件；或

（2）限制市场和技术的发展；或

（3）阻碍可能会成为它们的竞争对手的其他企业进入相关市场。

企业如果符合下列情况之一,就是如本条第1款所述拥有了支配性地位：

（1）一企业或一组企业控制了一种商品或服务的50%或更高的市场份额；或

（2）两个或三个或几组企业控制了一种特定商品或服务的75%或更高的市场份额。

第七条 国有经济占控制地位的关系国民经济命脉和国家安全的行业以及依法实行专营专卖的行业,国家对其经营者的合法经营活动予以保护,并对经营者的经营行为及其商品和服务的价格依法实施监管和调控,维护消费者利益,促进技术进步。

前款规定行业的经营者应当依法经营,诚实守信,严格自律,接受社会公众的监督,不得利用其控制地位或者专营专卖地位损害消费者利益。

【说明及立法理由】

这一条是根据我国的现实情况,对国有经济占控制地位的关系国民经济命脉和国家安全的行业以及依法实行专营专卖行业的经营者经

营行为的规定。根据我国社会主义市场经济的性质和国民经济健康、有序发展的要求,对关系国民经济命脉和国家安全的行业,如电网、铁路路网、供水、供气、供热管网、长距离输油输气管道等基础设施不宜重复建设和多家经营,具有自然垄断性质,以及一些依法实行专营专卖的行业如烟草业、盐业等,一般由国家设立或者控股的企业经营。这些企业数量不多,竞争不足,国家要规范其经营行为。首先,上述企业在法律规定的范围内从事生产、经营活动,受国家的保护。同时,由于这些企业处于市场支配地位,容易有滥用支配地位,排除、限制竞争,损害消费者利益的行为。对上述行为,国家通过制定法律、法规,建立有关制度予以坚决制止。反垄断法禁止包括这些企业在内的经营者滥用市场支配地位,任意抬高价格或达成垄断协议,损害消费者利益,并规定了处罚措施;政府及有关部门依照价格法、消费者权益保护法等法律、行政法规的规定,对上述企业的价格行为进行监管和调控,维护消费者的利益。国家还要通过法律、法规和有关政策,对上述行业,逐步扩大市场准入,引入竞争机制。鼓励企业创新技术,提高企业的经济效率。总之,制定反垄断法,要全面体现十六大以来中央关于既要保障国有经济在重点行业和关键领域的控制地位,又要加快推进垄断行业改革、引入竞争机制并对其经营者实施有效监管的精神。

国有经济占控制地位的涉及国民经济命脉和国家安全的行业,往往也是与广大人民群众息息相关的行业,其经营者的经营行为直接影响着人民群众的生活,影响着党和国家的声誉。一段时期以来,群众对一些垄断行业利用支配地位实行垄断高价,损害消费者利益;有的行业内部收入过高,影响社会公平;有的行业服务态度、服务质量较差的情况反映较为强烈。针对实践中反映的问题,本法对上述行业经营者的经营行为提出了法定要求:

(1) 依法经营,包括遵守本法和有关法律、法规的规定;

(2) 诚实守信,从事经营活动应当以诚为本,重信誉,守信用,不得欺骗消费者和其他经营者;

(3) 严格自律,包括依照国家有关税收、会计和国有资产管理的规定设置工资标准;改善服务态度,提高服务质量,接受公众的监督;

(4) 不得利用其控制地位或者专营专卖地位损害消费者利益, 包括不得不公平的提价、拒绝与交易相对人进行交易、搭售商品或者在交易时附加其他不合理的交易条件等。

【相关规定】

《中华人民共和国反不正当竞争法》第 2 条第 1 款

经营者在市场交易中, 应当遵循自愿、平等、公平、诚实信用的原则, 遵守公认的商业道德。

《中华人民共和国反不正当竞争法》第 4 条第 1 款

国家鼓励、支持和保护一切组织和个人对不正当竞争行为进行社会监督。

《中华人民共和国消费者权益保护法》第 4 条

经营者与消费者进行交易, 应当遵循自愿、平等、公平、诚实信用的原则。

《中华人民共和国消费者权益保护法》第 5 条

国家保护消费者的合法权益不受侵害。

国家采取措施, 保障消费者依法行使权利, 维护消费者的合法权益。

《中华人民共和国消费者权益保护法》第 6 条第 1 款、第 2 款

保护消费者的合法权益是全社会的共同责任。

国家鼓励、支持一切组织和个人对损害消费合法权益的行为进行社会监督。

《中华人民共和国价格法》第 3 条第 1 款

国家实行并逐步完善宏观经济调控下主要由市场形成价格的机制。价格的制定应当符合价值规律, 大多数商品和服务价格实行市场调节价, 极少数商品和服务价格实行政府指导价或者政府定价。

《中华人民共和国价格法》第 4 条

国家支持和促进公平、公开、合法的市场竞争, 维护正常的价格秩序, 对价格活动实行管理、监督和必要的调控。

《中华人民共和国价格法》第 18 条

下列商品和服务价格, 政府在必要时可以实行政府指导价或者政

府定价:(一)与国民经济发展和人民生活关系重大的极少数商品价格;(二)资源稀缺的少数商品价格;(三)自然垄断经营的商品价格;(四)重要的公用事业价格;(五)重要的公益性服务价格。

《中华人民共和国价格法》第30条第1款

当重要商品和服务价格显著上涨或者有可能显著上涨,国务院和省、自治区、直辖市人民政府可以对部分价格采取限定差价率或者利润率、规定限价、实行提价申报制度和调价备案制度等干预措施。

《中华人民共和国价格法》第31条

当市场价格总水平出现波动等异常状态时,国务院可以在全国范围内或者部分区域内采取临时集中定价权限、部分或者全面冻结价格的紧急措施。

《中华人民共和国价格法》第32条

依照本法第三十条、第三十一条的规定实行干预措施、紧急措施的情形消除后,应当及时解除干预措施、紧急措施。

第八条　行政机关和法律、法规授权的具有管理公共事务职能的组织不得滥用行政权力,排除、限制竞争。

【说明及立法理由】

一、行政机关和法律、法规授权的具有管理公共事务职能的组织,滥用行政权力,排除、限制竞争的行为(即所谓行政性限制竞争行为,下同),在我国当前的经济实践中仍然较为普遍:有的地方政府为了保护本地的企业,实施地区封锁,限制外地商品进入本地市场;有的行政机关滥用行政权力,以拒绝给予行政许可等方式,在特定市场内限定他人只能购买其指定的经营者的商品,等等。上述行为,严重影响了市场竞争,保护了落后,妨碍统一、开放、竞争、有序的全国大市场的建立,不利于资源的优化配置,不利于经济的健康发展,并损害了广大消费者的利益。因此,需要用法律的形式对行政性限制竞争行为加以规制。

对于反垄断法对行政性限制竞争行为如何规定的问题,在立法过程中一直存在分歧:一种意见认为,虽然目前行政性限制竞争行为在我国还不同程度存在,但这种行为在性质上属于行政权力的不当行使,主要不是依靠反垄断法能够解决的问题。行政性限制竞争问题的根本解决，需要进一步深化经济体制改革和行政管理体制改革，转变政府职能，加强对行政权力运行的规范和监督，培育市场主体依法独立经营的自主意识。同时，还要采取包括党纪、政纪以及必要的法律手段在内的综合性措施。目前，有关法律和行政法规如产品质量法、反不正当竞争法，以及国务院关于禁止在市场经济活动中实施地区封锁的规定等已经对行政性限制性竞争的处理作了规定，关键是要进一步加强监督、严格执法。反垄断法主要规范的是经济垄断行为，行政性限制竞争行为不属于经济垄断行为，应主要由其他有关法律、行政法规规范，不必在反垄断法中规定。另一种意见认为，目前实践中，行政性限制竞争行为还较为普遍，这类行为扭曲竞争机制，损害经营者和消费者的合法权益，妨碍全国统一、公平竞争市场体系的建立和完善，社会各界对此普遍关注，并期望通过反垄断法对行政性限制竞争行为进行有效规制。反垄断法作为保护竞争的专门性、基础性法律，必须切实解决影响我国市场竞争的突出问题，应当对行政性限制竞争行为作出具体规定。

　　立法机关认真分析、研究了上述两方面的意见后认为，行政机关和法律、法规授权的具有管理公共事务职能的组织滥用行政权力，排除、限制竞争的行为在我国还确实存在，对市场竞争的影响也是客观事实，社会各界对此普遍关注。虽然反垄断法也很难从根本上解决这一问题，但从我国的国情出发，在反垄断法这一保护竞争的专门性、基础性法律中，对禁止行政性限制竞争作出明确、具体的规定，既表明国家对行政性限制竞争的重视和坚决反对的态度，又能够进一步防止和制止行政性限制竞争的行为。同时，从国外的立法经验看，一些从计划经济向市场经济转轨的国家，如前苏联和东欧的一些国家，在其转轨后制定的反垄断法中一般也都有关于行政性限制竞争的规定。如俄罗斯2006年修改后的《俄罗斯联邦有关保护竞争的联邦法》第三章以章的形式对联邦行政机构、俄罗斯联邦各组成国的公共机构、地方机构以及其他行使以上所提机构的职能的机构或组织，以及公共预算外基金和俄罗斯联邦中央银行实施的限制竞争行为进行了规定。保加利亚1991年《保护竞争法》第4条明确规定："凡国家行政机关和地方机构明示或者默示作出导致垄断地位的决定，或者该决定事实上可以导致这种地位，从而严重损害自由竞争或自由定价，应予以禁止。"匈牙利、波兰等国家的反垄断法中也有类似的规定。因此，本法借鉴国外的立法经验，根据我国国情，在本条对行政机关和法律、法规授权的具有管理公共事务职能的组织不得滥用行政权力，排除、限制竞争作了原则规定，并在第五章针对实践中比较常见的行政性限制竞争行为作了相应规定。

二、本条对行政机关和法律、法规授权的具有管理公共事务职能的组织滥用行政权力，排除、限制竞争行为的规定包括以下内容：

1. 本条规范的对象是行政机关和法律、法规授权的具有管理公共事务职能的组织。本法关于经济垄断的规定，针对的主要是经营者；与此不同，本条的规范对象不是经营者，而是拥有行政权力、行使行政管理职能的组织，包括行政机关和法律、法规授权的具有管理公共事务职能的组织。这里的行政机关，依照我国宪法的规定，既包括中央人民政府（国务院）和地方各级人民政府，也包括中央和地方各级人民政府所属的行政部门。这里的具有管理公共事务职能的组织，是指本身不属于行政机关，但通过法律、行政法规和地方性法规的授权而享有行政权力，行使行政管理职能的组织，这些组织经过授权而取得了行政管理的主体资格，可以以自己的名义行使行政管理权，以自己的名义独立承担因行使行政管理权而引起的法律后果。

2. 本条禁止的是行政机关和法律、法规授权的具有管理公共事务职能的组织滥用行政权力，排除、限制竞争的行为。行政机关和法律、法规授权的具有管理公共事务职能的组织为了行使其行政管理职能，特别是经济方面的行政管理职能，有时候不可避免地会对经济活动进行干预，这是行政权力行使的重要内容。行政机关和法律、法规授权的具有管理公共事务职能的组织依法正当行使行政权力的行为，如为维护社会经济秩序而进行的正常的经济管理活动，为实现对国民经济的宏观调控而采取的产业政策、财政政策等，反垄断法不予禁止；只有行政机关和法律、法规授权的具有管理公共事务职能的组织滥用行政权力，排除、限制竞争的行为，才受到反垄断法的约束，为反垄断法所禁止。

对于什么样的行为构成滥用行政权力,排除、限制竞争,一般应考虑以下因素:

(1) 该行为是否具有排除、限制竞争的效果,只有排除、限制竞争的行为才为反垄断法所禁止;

(2) 该行为是否有法律或者政策依据,如果行政机关和法律、法规授权的具有管理公共事务职能的组织的行为是依照法律或者国家政策做出的,即使具有排除、限制竞争的效果,也不属于滥用行政权力的行为。

实践中滥用行政权力,排除、限制竞争行为的表现形式很多,本法第五章对几种常见的行为进行了列举,包括:限定单位和个人只能经营、购买、使用指定的经营者提供的商品;妨碍商品在地区之间自由流通和充分竞争;排斥或者限制外地经营者参加本地的招标投标活动;排斥或者限制外地经营者在本地投资或者设立分支机构;强制经营者从事本法规定的垄断行为;制定含有排除、限制竞争内容的规定。对于其他形式的行政性限制竞争行为,虽然本法没有明确列举,也可以依据本条的规定对其进行处理。

【相关规定】

《中华人民共和国反不正当竞争法》第7条

政府及其所属部门不得滥用行政权力,限定他人购买其指定的经营者的商品,限制其他经营者正当的经营活动。

政府及其所属部门不得滥用行政权力,限制外地商品进入本地市场,或者本地商品流向外地。

《中华人民共和国招标投标法》第6条

依法必须进行招标的项目,其招标投标活动不受地区或者部门的限制。任何单位和个人不得违法限制或者排斥本地区、本系统以外的法人或者其他组织参加投标,不得以任何方式非法干涉招标投标活动。

《中华人民共和国建筑法》第23条

政府及其所属部门不得滥用行政权力,限定发包单位将招标发包的建筑工程发包给指定的承包单位。

《国务院关于禁止在市场经济活动中实行地区封锁的规定》第3条

禁止各种形式的地区封锁行为。

禁止任何单位或者个人违反法律、行政法规和国务院的规定，以任何方式阻挠、干预外地产品或者工程建设类服务（以下简称服务）进入本地市场，或者对阻挠、干预外地产品或者服务进入本地市场的行为纵容、包庇，限制公平竞争。

《国务院关于禁止在市场经济活动中实行地区封锁的规定》第4条

地方各级人民政府及其所属部门（包括被授权或者委托行使行政权的组织，下同）不得违反法律、行政法规和国务院的规定，实行下列地区封锁行为：

（一）以任何方式限定、变相限定单位或者个人只能经营、购买、使用本地生产的产品或者只能接受本地企业、指定企业、其他经济组织或者个人提供的服务；

（二）在道路、车站、港口、航空港或者本行政区域边界设置关卡，阻碍外地产品进入或者本地产品运出；

（三）对外地产品或者服务设定歧视性收费项目、规定歧视性价格，或者实行歧视性收费标准；

（四）对外地产品或者服务采取与本地同类产品或者服务不同的技术要求、检验标准，或者对外地产品或者服务采取重复检验、重复认证等歧视性技术措施，限制外地产品或者服务进入本地市场；

（五）采取专门针对外地产品或者服务的专营、专卖、审批、许可等手段，实行歧视性待遇，限制外地产品或者服务进入本地市场；

（六）通过设定歧视性资质要求、评审标准或者不依法发布信息等方式限制或者排斥外地企业、其他经济组织或者个人参加本地的招投标活动；

（七）以采取同本地企业、其他经济组织或者个人不平等的待遇等方式，限制或者排斥外地企业、其他经济组织或者个人在本地投资或者设立分支机构，或者对外地企业、其他经济组织或者个人在本地的投资或者设立的分支机构实行歧视性待遇，侵害其合法权益；

（八）实行地区封锁的其他行为。

《国务院关于禁止在市场经济活动中实行地区封锁的规定》第5条

任何地方不得制定实行地区封锁或者含有地区封锁内容的规定,妨碍建立和完善全国统一、公平竞争、规范有序的市场体系,损害公平竞争环境。

《俄罗斯联邦有关保护竞争的联邦法》第15条

禁止联邦行政机构、俄罗斯联邦各组成国的公共机构、地方机构以及其他行使以上所提机构的职能的机构或组织,以及公共预算外基金和俄罗斯联邦中央银行的限制竞争的法案和行为(不作为)

1. 联邦行政机构、俄罗斯联邦各组成国的公共机构、地方机构以及其他行使以上所提机构的职能的机构或组织,以及公共预算外基金和俄罗斯联邦中央银行禁止通过法案和(或)实行会或可能会导致防止、限制或者排除竞争的行为(不作为),依照联邦法规定通过法案和(或)实行行为(不作为)除外,具体而言,禁止以下行为:

(1) 对任一业务领域建立新的经济实体施加限制,以及对实行特定的行为或者生产特定类型的商品施加禁止或限制;

(2) 不合理地防止经济实体开展业务;

(3) 对俄罗斯联邦领土内商品的自由流动施加禁止或限制,以其他方式限制经济实体销售、购买、取得或交换商品的权利;

(4) 对经济实体发出命令,使其向特定的购买者(顾客)优先供给商品或优先签订合同;

(5) 对商品的购买者(顾客)选择提供该商品的经济实体施加限制。

2. 禁止授予俄罗斯联邦各组成国的公共机构、地方机构会或可能会导致防止、限制或者排除竞争的权力,依照联邦法律规定的情形除外。

3. 禁止将联邦行政机构、俄罗斯联邦各组成国的公共机构、地方机构以及其他授权机构或当地机构的职能与经济实体的职能相结合,依照联邦法、俄罗斯联邦总统的命令、俄罗斯联邦政府规章规定的情形除外,以及不得将上述机构的职能和权力授予经济实体,包括国家控制和监督机构的职能和权力。

《俄罗斯联邦有关保护竞争的联邦法》第 16 条

禁止联邦行政机构、俄罗斯联邦各组成国的公共机构、地方机构以及其他行使以上所提机构的职能的机构或组织,以及公共预算外基金和俄罗斯联邦中央银行的限制竞争的协议或协同行为。

禁止联邦行政机构、俄罗斯联邦各组成国的公共机构、地方机构以及其他行使以上所提机构的职能的机构或组织,以及公共预算外基金和俄罗斯联邦中央银行的与经济实体达成协议或实施协同行为,如果这些协议或者协同行为会或可能会防止、限制或者排除竞争,具体而言,可能会导致:

(1) 提高、降低或者维持价格(价格标准),除非此协议得到联邦法律或俄罗斯联邦总统或政府的规制性法律行为的批准;

(2) 经济上、技术上或通过其他方式不合理地对同一产品制定不同的价格(价格标准);

(3) 根据区域、销售量或购买量、所销售的商品的种类或者销售方或购买方(顾客)的范围划分市场;

(4) 对其他经济实体进入(退出商品市场)设置障碍,或者将经济实体排挤出市场。

《匈牙利竞争法》第 36 条

对于涉及竞争局职责的所有办法草案和构想或起草的立法,均应征求匈牙利竞争局局长的意见,尤其是在该等草拟的办法或立法限制竞争(开展特定活动或市场进入),授予排它性权利或包含有关价格或销售条款的规定的情况下。

《罗马尼亚竞争法》第 9 条

禁止中央或地方行政管理部门实施具有限制、阻止或损害竞争目的或影响的行为,特别是:

(1) 做出限制自由交易或企业自主经营的决定;

(2) 为企业设置有差别的商业条件。

第 1 款的规定不适用于第 2 条第 1 款(2)项下的豁免行为。

在中央或地方行政部门不遵守竞争委员会决定的情况下,竞争委员会可以就此起诉到布加勒斯特上诉法院。

第一章　总则　　　　　　　　　　　　　　　　　　　　　　第9条

《蒙古禁止不正当竞争法》第9条
禁止政府和地方行政机构作出决议限制竞争
（一）禁止政府和地方行政机构制定以下决议，除非法律另有规定：
1. 禁止或限制企业从事的某一行为，或生产或产品的销售；
2. 禁止或限制企业把产品从一个市场销往另外一个市场；
3. 给予某一企业优先权或优惠性的对待，或者歧视它；
4. 禁止或限制一个新的企业进入某一商业领域；
（二）禁止政府和地方行政机构之间或他们与任何一个企业谈判而采取以下决定，除非法律另有规定：
1. 提高或降低商品价格，或者保持商品价格不变；
2. 按地域、产品的生产和销售规模、产品种类、销售商和消费者而划分市场；
3. 限制一个企业进入市场或把一个企业排挤出市场；
（三）为了赔偿因自然灾害或其他突发事件而造成的损失，政府所有类型的贷款和资助都不能限制竞争。

第九条　国务院设立反垄断委员会，负责组织、协调、指导反垄断工作，履行下列职责：
（一）研究拟订有关竞争政策；
（二）组织调查、评估市场总体竞争状况，发布评估报告；
（三）制定、发布反垄断指南；
（四）协调反垄断行政执法工作；
（五）国务院规定的其他职责。
国务院反垄断委员会的组成和工作规则由国务院规定。

【说明及立法理由】
一、徒法不足以自行，任何法律制度的贯彻实施都需要有执行机构作为保障，反垄断法也不例外。特别是反垄断法的政策性和专业性都很强，合理设置执法机构对反垄断法的有效实施，是至关重要的。在反垄断法中如何规定我国反垄断执法机构的设置，是立法过程中普遍关注的问题。对这一问题,立法机关经过认真研究后认为:反垄断执法机构的设置,应当考虑现实可行性,鉴于目前国务院的有关部门已经在部分履行反垄断执法职权,为保持执法工作的连续性,保证反垄断法公布后的实施,以维持现行有关部门分别执法的格局为宜;同时,立法应当有一定的前瞻性,为今后的机构改革和职能调整留有余地。因此,本法只是明确规定了反垄断执法机构的职责及其工作程序,对具体承担反垄断执法职责的机构授权国务院另行规定。同时,为了协调反垄断执法,保证反垄断执法的统一性、公正性和权威性,规定设立国务院反垄断委员会,负责组织、协调、指导反垄断执法工作,并对国务院反垄断委员会的职责作了规定。

二、依据本条规定,国务院反垄断委员会履行下列职责:

1. 研究拟订有关竞争政策。竞争政策,是指市场经济国家为了保护和促进市场竞争而实施的经济政策。国家通过制定和实施竞争政策,起到保护和促进市场竞争,确保竞争机制在市场中发挥作用,从而提高生产效率,达到优化资源配置的目的。竞争政策是反垄断法制定的依据,反垄断法是竞争政策的法律表现形式。竞争政策除了包括反垄断法,也包括旨在促进国内经济竞争、放松经济管制、促进竞争自由和市场开放的各项政策和措施。国务院反垄断委员会作为统一组织、协调、指导全国反垄断工作的机构,应当更多地从宏观角度出发,综合分析我国的经济发展状况和市场结构,拟订符合我国国情的竞争政策,作为反垄断法执法的依据。

2. 组织调查、评估市场总体竞争状况,并发布评估报告。对于反垄断法规定的垄断行为,在具体定性上,都要看其是否排除、限制市场竞争,市场的竞争状况是反垄断执法的重要依据。因此,调查、评估市场总体竞争状况,并发布评估报告,为反垄断执法工作提供参考和依据,就成为国务院反垄断委员会的一项重要职责。许多国家反垄断法中也规定了反垄断执法机构的类似职责,如《德国反对限制竞争法》第44条规定:"垄断委员会每两年制作一份鉴定书,对德意志联邦共和国企业集中化的现状和预期发展做出评估,对有关合并监控的法律规定的适用作出评价,并对其他竞争政策方面的现实问题发表意见。"《罗马尼亚竞争法》第27条规定，竞争委员会应当起草有关竞争领域的研究报告，并向政府部门、公共组织及有关国际组织通报有关情况。

3. 制定、发布反垄断指南。反垄断执法工作是一项专业性很强的工作，对经营者的市场行为是否排除、限制竞争，构成垄断行为，需要根据实际的市场竞争状况，运用经济学的分析方法等许多手段进行判断。反垄断法只是构建了反垄断的基本法律框架，具体的、可操作性的内容都要依靠反垄断指南来解决。如什么样的协议构成垄断协议、对什么样的垄断协议可以豁免、什么样的行为构成滥用市场支配地位、如何判断经营者的集中是否排除限制竞争等，本法的规定都很原则，在具体实践中都需要依靠反垄断指南来做出具体规定。从国外立法例看，有关国家和国际组织都毫无例外地在反垄断法之外，制定大量的反垄断指南来指导反垄断执法工作。如美国司法部和联邦贸易委员会就分别制定并发布了横向合并指南、知识产权许可反托拉斯指南、国际经营反托拉斯执法指南、关于竞争者之间合谋的反托拉斯指南等一系列指南。本法将制定、发布反垄断指南的职责赋予了国务院反垄断委员会；国务院反垄断委员会应按照法律的规定，根据我国的市场竞争状况和经济发展状况，适时地制定、修改有关的反垄断指南，以保证反垄断法在实践中得到更好的贯彻、实施。

4. 协调反垄断行政执法工作。本法并没有明确由哪个部门承担反垄断执法工作，而是授权国务院作出规定。我国当前的实际状况是有多个部门承担反垄断执法职责，在多个部门负责反垄断执法工作的时候，就有可能出现执法不统一的问题，如在垄断行为的定性上的不统一、处罚宽严程度的不统一等，而影响反垄断法的公正性和权威性。为了保证反垄断执法的统一性，本法专门规定由国务院反垄断委员会负责协调反垄断行政执法工作，促使各部门按照统一的执法原则、执法程序、执法尺度去执行反垄断法。同时，在对重大反垄断案件的处理上，如果有关部门的意见发生分歧，国务院反垄断委员会也可以进行协调，以保证反垄断执法工作的顺利进行。

5. 国务院规定的其他职责。除了前面四项职责以外，国务院可以根据实际需要，赋予国务院反垄断委员会其他职责，以更好地执行反垄断法。

三、本条只是对国务院反垄断委员会的设立和职责进行规定,至于国务院反垄断委员会如何设立,委员会由哪些机构或者人员组成,委员会如何履行职责,委员会的议事方式和工作规范等内容,都授权国务院作出具体规定。

【相关规定】

《欧共体合并条例》第23条

1. 委员会应当有权根据本条第2款规定的程序制定以下规定:

(1) 关于第4条规定的申报和建议的形式、内容和其他细节的实施规定;

(2) 关于第4条第4至5款、第7条、第9条、第10条、第22条规定的时间限制的实施规定;

(3) 关于第6条第2款、第8条第2款规定的提出和实施承诺的时间限制的实施规定;

(4) 关于第18条规定的听证的实施规定。

2. 委员会应当在以下方面得到由成员国代表组成的顾问委员会的协助:

(1) 在公布实施规定草案和通过实施规定前,委员会应当和顾问委员会进行磋商;

(2) 磋商应当在委员会邀请和主持的会议上进行。实施规定的草案应当和邀请一起发给与会者,会议应当在邀请发出后的10个工作日之后举行。

(3) 顾问委员会应当就执行规定的草案提出意见,如果必要通过投票表决。委员会应当充分考虑顾问委员会提出的意见。

《罗马尼亚竞争法》第28条

1. 为实施本法规定,竞争委员会制定法规和指南,发布命令,起草顾问意见,提出建议及草拟有关报告。

2. 竞争委员会制定的法规涉及如下内容:(1) 竞争委员会的组织、职能及程序;(2) 经济集中的批准;(3) 对特定种类的协议、联合的协议及协调行为的豁免;(4) 个别豁免制度;(5) 本法规定的有关制裁的决定和措施;(6)公告的发布、个别豁免的申请、文件的使用、发布的文件的复制及摘录;(7)有关竞争事务调查官的事项;(8)有关竞争委员会职员的纪律制度。

3. 竞争委员会发布指南,特别包括以下方面:(1)有关经济集中的公告;(2)个别豁免申请的范围;(3)本法规定的销售额及其他数额标准的计算;(4)为确定真实的市场份额而进行的相关市场的定义;(5)根据本法和有关法规规定的收费事项。

4. 竞争委员会根据本法的规定为确定定期审议的有关数额标准发布命令,执行、暂缓或废除已制定的法规,发布开展调查、质询以及对企业采取相关措施的命令。

5. 有关管理、行政及内部规则、执行制裁措施、批准、认可和豁免范围等的决定都是针对具体案件的个别行为。

6. 发表顾问意见,提出意见建议和有关观点,起草报告并交换意见等,在本法规定的情况下,将以上报告公开出版。

《德国反对限制竞争法》第44条

垄断委员会每两年制作一份鉴定书,对德意志联邦共和国企业集中化的现状和预期发展作出评估,对有关合并监控的法律规定的适用作出评价,并对其他竞争政策方面的现实问题发表意见。鉴定书应当反映最近两届日历年度中的情况,并在本年度的6月30日之前制作完毕。联邦政府可以委托垄断委员会撰写额外的鉴定书。此外,垄断委员会可以根据自己的裁量制作鉴定书。

《比利时经济竞争保护法》第21条

在中央经济委员会内部应设立一个平等的委员会,即竞争委员会,其任务是自主地或者依据以下请求发表意见:

1. 国王就有关实施本法的任何敕令草案并且本法规定需由国王与委员会商议事项提出的请求;

2. 部长就任何一般性竞争政策问题或者任何修改本法的初步草案提出的请求;

3. 竞争理事会就一般性竞争政策问题或者在本法第28条规定的情形下提出的请求。

如果竞争委员会在部长规定的时间内未对请求发表意见作出回应,则不会再要求它再次发表意见。该规定时间不得少于15个工作日。

第十条 国务院规定的承担反垄断执法职责的机构(以下统称国务院反垄断执法机构)依照本法规定,负责反垄断执法工作。

国务院反垄断执法机构根据工作需要,可以授权省、自治区、直辖市人民政府相应的机构,依照本法规定负责有关反垄断执法工作。

【说明及立法理由】

一、反垄断执法机构如何设置,是反垄断立法时社会各界所普遍关心的问题。从国外的立法经验看,有的国家是由一个独立的机构负责反垄断执法工作,如德国的联邦卡特尔局、日本的公平交易委员会、俄罗斯的联邦反垄断局等;也有的国家是由两个机构共同执行反垄断法,如美国就是由司法部和联邦贸易委员会共同负责反垄断执法工作。从国外的经验看,反垄断执法机构的设置是与一国的国情和行政管理体制分不开的,应依据该国的实际情况进行机构设置。目前我国已经存在着几个部门分别负责反垄断工作的情况,如商务部负责外资并购境内企业的审查工作,国家发改委依据价格法负责与价格活动有关的反垄断工作,国家工商总局依据反不正当竞争法负责诸如搭售、公用企业滥用市场支配地位等方面的反垄断工作。我国反垄断法关于执法机构设置的规定要根据我国的实际情况,既要考虑现实的可行性,以保证反垄断法公布后的顺利实施;又要有一定的前瞻性,为今后的机构改革留有余地。因此,本法只是明确规定反垄断执法机构的职责及其工作程序,对于具体承担反垄断执法职责的机构由国务院另行规定。

二、本条第1款规定:国务院规定的承担反垄断执法职责的机构依照本法规定,负责反垄断执法工作。《国务院组织法》第8条规定:"国务院各部、各委员会的设立、撤销或者合并,经总理提出,由全国人民代表大会决定;在全国人民代表大会闭会期间,由全国人民代表大会常务委员会决定。"《宪法》第89条规定:国务院可以规定各部和各委员会的任务和职责,统一领导各部和各委员会的工作,并且领导不属于各部和各委员会的全国性的行政工作。依据上述法律规定,国务院可以由总理向全国人民代表大会或者全国人民代表大会常务委员会提出设立一个新的机构,由这个新设的机构统一负责反垄断执法工作;也可以不设立新的机构,而是规定由现有的一个机构或者多个机构承担反垄断执法工作。具体如何选择,由国务院根据实际需要决定。

三、反垄断执法工作的专业性很强,为便于严格统一执法,同时考虑到建立、健全全国统一、开放、竞争、有序的市场体系的需要,本法将反垄断执法作为中央事权,只有国务院规定的承担反垄断执法职责的部门依据本法才享有反垄断执法的权限;地方各级人民政府及其有关部门均不享有反垄断法的执法权。同时,考虑到我国的实际情况,所有的垄断案件都由国务院反垄断执法机构处理,可能工作量太大。因此,本条第2款规定国务院反垄断执法机构可以根据工作需要授权省级政府相应的机构,依照本法负责有关的反垄断执法工作。依据该款规定,省级政府相关机构,虽然没有反垄断执法职责,但可以在国务院反垄断执法机构授权的范围内,负责有关的反垄断执法工作。该项授权,仅限于省级政府的相应机构,国务院反垄断执法机构不能授权省级以下部门负责反垄断执法工作。

【相关规定】

我国台湾地区"公平交易法"第25条

为处理本法有关公平交易事项,行政院应设置公平交易委员会,其职掌如下:

一、关于公平交易政策及法规之拟订事项;

二、关于审议本法有关公平交易事项;

三、关于事业活动及经济情况之调查事项;

四、关于违反本法案件之调查、处分事项;

五、关于公平交易之其他事项。

《美国谢尔曼法》第4条

授权美国区法院司法管辖权,以防止、限制违反本法;各区的检察官,依司法部长的指示,在其各自区内提起衡平诉讼,以防止和限制违反本法行为。起诉可以诉状形式,要求禁止违反本法行为。当诉状已送达被起诉人时,法院要尽快予以审理和判决。在诉状审理期间和禁令发出之前,法院可随时发出在该案中公正的暂时禁止令或限制令。

《美国联邦贸易委员会法》第5条

商业中或影响商业的不公平的竞争方法是非法的;商业中或影响商业的不公平或欺骗性行为及惯例,是非法的。

授权联邦贸易委员会阻止个人、合伙人、公司、使用上述违法方法及行为、惯例。下列情形除外:银行、第18条(f)(3)规定的存贷款机构,《商业管理法》规定的公共运输商,1958年《联邦航空法》规定的航空公司、外国航空公司,1921年《牲畜围场法》规定的个人、合伙人、公司,但该法第406条(b)规定的除外。

《德国反对限制竞争法》第48条

(1)卡特尔当局是联邦卡特尔局、联邦经济部以及依州法享有管辖权的州最高机关。

(2)本法的规定未将某项管辖权赋予特定的卡特尔当局的,如影响市场的效果、限制竞争行为或歧视性行为或竞争规则的效果超越一个州的范围,则由联邦卡特尔局承担和享有本法赋予卡特尔当局的任务和权限。

在其他情形下,由依州法享有管辖权的州最高机关承担这些任务并享有这些权限。

《德国反对限制竞争法》第51条

(1)联邦卡特尔局是一个独立的联邦高级机关,所在地是波恩。它属于联邦经济部长的业务范围。

(2)联邦卡特尔局的决定由依据联邦经济部的规定而设立的各个决议处作出。此外,由联邦卡特尔局局长颁布工作条例,规定联邦卡特尔局的业务分工和业务程序;工作条例须经联邦经济部确认。

(3)决议处以一名主席和两名委员的名义作出决定。

(4)决议处的主席和委员必须是终身公务员,并具备担任法官职务或高级行政职务的能力。

(5)联邦卡特尔局的成员既不得是企业的所有人或领导人,也不得是企业、卡特尔、经济联合会或企业联合会的董事会或监事会成员。

《比利时经济竞争保护法》第 14 条

经济事务部的竞争办公室受指示跟踪与审查第二章所指的行为。

竞争办公室调查依据本法发起的案件并监督案件裁决的实施情况。

经济事务部对竞争理事会的秘书处和检查官组负责。

《比利时经济竞争保护法》第 16 条

应在经济事务部设立竞争理事会。竞争理事会应为行政法庭,享有本法授予的做出决定、发表意见以及提出动议。

就一般竞争政策问题,竞争理事会也拥有一般建议职能。它可以自主行使或者根据部长要求行使这一职能。

《俄罗斯联邦有关保护竞争的联邦法》第 4 条

反垄断当局——是联邦的反垄断当局和它的地方性机构。

《俄罗斯联邦有关保护竞争的联邦法》第 22 条

反垄断当局行使以下主要职能:

(1)确保对联邦行政机构、俄罗斯联邦各组成国的公共机构、地方机构以及其他行使以上所提机构的职能的机构或组织,以及公共预算外基金、经济实体、自然人遵守反垄断立法进行国家控制;

(2)披露违反反垄断立法的行为,采取措施制止和责问该违法行为。

(3)防止联邦行政机构、俄罗斯联邦各组成国的公共机构、地方机构以及其他行使以上所提机构的职能的机构或组织,以及公共预算外基金、经济实体、自然人实行垄断行为、不公平竞争行为以及其他违反反垄断立法的行为。

(4)对土地、土地埋藏物、水和其他自然资源的使用的领域中的经济集中进行国家控制,包括联邦法律规定的对于投标过程的控制。

《荷兰竞争法》第 1 条

部长:我国经济事务部部长;

竞争管理局:即第 2 条第 1 款规定的荷兰竞争管理局;

《荷兰竞争法》第 2 条

荷兰竞争管理局在部长的领导下开展工作；

竞争管理局的负责人为局长。

《荷兰竞争法》第 3 条

1. 竞争当局的任务是为实施本法而采取行动。

2. 有关实施第 60、61、62、78 和 79 条的行动，应当由与第 59 条第 1 款和第 77 条规定的报告准备工作和先期调查工作无关的人员执行。

《荷兰竞争法》第 4 条

关于局长如何履行本法赋予的职责问题，部长应在向局长发布的政策规则中做出一般性指示。

在本条第 1 款意义上的一般性指示中，可涉及或者部分涉及局长在依据第 17 条进行裁决过程中，如何考虑经济利益以外的其他利益的问题。

该政策规则应当在政府公报中公开发布。

关于局长在具体案件中如何行使本法赋予的职权问题，部长仅应以书面形式向局长做出指示。相关指示应附于关于该案件的文件中。

《克罗地亚竞争法》第 8 条

与保护竞争有关的行政性和专业性工作应由克罗地亚竞争局（以下称为竞争局）承担。

《克罗地亚竞争法》第 30 条

1. 竞争局是一个有着公共权力的法人，是一个独立的实体，向克罗地亚国会负责，自主地在其职权范围内行使由本法规定的权力。

2. 竞争局所在地是萨格勒布。

3. 竞争局的管理机构是竞争委员会。

4. 竞争委员会的主席象征并代表竞争局发表意见，并负责管理竞争局的活动。

5. 在管理竞争局时，竞争委员会主席组织和开展竞争局的业务活动，监督竞争局的专家性职能履行并为此负责。

6. 竞争局根据它的章程，有权设立专家组和部门。

7. 竞争局执行其职能活动时所需资金从克罗地亚共和国预算中拨

付。

8. 竞争局的雇员们应该根据关于劳动的一般法律规定,行使和履行劳动关系中产生的权利和义务。

9. 竞争局可以自己制定法规,该法规须经克罗地亚国会同意。

10. 竞争局收取的管理性费用应该上交给克罗地亚共和国预算。

《克罗地亚竞争法》第31条

1. 竞争委员会(以下简称为"委员会")是竞争局的管理机构,由5名成员组成,其中一名成员是委员会的主席。

2. 委员会的主席和其他成员应该经克罗地亚共和国政府提名,由克罗地亚国会任命和撤职。

3. 委员会的副主席应该根据委员会主席的提议,从其他成员中选举产生,得多数票者当选。

《克罗地亚竞争法》第35条

1. 委员会应该履行下列职权:

(1) 管理竞争局的活动;

(2) 根据本法规定,就竞争局职权范围内的所有问题做出决定;

(3) 根据本法规定,向克罗地亚共和国政府提议发布规章;

(4) 根据本法规定,制定低一级的法律以及其他为实施本法所必需的细则规定;

(5) 在本法第57条规定下,在竞争局的程序完结时做出应被执行的决定;

(6) 评估法律草案和其他相关立法是否符合本法的规定;

(7) 确定对竞争的研究工作的方法性原则;

(8) 对保护竞争、消除阻碍、限制或扭曲竞争的措施以及其他旨在在克罗地亚共和国境内完善竞争法和竞争政策的规则和措施做出决定;

(9) 就竞争法和政策领域内的有关活动的决定和发展,提出看法和专家建议;

(10) 依照克罗地亚国会和克罗地亚共和国政府的请求,就竞争法和政策发表专家意见;

（11）推动国际合作，涉及实现克罗地亚共和国做出的、由竞争局承担的国际承诺，或与国际的和欧盟的经济一体化项目的运行有关，例如与国际竞争主管机构和国际组织和机构合作；

（12）履行与实施本法有关的其他职责。

2. 在本条第一段规定下，在其职权范围内开展活动时，委员会可以建立专家顾问机构，以协助其做出决定。

3. 在审核可能会影响克罗地亚共和国与欧盟之间的贸易的不同形式的阻碍、限制或扭曲竞争的行为时，委员会应该按照欧共体及其成员国和克罗地亚共和国之间签订的《稳定和联合协议》（政府公报——国际协议第14/01号）第70条的规定，相应地适用在欧共体内由于正确地适用管制竞争的规则而产生的标准。

《匈牙利竞争法》第33条

（1）匈牙利竞争局是一个公共预算机构，在中央预算占有独立份额，议会可减少其总支出和总收入数额。

（2）除非本法有其他规定，本法和定价法中规定的竞争监督义务应由匈牙利竞争局履行。匈牙利竞争局的所有职责都必须经法律规定。

《匈牙利竞争法》第37条

1. 竞争理事会由一名主席和若干成员组成。竞争理事会依据本法履行职责。

2. 竞争理事会主席

（1）组织竞争理事会的活动；

（2）对是否符合程序时限进行监督；

（3）起草和提交第36条第1款规定的竞争理事会的组织和工作规则；

（4）负责经济竞争局决定（第80条）的公布；

和(5)以竞争理事会成员的身份起诉。

《波兰反垄断法》第17条

1. 反垄断局作为中央国家行政机关，负责制止垄断行为这一职责，并向部长会议报告工作。

2. 反垄断局局长领导反垄断局工作,该局长由部长会议主席(总理)任命和撤换。

3. 反垄断局副局长由局长提名,总理任命和撤换。

4. 反垄断局的组织机构由部长会议通过行政法规的形式确定。

《波兰反垄断法》第18条

1. 反垄断局局长有权设立反垄断局的地方分支机构并确定他们的地域和实际管辖范围。

2. 反垄断局的地方分支机构长官由反垄断局局长任命和撤换。

3. 反垄断局的地方分支机构副长官由地方分支机构长官提名,反垄断局局长任命和撤换。

《波兰反垄断法》第19条

1. 反垄断局职责如下:

(1) 监督反垄断法律、行政法规的遵守情况;

(2) 审查在限制竞争条件下的价格形成机制;

(3) 根据本法规定,发布决定,制止经营者联合,对参与这些行为的经营者处以罚款;

(4) 登记注册在全国市场上市场占有率超过80%的经营者;

(5) 从事经济集中状况的研究,并且为谋求市场平衡对相关经营者的经营活动提出建议;

(6) 起草或者建议起草涉及垄断行为或者促进或者培育竞争的新立法;

(7) 向政府提出竞争政策的建议;

(8) 本法或者其他法律规定的其他职责。

2. 前款第3项所规定的决定应当由反垄断局局长或者经局长授权的人签发。

《罗马尼亚竞争法》第2条

竞争委员会作为独立的行政权力机关负责执行本法,根据本法规定的地位、程序及权限行使权力。

《罗马尼亚竞争法》第23条

为履行其职责,竞争委员会应当起草并适用有关组织、职能和程序上的法规,在中央和地方建立起有关机构。

《罗马尼亚竞争法》第 27 条

竞争委员会具有以下职责:

1. 根据第 5、6、13、16 条规定的措施,依职权或依据匿名及显名的举报,开展调查;

2. 根据本法规定,在竞争事务调查官完成调查之后,对违反本法第 5、6、9、13、16 条规定的行为做出决定;

(1) 在开始调查以后,在企业或企业团体的要求下,在必要时,基于搜集的证据,证明根据第 5 条第 1 款或第 6 条规定进行的干预是没有根据的;

(2) 根据第 5 条第 2 款的规定,对企业团体的协议、决定或协调一致的行为做出个别豁免的决定以及对经济集中做出决定;

(3) 就其决定采取强制措施;

(4) 为更好地了解市场状况,主动地实施调查;

(5) 根据第 4 条第 2、3 项的规定,向政府报告市场垄断状况及其他情况,并向政府提出采取其认为必要的措施的建议;

(6) 根据其权限向法院通报案件;

(7) 监督法律规定和其他与本法目标相关的规范的执行;

(8) 向政府报告在执行本法的过程中,中央及地方公共行政管理部门干涉执法的情况;

(9) 对政府可能造成反竞争效果的立法议案提出顾问意见,并提出修正意见;

(10) 促使中央和地方政府部门采取措施,促进市场和竞争的发展;

(11) 对不遵守竞争委员会强制性决定的中央及地方有关行政部门的职员,向其所属部门提出惩戒措施建议;

(12) 起草有关竞争领域的研究报告,并向政府部门、公共组织及有关国际组织通报有关情况;

(13) 在国际上代表罗马尼亚同有关外国或地区的竞争主管机构开展合作,并促进与有关国际组织和机构就竞争领域的信息和经验的交流；

（14）对竞争机构的设立、任务、总体战略及工作议程做出决定；

（15）根据本法规定为履行其职责所作的其他决定。

《巴西反垄断法》第3条

经济防御管理委员会，根据1962年9月10日第4137号法律设立，是在巴西领土范围内行使权利的机构，自本法颁布之日起成为独立的联邦机构，负责向司法部报告工作，总部和分部设立于联邦管辖区内，经合法授权履行本法所规定的义务。

《日本禁止私人垄断及确保公正交易法》第27条

根据内阁府设置法（平成11年法律第89号）第49条第3款的规定，设置以实现第1条的目的为任务的公正交易委员会。

公正交易委员会属内阁总理大臣管辖。

公正交易委员会为完成前条第1款的任务，掌管下列事务。

（1）有关私人垄断的规制；

（2）有关不正当交易限制的规制；

（3）有关不公正的交易方法的规制；

（4）有关垄断状态的规制；

（5）有关对所掌管的事务进行国际合作；

（6）除以上各项规定外，根据法律（含根据法律规定的命令）规定属于公正交易委员会掌管的事务。

《韩国规制垄断与公平交易法》第35条

1. 为了独立执行本法规定的事务，在国务总理所属之下设立公平交易委员会。

2. 公平交易委员会作为《政府组织法》第2条［中央行政机关的设置和组织］规定的中央行政机关，执行其管辖事务。

《韩国规制垄断与公平交易法》第36条

公平交易委员会管辖的事务如下：

1. 关于规制滥用市场支配地位行为的事项。

2. 关于规制企业结合和抑制经济力集中的事项。

3. 关于规制不正当共同行为和事业者团体限制竞争行为的事项。

4. 关于规制不公平交易行为和转售价格维持行为的事项。

5. 关于限制缔结不正当国际契约的事项。

6. 关于限制竞争的法令和行政处分的协议、调停等竞争促进政策的事项。

7. 其他法令规定的由公平交易委员会管辖的事项。

《印度竞争法》第7条

(1) 为本法之目的,自联邦政府公告任命之日起成立名为"印度竞争委员会"的机构。

(2) 委员会可以以前述的名称作为一个法人而永久存续和拥有自己的公章,并且在符合本法规定的条件下有权获取、持有和处分动产和不动产,订立合同和以自己的名义起诉或应诉。

(3) 委员会的首脑机关应位于联邦政府因时制宜而选定的地点。

(4) 委员会可以在印度的其他地方建立办公机构。

《印度竞争法》第18条

依据本法的规定,委员会有义务铲除对竞争有负面影响的行为,促进并维持竞争,保护消费者利益并确保其他市场参与者在印度的贸易自由。同时,委员会为了在本法的框架下履行其义务或行使其职能,经联邦政府的事前批准,可以与任意外国的某一机构订立某种备忘录或安排。

《印度尼西亚禁止垄断活动和不公平商业竞争法》第30条

1. 为监督本法的执行,特设立商业竞争监督委员会,以下称为委员会。

2. 委员会是一个独立的机构,不受政府或其他各方势力或权力的影响。

3. 委员会向总统负责。

《印度尼西亚禁止垄断活动和不公平商业竞争法》第35条

委员会的职责是:

1. 评估由本法第15条和第16条规定的可能造成垄断活动和/或不公平商业竞争的合同;

2. 评估由本法第17条至第24条规定的可能造成垄断活动和/或

不公平商业竞争的商业经营活动和/或企业的行为。

3. 评估是否存在本法第25条至第28条规定的可能造成垄断活动和/或不公平商业竞争的滥用支配性地位的行为；

4. 基于本法第36条规定的委员会的职权采取行动；

5. 对有关垄断活动和/或商业竞争的政府政策提供建议和意见；

6. 发布与本法有关的指导规则和/或出版物；

7. 向总统和众议院提供关于委员会工作成果的定期报告。

第十一条　行业协会应当加强行业自律，引导本行业的经营者依法竞争，维护市场竞争秩序。

【说明及立法理由】

本条是对行业协会在市场竞争中应当发挥的作用的规定。

行业协会是指由同一行业的经营者所组成的、以保护和增进全体会员的共同利益为目的、根据章程开展活动的非营利性的社会团体。根据社会团体登记管理条例的规定，成立行业协会，应当经其业务主管单位审查同意，并依照条例的规定进行登记。行业协会应当具备法人条件，遵守宪法、法律、法规和国家政策，不得反对宪法确定的基本原则，不得危害国家的统一、安全和民族的团结，不得损害国家利益、社会公共利益以及其他组织和公民的合法权益，不得违背社会道德风尚，不得从事营利性经营活动。国家保护行业协会依照法律、法规及其章程开展活动，任何组织和个人不得非法干涉。

改革开放以来，我国行业协会发展较快，在提供政策咨询、加强行业自律、促进行业发展、维护企业合法权益等方面发挥了重要作用。党的十六届三中全会指出，要按市场化原则规范和发展各类行业协会等自律性组织；十六届六中全会进一步强调，要坚持培育发展和管理监督并重，完善培育扶持和依法管理社会组织的政策，发挥各类社会组织提供服务、反映诉求、规范行为的作用，为经济社会发展服务。我国正在加快推进行业协会的改革和发展，将逐步建立体制完善、结构合理、行为规范、法制健全的行业协会体系，发挥行业协会在经济建设和社会发展中的重要作用。随着政府职能的进一步转变，各级人民政府及其部门逐步把适宜于行业协会行使的职能委托或转移给行业协会,行业协会作为中介组织和自律性行业管理组织,在促进社会主义市场经济健康发展中发挥的作用也将越来越突出。

从现状来看,我国行业协会的功能主要集中在两个方面:一是沟通功能。行业协会在沟通企业与政府方面可以起到很好的中介作用,政府可以通过行业协会了解到该行业的企业共同的意愿和要求,行业协会也可以通过提交分析报告、参与调研论证等途径协助政府更加科学地拟定行业发展规划,制定行业标准和规范。二是服务功能。行业协会是为全体会员提供联络、咨询、协调等多功能服务的公益性组织,其主要职责就是向会员企业提供技术业务指导、员工培训、市场咨询;协助会员企业改善和提高经营管理水平,解决管理中的难题;组织行业内的技术推广,联络对外交流活动等。

在市场竞争中,行业协会还应当担负行业自律的重要职责:一方面要围绕规范市场秩序,健全各项自律性管理制度,制订并组织实施行业职业道德准则,大力推动行业诚信建设,建立完善行业自律性管理约束机制,通过制定章程,规范会员行为,协调会员关系,引导本行业经营者依照本法和价格法、反不正当竞争法等法律、行政法规的规定,开展公平有序竞争,维护公平竞争的市场环境,同时对违反协会章程,从事不正当竞争或垄断行为,损害消费者或其他经营者利益的会员采取取消资格等惩罚性措施。另一方面要依法加强自我约束和自我管理,在为会员提供各项服务,维护会员利益的同时,不能为了行业利益而组织实施排除、限制竞争的行为,否则将承担相应的法律责任。

【相关规定】

《国务院办公厅关于加快推进行业协会商会改革和发展的若干意见》

行政执法与行业自律相结合,是完善市场监管体制的重要内容。行业协会担负着实施行业自律的重要职责,要围绕规范市场秩序,健全各项自律性管理制度,制订并组织实施行业职业道德准则,大力推动行业诚信建设,建立完善行业自律性管理约束机制,规范会员行为,协调会员关系,维护公平竞争的市场环境。

第十二条 本法所称经营者,是指从事商品生产、经营或者提供服务的自然人、法人和其他组织。

本法所称相关市场,是指经营者在一定时期内就特定商品或者服务(以下统称商品)进行竞争的商品范围和地域范围。

【说明及立法理由】

本条是对经营者和相关市场的概念的规定。

"经营者"和"相关市场"是贯穿反垄断法全局的两个基本概念。

一、"经营者"界定了反垄断法的规制对象。反垄断法所称的经营者,是指独立参与市场经济活动的各类主体,从主体性质上看包括自然人、法人和其他组织,从营业性质上看包括生产者、经销者和服务提供者。对于自然人能否成为反垄断法上的行为主体,曾有不同意见。考察各国的相关规定,虽然许多国家和国际组织的反垄断法律都使用了"企业"(undertaking/ enterprise)的概念,但是该"企业"应当作广义理解。例如,欧共体法院就曾经在其判决中指出,任何从事经济活动的实体,包括自然人和法人,不论其法律形式以及筹资方式,也不论其是否具有营利动机以及根据其国内法是否具有法律行为能力,一律可被称为企业。因此,判断一个主体能否成为反垄断法上的经营者,关键在于它能否作为法律上和经济上独立的行为主体参与市场经济活动,而不在于它的组织形式。

二、"相关市场"是指在具体的案件中,竞争关系或者垄断行为所发生的市场。"相关市场"界定得越窄,作为被调查对象的经营者的市场份额就越大,一般认为其行为对该相关市场的竞争状况的影响也越大,因而反垄断执法机构对其进行反垄断审查和规制的可能性也就越大。因此,相关市场的界定是分析经营者的市场行为是否构成垄断的基础,在反垄断案件中常常具有决定性的意义。具体而言,界定"相关市场"需要考虑它的商品、地域和时间三个因素。

本条所称"就特定商品或者服务进行竞争的商品范围",指的是相关市场中的商品因素。分析商品因素,需要界定相关商品市场,即根据性能、用途及其价格,从消费者的角度可以相互交换或者相互替代的所有商品或者服务。认定两个或者两个以上商品是否属于同一商品市场,关键在于消费者认为它们之间是否具有可替代性。这种可替代性首先取决于商品或者服务对于消费者而言具有相同或者类似的性能或者用途,例如,在其他国家和地区的案例中,作为消暑食品的雪糕和冰淇淋曾被认定为属于同一个商品市场;但从维生素的特殊性能和不同用途出发,七种维生素曾被认为属于七个不同的商品市场。此外,价格因素也会对可替代性造成影响。如果价格差异过于悬殊,例如,一般市场上出售的便宜香水和高级化妆品店出售的高级香水,虽然性质和用途相同,但一般被认为属于不同的商品市场。

本条所称"就特定商品或者服务进行竞争的……地域范围",指的是相关市场中的地域因素。分析地域因素,需要界定相关地域市场,即经营者销售特定商品时,消费者可以购买到与之相竞争的商品的地域范围。具体而言,需要考虑由于政治、经济、文化等原因造成的地区之间的差异,商品的价格差异,消费者的特殊偏好,以及商品的运输费用等。例如,在商品销往全国而运输费用无关紧要的情况下,整个国家可能被界定为一个地域市场;但是,对于对原产地有特殊要求的商品而言,一个很小的区域也可能单独构成一个地域市场。

本条所称"一定时期",指的是相关市场中的时间因素。时间因素表现为只有在足以对市场竞争状况造成影响的一定时期内持续存在的行为才可能构成垄断行为,而将经营者一些暂时的、不足以对市场竞争状况造成影响的行为排除在规制范围之外。

【相关规定】

我国台湾地区"公平交易法"第5条

特定市场系指事业就一定之商品或服务,从事竞争之区域或范围。

《俄罗斯联邦有关保护竞争的联邦法》第4条

本联邦法中使用以下基本定义:

商品——是指为销售,交换或其他贸易形式的民事权利(包括工作、服务、金融服务)的客体;

替代品——是指功能目的、使用、质量和技术特点、价格和其他参数可以相互比较的物品。购买者在消费(包括生产目的的消费)过程中实际或者准备用它们相互替代。

商品市场——是指不能被替代的一种商品（包括外国生产的商品）或替代品（以下简称"特定商品"）的流通领域。该区域的形成基于经济的、技术的或其他的可能性，或是购买者获得该商品的便利，并且这种可能性或便利在该区域外将缺失。

经济实体——是指个人企业家、商业组织，以及实行盈利性活动的非商业组织；

《比利时经济竞争保护法》第1条

本法将适用以下定义：

（a）企业：任何持续追求经济目标的自然人或者法人；

（b）支配地位：企业拥有的经济实力地位。该地位通过给予企业能够在相当大的程度上不依赖于它的竞争者、消费者或者供应方行事的力量阻止相关市场上所维持的有效竞争；

（c）部长：负责经济事务的部长。

《瑞典竞争法》第3条

本法所称的企业是指从事经济或商务活动的自然人或法人。如果此类活动涉及公权力的行使，则不在本定义范围之内。

企业也包括企业协会。

《墨西哥联邦经济竞争法》第3条

本法对参与经济行为的所有自然人、公司、联邦、州以及市政府机构及实体、协会、行业团体、信托机构或者其他任何市场参与形式均具有约束力。

《匈牙利禁止不正当竞争法》第14条

1. 在确定相关市场时，应考虑协议指向的产品和相关的地理范围。

2. 除了协议指向的产品之外，在确定替代产品时，应综合考虑该产品的用途、价格、质量和适用条件。此外，还须考虑供货方和需求方的可替代性。

3. "地理范围"是指除以下两项以外的地域：（1）消费者不能够购买商品，或只能在相当不利的条件下购买到商品；或者（2）商品销售者不能销售产品，或仅能在相当不利的条件下销售产品。

《克罗地亚竞争法》第7条

1. 在本法下,相关市场是一特定货物和/或服务市场,此市场是企业在特定地理区域内实施的活动的对象。

2. 克罗地亚共和国政府在竞争委员会(以下称为委员会)的提议下,应该发布规章,规章中应规定标准,用以为本法实施的目的定义相关市场。

《荷兰竞争法》第1条

以下术语定义适用于本法目的和依据本法案做出的裁决:

经营者:条约第85条第1款规定的经营者;

经营者协会:条约第85条第1款规定的经营者协会。

《印度竞争法》第2条

在本法中,除非另有明文规定:

"企业"包括一个私人或一个政府部门,只要其正在或曾经从事某种与任何种类的物品或货物的生产、储存、供应、流通、买入或控制以及与任何种类的服务的提供有关的行为,亦或直接或者通过一个或多个属于它的单位、部门或分支机构投资于或者从事于买进、持有、承购或交易某一法人的股票、债券或其他有价证券的行为,而不论该单位、部门或分支机构与企业本身位于一地或异地,还是分处多处;但不包括涉及政府的主权职能的任何行为,包括中央政府部门从事的各种与核能、货币、国防和空间开发有关的活动。

"相关市场"是指可以由委员会决定的相关产品市场、相关地域市场或者相关产品地域市场;

"相关地域市场"是指在一个特定区域内形成的市场,在该区域内,货物或服务的供给或需求的竞争条件明显同质并能够区别于相邻区域的主流竞争形态;

"相关产品市场"是指由基于其特性、价格和使用目的而被消费者认为可以相互交换或替代的全部产品或服务所构成的一个市场。

《印度尼西亚共和国禁止垄断活动和不公平商业竞争的法律》第1条

在本法中,所欲调整的包括:

企业是一个自然人或一个公司,有法人资格或无法人资格,在印度尼西亚共和国境内组建、定居或参加经济活动,并单独地或集体地通过合同在经济领域内从事各种商业活动。

相关市场是与某些企业的范围或特定市场区域相关的市场,这些企业是经营相同种类或品种的产品和/或服务或这些产品、服务的替代物的。

《日本禁止私人垄断及确保公正交易法》第2条

1. 本法所称"事业者",是指从事商业、工业、金融业及其他行业的事业者。为事业者的利益从事活动的干部、从业人员、代理人及其他人员在适用下款及第三章的规定时,视为事业者。

2. 本法所称"事业者团体",是指以增进事业者共同利益为主要目的的两个以上的事业者的结合体或联合体,它包括下列各种形式。但是,由两个以上的事业者的结合体或其联合体、拥有资本或成员事业者的出资,以经营营利性的商业、工业、金融业等事业为主要目的,并且现在仍在从事该事业的事业者除外。

(1) 以两个以上的事业者为成员(含相当于成员的)的社团法人以及其他社团;

(2) 由两个以上的事业者支配着理事或管理人的任免、业务的执行或其存在的财团法人及其他财团;

(3) 由两个以上的事业者为成员的组合,或以合同的形式由两个以上的事业者构成的结合体。

《韩国规制垄断与公平交易法》第2条

事业者是指从事制造业、服务业以及其他事业者。为事业者的利益而工作的任员、从业员、代理人及其他人,在适用事业者团体的规定时,视为事业者。

一定的交易领域是指按照不同的交易客体、阶段和地域,形成竞争关系或者能够建立竞争关系的领域。

第二章 垄断协议

第十三条 禁止具有竞争关系的经营者达成下列垄断协议：
（一）固定或者变更商品价格；
（二）限制商品的生产数量或者销售数量；
（三）分割销售市场或者原材料采购市场；
（四）限制购买新技术、新设备或者限制开发新技术、新产品；
（五）联合抵制交易；
（六）国务院反垄断执法机构认定的其他垄断协议。

本法所称垄断协议，是指排除、限制竞争的协议、决定或者其他协同行为。

【说明及立法理由】

本条是对垄断协议定义及横向垄断协议类型的规定。

一、垄断协议的定义

各国及国际组织对垄断协议的称谓并不完全相同，如德国将其称为"卡特尔"，法国将其称为"非法联合行为"，日本将其称为"不正当交易限制"，欧盟将其称为"限制竞争协议"。但对垄断协议的定义基本一致，即：1. 垄断协议的实施主体是两个以上的独立经营者；2. 垄断协议的表现形式除书面或口头协议、决议外，还包括协同行为。因为垄断协议的本质在于共谋，所以，其表现形式不限于书面协议、决议，还包括口头协议、决议及其他协同行为；3. 垄断协议具有排除、限制竞争的目的或产生排除、限制竞争的效果。如德国《反对限制竞争法》第 1 条规定，企业之间达成的协议、企业联合组织作出的决定以及联合一致的行为，如以阻碍、限制或者扭曲竞争为目的或使竞争受到阻碍、限制或者扭曲，则是被禁止的。

本条第 2 款规定,本法所称垄断协议,是指排除、限制竞争的协议、决定或者其他协同行为。其中,"协议"是指两个或者两个以上的经营者通过书面协议或者口头协议的形式,就排除、限制竞争的行为达成一致意见;"决议"是指企业集团或者其他形式的企业联合体以决议的形式,要求其成员企业共同实施的排除、限制竞争的行为;"其他协同行为"是指企业之间虽然没有达成书面或者口头协议、决议,但相互进行了沟通,心照不宣地实施了协调的、共同的排除、限制竞争行为。

二、垄断协议的种类

根据参与协议的主体,可以将垄断协议分为横向协议和纵向协议。横向协议是指在生产或者销售过程中处于同一阶段的经营者之间(如生产商之间、批发商之间、零售商之间等)达成的协议;纵向协议是指在生产或者销售过程中处于不同阶段的经营者之间(如生产商与批发商之间、批发商与零售商之间等)达成的协议。本条是对横向垄断协议类型的规定,由于处于同一阶段的经营者之间具有竞争关系,所以,本条对横向垄断协议界定为具有竞争关系的经营者之间达成的协议。

三、本条对横向垄断协议类型的规定

相互处于竞争关系的经营者之间的横向协议,往往会排除、限制竞争,因此多数横向协议都属于反垄断法所规制的垄断协议。本条的具体规定是:

(一)固定或者变更商品价格。价格竞争是经营者之间最重要、最基本的竞争方式,因此,经营者之间通过协议、决议或者协同行为,固定或者变更商品价格的行为,是最为严重的反竞争行为。

(二)限制商品的生产数量或者销售数量。产品或者服务的供应数量减少,必然会导致价格上升,损害消费者利益,因此,经营者之间限制商品的生产数量或者销售数量的协议是典型的垄断协议。

(三)分割销售市场或者原材料采购市场。即经营者之间分割地域、客户或者产品市场,这种行为限制了商品的供应,限制了经营者之间的自由竞争。

(四)限制购买新技术、新设备或者限制开发新技术、新产品。开发新技术、新产品,有利于降低成本,提高生产效率,是一种有效的竞争手段,也有利于消费者利益。经营者通过协议对新技术、新设备的购买,以及新技术、新产品的开发作出限制,是减少竞争、破坏竞争的行为。

(五)联合抵制交易。又称集体拒绝交易,即协议各方联合起来不与其他竞争对手、供应商或者销售商交易。

(六)国务院反垄断执法机构认定的其他垄断协议。考虑到实践中情况非常复杂,本条在对横向垄断协议作出具体列举的同时,又规定了兜底条款。即授权国务院反垄断执法机构可以对本条列举之外的横向协议是否属于本法规定的垄断协议作出认定。

需要说明的是,本法对垄断协议的界定,是以其是否排除、限制竞争为标准。所以对本条列举的协议,如果其符合本法关于垄断协议定义的规定,即属于垄断协议。反之,则不属于。

四、执法实践中对垄断协议的认定原则

经营者之间的协议、决议或者其他协同行为,是否构成反垄断法所禁止的垄断协议,应当以该协议是否排除、限制竞争为标准。但是,如果实践中对经营者之间的协议都进行全面的调查和复杂的经济分析,以确定其对竞争秩序的影响,将增加执法成本。在长期经验积累的基础上,各国针对垄断协议的性质和对竞争秩序的影响程度,在执法实践中形成了两种认定原则,即本身违法原则和合理分析原则。

1. 本身违法原则。经营者之间的一些协议、决议或者协同一致的行为,一旦形成,必然会产生排除或者限制竞争的后果,因此对这类协议采取本身违法原则,即只要经营者的协议、决议或者协同一致的行为被证实存在,就构成垄断协议。从各国的经验看,适用本身违法原则的一般都是横向垄断协议,如固定价格协议、限制产量或者销量协议、划分市场协议等。适用本身违法原则的协议并不是固定不变的,随着情况的变化,对有些协议也适用合理分析原则。

2. 合理分析原则。即除了适用本身违法原则的协议外,对其他协议是否会排除、限制竞争进行分析,考虑协议所涉及的市场具体情况,协议实施前后的市场变化情况,以及协议的性质和后果等因素。只有在分析后确认该协议确实排除限制了市场竞争,才能认定为垄断协议。

【相关规定】

《中华人民共和国价格法》第 14 条

经营者不得有下列不正当价格行为：

（一）相互串通，操纵市场价格，损害其他经营者或者消费者的合法权益；

我国台湾地区"公平交易法"第 7 条

本法所称联合行为，谓事业以契约、协议或其他方式之合意，与有竞争关系之他事业共同决定商品或者服务之价格，或限制数量、技术、产品、设备、交易对象、交易地区等，相互约束事业活动之行为。

《欧共体条约》第 81 条

下列事项因与共同市场不相容而被禁止：企业之间的一切协议、企业团体所作的决定和协同一致的经营行为，可能影响成员国之间贸易并且具有阻止、限制或者扭曲共同市场内的竞争的目的或者效果的；特别禁止下列事项：

（1）直接或者间接地固定购买或者销售价格或者其他任何交易条件的；

（2）限制或者控制生产、市场、技术发展或者投资的；

（3）分享市场或货源的；

（4）在相同的交易情形下对交易对象适用不同的交易条件，因而置其于不利的竞争地位的；

（5）要求对方当事人接受与合同的主题在本质上或者商业惯例上无关联的附加义务，作为签订合同的前提条件的。

《德国反对限制竞争法》第 1 条

企业之间达成的协议、企业联合组织作出的决议以及联合一致的行为，如以阻碍、限制或扭曲竞争为目的或使竞争受到阻碍、限制或扭曲，则是禁止的。

《美国谢尔曼法》第 1 条

任何契约、以托拉斯形式或其他形式的联合、共谋，用来限制州际间或与外国之间的贸易或商业，是非法的。任何人签订上述契约或从事上述联合或共谋，是严重犯罪。

《韩国规制垄断与公平交易法》第 19 条

事业者不得以契约、协定、决议以及其他任何方法，与其他事业者作出共同实施不正当地限制竞争的、符合以下各项规定之一的行为的协议：

(1) 决定、维持或者变更价格的行为；

(2) 决定商品和劳务的交易条件或者其对价的支付条件的行为；

(3) 限制商品的生产、出库、运输和交易或者限制劳务交易的行为；

(4) 限制交易区域或交易相对人的行为；

(5) 妨碍或限制用于生产或劳务交易的设备的新设或者增设和设备引进的行为；

(6) 限制商品的生产或者交易时该商品的种类和价格的行为；

(7) 设立为了共同地管理营业的主要部门的公司的行为；

(8) 为了妨碍其他事业者的事业活动或者事业内容，在一定的交易领域内，实质性地限制竞争的其他行为。

《瑞典竞争法》第 6 条

在不损害按照第 8 条、第 15 条、第 13 条、第 17 条或第 18 条 c 作出的决定的情况下，应禁止企业间达成以从目的或效果上阻碍、限制或扰乱市场竞争的协议。

本条特别适用于以下协议：

1. 直接或间接设定购买价格、销售价格及其他交易条件的；

2. 限制或控制生产、市场、技术开发或投资的；

3. 划分市场或原料供应的；

4. 对条件相同的交易对象采用不同的交易条件，从而使他们在竞争中处于不利地位的；

5. 已交易方接受附加义务为条件，与其签定合同，并且根据其性质或商业惯例，此类附加义务与合同标的无关。

《波兰反垄断法》第 4 条

垄断行为还包括以下协议：

(1) 有竞争关系的经营者之间直接或者间接地固定价格和价格形

成机制，共同对付第三人；

（2）根据地域、产品、顾客划分市场；

（3）固定或者限制产量、销量或者购买数量；

（4）限制或者排斥协议以外的经营者进入市场；

（5）经营者或者经营者联合体与第三人固定交易条件。

《芬兰竞争法》第6条

处于同一生产或经销层次的企业或行业（企业）协会不得通过协议、决定或相应活动从事下列行为：

（1）确定或建议从事经营活动应收取的价格或报酬；或

（2）限制生产或者分配市场或原料供应，除非采取这种安排能够促进生产和销售以及技术和经济进步，并且从根本上有利于客户或消费者。

《罗马尼亚竞争法》第5条

（一）企业或企业团体之间任何明示或默示的协议；企业团体的任何决定以及任何协调行动，如果其目的是限制、阻止或损害罗马尼亚市场或其一部分的竞争，或者可能造成以上影响的应当予以禁止，特别是为了以下目的：

（1）直接或间接协调固定商品买卖价格、价目表、交易折扣、涨价幅度以及其他交易条件；

（2）限制或控制生产、销售、技术发展或投资；

（3）根据地域、销售量或其他标准分割销售市场或原料供应市场；

（4）针对同种服务向交易对象强加不平等的交易条件，从而使其一部分处于不利的竞争地位；

（5）在缔结合同过程中，以强加交易对方接受特殊的保证条款或提供额外的服务为条件，而这些条件无论从其属性或商业用途来看，都与缔结的合同标的没有联系；

（6）通过协调的方式，参与串通招投标活动，或者参与拍卖或其他形式的竞争性招标的串通投标行为；

（7）通过限制或阻止进入市场或者其他企业之间的自由竞争，以及以协议的方式无正当理由排除与特定的企业交易，从而达到在市场上排除竞争者的目的。

《巴西反垄断法》第 21 条

以下条款所描述的行为将被认为是在第 20 条所列内容的可行范围内对经济秩序的违反：

(1) 与竞争者串通设定或意图设定某一货物或服务的价格和销售条件；

(2) 在竞争者之间达成或努力达成统一或协定的商业惯例；

(3) 就制成品或半成品分配市场，就原材料或中间产品的供应来源分配市场；

(8) 在公众或行政投标中事先约定价格或所得利益；

(10) 以限制或控制科技研究和发展、产品或服务的生产为目的，或以妨碍产品或服务生产性投资为目的达成协议对市场进行控制；

(11) 为某一产品或服务的批发商、零售商以销售代表设定零售价格、折扣、付款条件、最低或最高销售量、利润率或其他任何与其同第三方交易有关的市场条件；

(12) 通过建立价格区分或规定歧视性销售条件歧视某一商品或服务的购买者或提供者；

(13) 在适用于通常销售活动和方法的付款条件下拒绝销售某一货物或产品；

(14) 由于交易一方拒绝遵守不合理或非竞争性的条款或商业条件，在不确定的时期内阻扰该商业关系的发展或终止该商业关系；

(18) 不合理的低于成本销售货物；

(23) 以购买另一产品或订立服务合同作为购买某一产品的条件，或以订立购买另一产品或货物的合同作为履行某项服务的条件。

《比利时经济竞争保护法》第 2 条

1. 禁止目的或者效果在于严重阻止、限制或者扭曲比利时市场上或者市场重要部分中的竞争的所有企业间协议、企业协会决议以及协同行为，尤其当这些协议、决议或者协同行为具有以下情形时：

(a) 直接或者间接地固定购买价格、售卖价格或者其他合同条款；

(b) 限制或者控制生产、门店、技术进步或者投资；

(c) 共享市场或者供应源;

(d) 就同类服务对商业伙伴适用不平等的条款,因此使对方处于竞争劣势;

(e) 以对方接受额外服务为订立合同的条件,而这些服务根据其性质或者商业惯例与合同的目标并无联系。

2. 任何本条禁止的协议或者决议依法自始无效。

《俄罗斯有关保护竞争的联邦法》第11条

1. 禁止商品市场中的经济实体之间可能导致以下结果的协议或协同行为:

(1) 固定或维持价格(价格标准)、折扣、毛利(多收的费用)或者提价;

(2) 在投标中提高、降低和维持价格;

(3) 根据区域、销售量或购买量、所销售的商品的范围或者销售方或购买方(顾客)的组成划分市场;

(4) 经济上或技术上不合理地拒绝与销售方或购买方(顾客)签订合同,并且该拒绝或者回避的行为没有联邦法律、俄罗斯联邦总统制定的成文法案、俄罗斯联邦政府的成文法案、授权的联邦行政机构的成文法案上的依据;

(5) 对合同相对方强加不利的或者与合同标的无关的合同条件(不合理地要求转移金融资产、其他财产,包括财产权利,以及加入与合同相对方不感兴趣的商品有关的条款作为同意签约的条件,及其他条件);

(6) 经济上、技术上或通过其他方式不合理地对同一产品制定不同的价格(价格标准);

(7) 经济上或技术上不合理地减少或者停止生产市场有需求的或者消费者订购的商品,并且可能生产这些商品;

(8) 对其他经济实体进入或退出产品市场设置障碍;

(9) 制定专业协会及其他协会的会员(参与)条件,如果该条件会或可能会导致防止、限制或者排除竞争,以及制定不合理的会员标准,该标准构成对支付系统或其他系统的参与障碍,使未参与的竞争的金融组织不可能提供必要的金融服务。

2. 禁止会或可能会导致竞争限制的经济实体之间的其他类型的协议(除了本联邦法第 12 条所允许的"纵向"协议外)或其他协同行为。

3. 禁止自然人,商业组织,非商业组织协调经济实体的经济活动,如果该协调会或可能会导致本条第 1 款所指出的结果。

4. 经济实体有权利提供证据表明其协议或协同行为可以被认定为本联邦法第 12 条和第 13 条第 1 款的适当行为。

《荷兰竞争法》第 6 条

1. 经营者之间的协议、经营者协会的决议以及经营者的协同行为,以阻碍、限制或扭曲荷兰市场或该市场之一部分的竞争为目的的,或者造成该结果的,均予禁止。

2. 第 1 款所禁止的协议和决议自始无效。

《荷兰竞争法》第 7 条

1. 如果协议,决议或协同行为有下列情形,则不应适用第 6 条第 1 款:

a. 参与有关协议或协同行为的经营者不超过 8 个,或者参加经营者协会的经营者不超过 8 个;

b. 相关协议或协同行为的当事经营者在上一个历年中的营业额之和,或相关经营者协会成员的营业额之和。

(a) 不超过 4540000 欧元,且参与该协议、协同行为或协会的经营者的核心活动仅限于提供商品;

(b) 其他情况下,不超过 908000 欧元。

2. 如果一个经营者或经营者协会基于同一目的与两个或两个以上的经营者分别签订了协议,为适用第 1 款,应当把这些协议整体视为一个协议。

3. 对于第 6 条规定范围内的对竞争明显无关紧要的类型的协议、决议或者行为,可以通过一般行政命令的方式予以确认,并宣布第 6 条第 1 款对其不适用;如有必要,可以设定限制和条件。

4. 第 1 款 a 项中规定的数目和 b 项中规定的金额,可以通过一般行政命令的方式做出修改。

《荷兰竞争法》第9条

1. 鉴于相关市场上的市场关系,因第7条第1款或第3款规定而不适用第6条第1款的经营者之间的协议、经营者协会的决议或经营者的协同行为,如果对竞争具有重大的不利影响,局长仍可以发布裁决,宣布第6条第1款适用于此类协议、决议或协同行为。

《英国竞争法》第2条

1. 在符合第3节规定的前提下,具有下列情形的经营者之间的协议,经营者协会的决议或协同行为:

(a) 可能影响英国境内的贸易的,并且

(b) 具有妨碍、限制或扭曲英国境内竞争的目的,或会造成该结果的,除非根据本部分规定得到豁免,否则均予禁止;

2. 第(1)条规定特别适用于具有下列情形的协议,决议或行为:

(a) 直接或间接限定买卖价格或其他贸易条件;

(b) 限制或控制生产,市场,技术开发或投资;

(c) 分享市场或货源;

(d) 在同等情形的交易中对其他贸易对象适用不同的条件,使其处于不利的竞争地位;

(e) 在签订合同之际,使对方承担在性质上或根据商业惯例与合同目的无关的附加义务。

3. 第(2)条只适用于在或拟在英国境内实施的协议,决议或行为。

4. 被第(1)条规定禁止的任何协议或决议均无效。

5. 在本部分法令中表述为适用于或有关于协议的规定,应理解为同样适用于或有关于经营者协会的决议或协同行为(但均可能做出必要修改)。

《日本禁止私人垄断及确保公正交易法》第2条

本法所称"不正当的交易限制",是指事业者不论是以合同、协定或其他何种名义,与其他事业者共同决定、维持或上调价格,或对数量、技术、产品、设备、交易对方加以限制等相互间约束或完成事业活动,违反公共利益,在一定的交易领域实质性地限制竞争。

《匈牙利竞争法》第 11 条

1. 禁止以阻止、限制或扭曲竞争为目的或可能或实际具有该等影响的企业间协议或协调行为以及企业的社会组织,公共公司、协会或其他相似组织的该等决定(以下合称:协议)。

2. 本禁止条款尤其适用于以下情况:

(a) 直接或间接固定购买或销售价格或其他商业条款和条件;

(b) 限制或控制生产、分销、技术开发或投资;

(c) 分配供应来源或限制对该来源的选择以及排斥特定消费者群体购买特定产品;

(d) 划分市场,销售排斥或者限制市场可能性的选择;

(e) 【已依据 2005 年法 LXVIII 废止】

(f) 阻碍市场进入;

(g) 在交易价值或性质相同的情况下歧视贸易方,包括使特定贸易方处于竞争劣势的价格制定、付款期限、歧视性的销售或购买条款和条件或方法;

(h) 以接受性质或商业用途上不属于合同对象的义务作为订立合同的条件。

3. 本法规定的违反本条第(1)款的法律后果应与民法规定合同违反该法的法律后果一同适用。

《匈牙利竞争法》第 13 条

1. 不禁止微量不计协议。

2. 如果参与一项协议的企业和不独立于该企业的企业在相关市场的联合份额不超过 10%,则应视为该协议为微量不计协议,除非其目标是:

(a) 直接或间接固定竞争者间的购买或销售价格;或

(b) 在竞争者间划分市场。

3. 只要该协议有效或有效期超过一年,该特定日历年的上述市场份额即不得超过 10%。

4. 尽管有上述第(1)至(3)款的规定,如果该等协议和其他相似协议在相关市场的累积影响对竞争造成重大妨碍、限制或扭曲,亦应禁止之。匈牙利竞争局可在其程序过程中判定禁止该等协议。在此种情况下,不得适用任何罚金。

《印度2002年竞争法》第3条

1. 任何企业、企业的联合、人或人的联合不得签订某项协议,如果该协议与货物的生产、供应、流通、储存、买受或管理和服务的提供有关,并导致或很可能导致对印度境内的商业竞争产生明显的负面影响。

2. 任何违反前款规定订立的协议无效。

3. 任何企业之间、企业联盟之间、个人之间、个人的联合之间或者个人与企业之间订立的协议,或者任何在同一或相近的货物贸易或服务提供领域内的企业或者个人组织,包括卡特尔在内,所采取的行动或做出的决定,如果

(a) 直接或间接的决定了买卖价格;

(b) 限制或操控了生产、供应、市场、技术进步、投资或服务提供;

(c) 通过分配市场地理区域、货物或服务的种类、特定市场中的消费者数量或其他类似方法分割市场、生产资料或服务提供;

(d) 直接或间接导致投标欺诈或招投标中的共谋应被推定为对竞争具有明显的负面影响。

但本款的任何内容均不适用于能够提高商品的生产、供应、流通、储存、买入或管理及服务提供的效率的联营协议。

说明:在本款中,"投标欺诈"是指任何第3款所提到的由处于同一或相近的货物贸易或服务提供领域内的企业或者个人所达成的协议,只要该协议具有消除或减少投标中的竞争的效果或者会对投标过程产生负面影响或操纵作用。

4. 任何在处于不同市场中生产链条的不同阶段或层次的企业或个人之间形成的,关于货物的生产、供应、分销、储存、销售及其价格或贸易以及服务的提供的协议,包括:

(a) 搭售安排;

(b) 排他供应协议;

(c) 排他分销协议;

(d) 拒绝交易;

(e) 固定转售价格。

均应是违反第 1 款的协议,如果该协议导致或很可能导致对印度境内的商业竞争产生明显的负面影响。

说明:在本款中

(a)"搭售安排"包括任何要求货物购买者,作为一项购买的条件,必须购买其他货物的协议;

(b)"排他供应协议"包括任何以某种方式限制购买者在其交易过程中买进或交易该卖方或其指定的人的货物之外的其他货物的协议;

(c)"排他分销协议"包括任何限定、约束或抑制某种货物的产出或供给,或者划定该货物的分派或销售市场区域的协议;

(d)"拒绝交易"包括任何以某种方式限制或很可能限制向某类或某些人销售或购买货物的协议;

(e)"固定转售价格"包括任何以买方的转售价格必须由卖方指定——除非其明确表示买方可以以低于此价格的价格售卖——为销售条件的协议。

《蒙古禁止不正当竞争法》第 5 条

禁止那些联合起来对市场占支配地位的竞争企业为了阻止竞争而以以下形式共谋并签订协议:

(一)制定或改变价格,中止或限制产品的生产或销售范围;

(二)根据地域、生产或销售规模、产品、客户或销售商而划分市场;

(三)阻止竞争对手成为某一组织的成员,而此竞争对手加入该组织是为了高效地经营自己的生意;

(四)为了把竞争对手赶出市场而无理由地拒绝与其建立业务关系;

(五)操纵投标或报盘。

《克罗地亚竞争法》第 1 条

1. 对于企业间的所有协议、合同、协议的单独条款、公开的或隐含的协议、协同行为、企业协会的决定(以下统称为协议),如果其目标或效果是在相关市场上阻止、限制或扭曲竞争,则都应该予以禁止,特别是对于下列情形的协议：
（1）直接或间接固定出售或购买价格或其他的交易条件；
（2）限制或控制生产、市场、技术发展或投资；
（3）分配市场或供应渠道；
（4）对于其他企业进行的相似交易适用不同的交易条件，因此使这些企业处于竞争上的不利地位；
（5）规定若要达成合同，另一方就必须要接受额外义务，这些义务从其性质或商业用途上来说与合同的标的并无联系。

2. 本条第1款规定中阻止、限制或扭曲竞争的协议，如果不能根据本法第10条被豁免，则无效。

第十四条 禁止经营者与交易相对人达成下列垄断协议：
（一）固定向第三人转售商品的价格；
（二）限定向第三人转售商品的最低价格；
（三）国务院反垄断执法机构认定的其他垄断协议。

【说明及立法理由】
本条是对纵向垄断协议类型的规定。

纵向协议是指在生产或者销售过程中处于不同阶段的经营者之间（如生产商与批发商之间、批发商与零售商之间等）达成的协议。由于纵向协议的经营者之间多数不具有竞争关系，本条对纵向协议界定为经营者与交易相对人之间达成的协议。

相互之间没有竞争关系的经营者之间的纵向协议，除少数涉及价格的协议外，多数不会排除、限制竞争。因而不属于反垄断法所规制的垄断协议。比如生产商与销售商签订的在一定区域内的独家销售协议，其排除了在该区域其他销售商销售该生产商生产的该种商品的行为，实际上排除了品牌内的竞争。但另一方面，该协议并不能排除其他生产商与其他销售商签订独家销售协议，因此，独家销售协议虽然排除了品牌内的竞争，但没有排除甚至加剧了品牌间的竞争，并最终使消费者受益。考虑到多数纵向协议对竞争的危害不像横向协议那么直接或者明显，实践中许多国家对其采取合理分析原则。但是，对涉及价格内

容的纵向协议,多数情况下采取本身违法原则。涉及价格内容的纵向协议主要包括:

(一)固定向第三人转售商品的价格。价格竞争是经营者之间最重要、最基本的竞争方式。固定转售商品价格协议,与横向垄断协议中的固定价格协议一样,是最为严重的反竞争行为。许多国家对其采取本身违法原则。

(二)限定向第三人转售商品的最高价格或者最低价格。限制最高转售价格,即限制了销售商的涨价幅度,有利于保护消费者利益。同时,也可以使销售商在最高限价和批发价或者出厂价之间竞争。因此,许多国家对其采取合理分析原则,通过分析该协议是否排除、限制竞争而判断是否属于垄断协议。而限制最低转售价格,不利于保护消费者利益,因此,许多国家对其采取本身违法原则,将其作为反垄断法规制的对象。近年来,采取合理分析原则的协议范围越来越宽,在美国已有对"限制最低转售价格"采取合理分析原则的案例。

考虑到纵向协议的上述特点,借鉴国外实践经验,本条只对涉及价格的纵向垄断协议类型作了规定,具体是:固定向第三人转售商品的价格和限定向第三人转售商品的最低价格。同时,考虑到实践中情况非常复杂,本条在对纵向垄断协议作出具体列举的同时,又规定了兜底条款。即授权国务院反垄断执法机构可以对本条列举之外的纵向协议是否属于本法规定的垄断协议作出认定。

需要说明的是,本身违法原则或者合理分析原则是执法实践中掌握的原则。本法对垄断协议的界定,是以其是否排除、限制竞争为标准。所以对本条列举的协议,如果其符合本法关于垄断协议定义的规定,即属于垄断协议。反之,则不属于。

【相关规定】
《韩国规制垄断与公平交易法》第29条
1. 生产或者销售商品的事业者不得实施转售价格维持行为,但是,在一定的价格以上不再进行商品或劳务的交易的最高价格维持行为,具有正当理由的,例外。
2. 对于总统令规定的著作物和具备以下各项规定的要件的商品,

事业者预先接到公平交易委员会的指定并可以实施转售价格维持行为的情形,不适用第 1 款规定。

(1) 能够容易地识别该商品品质的同一性;

(2) 该商品属一般消费者日常使用的;

(3) 对于该商品可以进行自由的竞争。

《芬兰竞争法》第 4 条

进行经营活动时,在国内销售产品或产品租赁方面,禁止要求下一级销售环节不得超过或低于特定价格、报酬或确定价格、报酬的方法。

注:许多国家反垄断法未对垄断协议作横向与纵向的区分,而是统一作规定。相关规定可见前条。

第十五条 经营者能够证明所达成的协议属于下列情形之一的,不适用本法第十三条、第十四条的规定:

(一) 为改进技术、研究开发新产品的;

(二) 为提高产品质量、降低成本、增进效率,统一产品规格、标准或者实行专业化分工的;

(三) 为提高中小经营者经营效率,增强中小经营者竞争力的;

(四) 为实现节约能源、保护环境、救灾救助等社会公共利益的;

(五) 因经济不景气,为缓解销售量严重下降或者生产明显过剩的;

(六) 为保障对外贸易和对外经济合作中的正当利益的;

(七) 法律和国务院规定的其他情形。

属于前款第一项至第五项情形,不适用本法第十三条、第十四条规定的,经营者还应当证明所达成的协议不会严重限制相关市场的竞争,并且能够使消费者分享由此产生的利益。

【说明及立法理由】

本条是对垄断协议豁免的规定。

一、垄断协议的豁免,是指经营者之间的协议、决议或者其他协同行为,虽然排除、限制了竞争,构成了垄断协议,但该类协议在其他方面所带来的好处要大于其对竞争秩序的损害,因此法律规定对其豁免,即排除适用反垄断法的规定。豁免制度是利益衡量的结果,即从经济效果和对限制竞争的影响进行利益对比,在"利大于弊"时,对该垄断协议排除适用反垄断法。

许多国家、地区及欧盟的反垄断法都对垄断协议的豁免作了规定。其中有的是对豁免的基本原则作了规定,比如《欧共体条约》第81条第3款规定,可以豁免的垄断协议必须满足以下条件:有助于改进生产或者分销产品,或者促进技术进步、经济进步;使消费者公平分享由此产生的利益;有关企业所受到的限制对于达到上述目标是不可缺少的;在所涉及产品的相关范围内,没有排除竞争。还有的是对豁免的类型作了列举,比如我国台湾地区"公平交易法"规定了7种可以豁免的垄断协议,包括:

(1)为降低成本、改良品质或者增进效率,而统一商品规格或者型号;

(2)为提高技术、改良品质、降低成本或增进效率,而共同研究开发商品或者市场;

(3)为促进事业合理经营而分别作专业发展;

(4)为确保或促进出口,而专就境外市场的竞争进行约定;

(5)为加强贸易效能,而就境外商品的进口采取共同行为;

(6)经济不景气期间,商品市场价格低于平均生产成本,导致该行业的企业难以继续维持或者生产过剩,为有计划适应需求而限制产销数量、设备或者价格;

(7)为增进中小企业的经营效率,或加强其竞争力。

二、本法对垄断协议的豁免,采取的是规定豁免类型的方式。在借鉴国外经验,并结合我国实际情况的基础上,本条规定对以下垄断协议予以豁免:

(1)为改进技术、研究开发新产品的。改进技术、研究开发新产品,可以提高生产率,有利于经济发展和消费者利益,所以本项规定为上述目的达成的垄断协议可以豁免。

(2)为提高产品质量、降低成本、增进效率,统一产品规格、标准或者实行专业化分工的。统一产品的规格、标准,是指经营者对各种原材料、半成品或者成品在性能、规格、质量、等级等方面规定统一要求,使商品之间具有可替代性和兼容性;实行专业化分工,是指经营者发挥各自专长,分工协作,使他们从生产多种商品的全能型企业转变为专门化企业,由此实现经济合理化。这两种行为有利于提高产品质量、降低成本、增进效率、实现规模经济,有利于保护消费者利益。所以本项规定为上述目的达成的垄断协议可以豁免。

(3) 为提高中小经营者经营效率,增强中小经营者竞争力的。相对于大企业,中小企业处于弱势,在竞争中处于不利地位。为了保护中小企业的合法权益,本项规定为提高中小经营者经营效率,增强中小经营者竞争力的垄断协议可以豁免。

(4) 为实现节约能源、保护环境、救灾救助等社会公共利益的。节约能源、保护环境、救灾救助等涉及社会公共利益的行为,有利于社会的持续发展,有利于维护人民群众的利益,为此,本项规定对这类涉及公共利益的垄断协议予以豁免。

(5) 因经济不景气,为缓解销售量严重下降或者生产明显过剩的。这主要是针对特定经济时期作的规定。在经济不景气时,市场会供大于求,造成销售量下降,出现生产过剩现象。在这种特定情况下,对经营者达成的限制产量或者销量等垄断协议予以豁免,会避免对社会资源和生产造成巨大损害,有利于经济的恢复。

(6) 为保障对外贸易和对外经济合作中的正当利益的。对外贸易和对外经济合作主要是指商品的进出口贸易和劳务输出等活动。为了保障我国对外贸易和经济合作中的正当利益,本项规定对为此而达成的垄断协议予以豁免。

(7) 法律和国务院规定的其他情形。本项规定有两层含义:一是,除本条规定的豁免情形外,如果其他法律对垄断协议豁免的情形作了规定,则应当豁免适用本法。二是,本项还授权国务院可以在本法规定的豁免情形之外,规定其他的豁免情形。

同时,本条第2款规定,对属于第1款第1项至第5项情形予以豁免的,经营者还要承担相应的举证责任。即属于第1款第1项至第5项情形的垄断协议,不是当然豁免,还要符合一定的条件,经营者还应当证明所达成的协议不会严重限制相关市场的竞争,并且能够使消费者分享由此产生的利益。同时,根据本条第 2 款的上述规定,属于本条第 1 款第 6 项规定情形的垄断协议,经营者就不需要承担上述证明责任,这主要是因为第 6 项规定的情形是以保障对外贸易和对外经济合作中的正当利益为目的。当然,如果我国的经营者在出口贸易中达成固定价格等垄断协议,进口国可能会以该行为对其本国市场竞争造成影响而对我国的经营者提起诉讼,这应当引起我国经营者的高度重视。

三、垄断协议豁免的程序。以前一些国家对垄断协议的豁免规定了申请程序,即由协议当事人向反垄断执法机构申请,由反垄断执法机构决定是否允许豁免。近些年,欧盟及一些国家开始对垄断协议豁免的申报制度进行改革。根据欧盟 2003 年第 1 号条例的规定,自 2004 年 5 月 1 日起,取消垄断协议豁免的申报制度,即垄断协议只要符合条约第 81 条第 3 款的规定,就自动得到豁免。至于是否符合法定的豁免条件,由协议当事人自行判断,并由当事人负举证责任。该规定一方面减轻了企业申报的负担,还减轻了主管部门的工作量,但另一方面也增加了企业的自行判断可能与法定条件不符的风险。

本条对垄断协议的豁免未规定申报制度。完全由经营者自行判断其协议是否符合本条规定的豁免条件。如果反垄断执法机构在监管过程中发现经营者达成的垄断协议不属于本法规定的豁免情形,经营者将承担达成垄断协议的法律后果。

【相关规定】

我国台湾地区"公平交易法"第 14 条

事业不得为联合行为。但有下列情形之一,而有益于整体经济与公共利益,经申请中央主管机关许可者,不在此限:

(1) 为降低成本、改良品质或者增进效率,而统一商品规格或形式者;

(2) 为提高技术、改良品质、降低成本或增进效率,而共同研究开发商品或者市场者;

(3) 为促进事业合理经营而分别作专业发展者;

(4) 为确保或促进输出,而专就国外市场之竞争进行约定者;

（5）为加强贸易效能,而就国外商品之输入采取共同行为者;

（6）经济不景气期间,商品市场价格低于平均生产成本,致该行业之事业难以继续维持或生产过剩,为有计划适应需求而限制产销数量、设备或价格之共同行为者;

（7）为增进中小企业的经营效率,或加强其竞争能力所为之共同行为者。

《美国韦伯——波默斯法案》第1条

仅仅为了出口和实际上仅从事出口的企业（联合体）,或由出口企业签订的协议、从事的活动,如不限制国内贸易,也不限制其国内竞争者的出口,将免受谢尔曼反托拉斯法的制约。

《美国韦伯——波默斯法案》第4条第2款

无论何时,委员会确信,企业的联合、合同、活动限制了国内贸易或限制其国内竞争者的出口贸易,或同国内出口企业,或同其他地域出口企业达成协议、承诺、共谋,故意地降低或提高国内产品的价格,或实质性地减少国内竞争,委员会可向企业、企业官员、代理人发出传票,要求出庭,经调查,若委员会确认违法,则向企业发出要求调整其经营以遵守法律的建议书。

《韩国规制垄断与公平交易法》第19条

以以下各项规定之一的目的实施的不正当的共同行为,符合总统令规定要件并得到公平交易委员会的认可时,不适用第1款的规定。

（1）产业合理化;

（2）研究、技术开发;

（3）克服萧条;

（4）产业结构的调整;

（5）交易条件的合理化;

（6）提高中小企业的竞争力。

《欧共体条约》第81条第3款

第1款规定不适用于下列情形:企业之间的任何协议或者任何类型的协议、企业团体所作的任何决定或者任何类型的决定、任何协同一致的经营行为或者任何类型的协同一致的经营行为,有助于改进生产

或者分销产品、或者促进技术或者经济进步,同时使消费者获得相当程度的实惠;并且,

1. 有关企业所受到的限制对于达到上述目标是不可缺少的;

2. 在所涉及产品的相当范围的领域内,有关企业没有可能排除竞争的。

《欧共体理事会关于执行欧共体条约第 81 和 82 条竞争规则的 1/2003 号条例》第 1 条

1. 条约第 81 条第 1 款规定协议、决定以及协调行为,如果不符合条约第 81 条第 3 款规定的条件,应被予以禁止,且事先不需要就其影响做出决定。

2. 条约第 81 条第 1 款规定的协议、决定以及协调行为,如果符合条约第 81 条第 3 款规定的条件,应当不予禁止,且事先不需要就其影响做出决定。

《欧共体理事会关于执行欧共体条约第 81 和 82 条竞争规则的 1/2003 号条例》第 2 条

在成员国或者共同体适用条约第 81 条和第 82 条的审理中,证明违反条约第 81 条第 1 款或者第 82 条的举证责任应由指出违法行为的一方或主管机构承担。主张适用条约第 81 条第 3 款的企业或企业协会,承担符合该条款中所规定条件的举证责任。

《瑞典竞争法》第 8 条

如果协议满足以下条件,瑞典竞争局可以在个案中确认对第 6 条规定的禁止的豁免:

1. 有利于改善生产或销售,或促进技术或经济进步。

2. 能够使消费者公平的分享协议产生的利益。

3. 只适用于企业为实现第一项规定的目标所必需的限制;且

4. 此种限制不会从根本上消除企业所在领域的竞争。

《罗马尼亚竞争法》第 5 条

(二) 企业团体的协议、决定或者协调行动,在下列第(一)至第(四)款所列情形与第(五)款所述任一情形同时出现时,可以豁免第(一)款的禁止性规定:

(1) 有关企业团体的协议、决定或者协调行动的积极影响超过了消极的影响,或者足以弥补限制竞争所造成的损失;

(2) 参与企业团体协议、决定或协调行动的各方意识到消费者能够因此而获得利益;

(3) 可能对竞争造成的限制是为了获取预期利益所不得不采取的措施,而且企业团体或协调行动的参与企业各自的协议、决定并不能对其他当事方为实现第(5)项中提及的目标造成必要的限制;

(4) 企业团体或协调行动所做的单独的协议、决定可能不允许参与企业或企业团体在产品或服务市场的实质上的一部分内排除竞争;

(5) 企业团体的协议、决定或者协调行动可能有如下积极作用:① 促进商品的生产或销售、工作的运转或提供服务;② 促进技术进步或提高经济效益,提高商品或服务的质量;③ 巩固中小企业在国内市场的竞争地位;④ 从长期看对消费者来说可以实质地降低价格。

《匈牙利禁止不正当竞争法》第16条

政府规章可规定特定类型的协议豁免适用第11条的禁止性条款。政府在采纳有关协议集体豁免的规章时可考虑本法第17条的规定。

《匈牙利禁止不正当竞争法》第16/A条

(1) 对禁止限制竞争的集体豁免不适用于因为与相似协议在相关市场产生累积影响而不能满足第17条规定的要求的协议;

(2) 关于以上第(1)款,匈牙利竞争局可在程序过程中判定适用集体豁免的利益未来不适用于该等协议。在该等情况下,不得适用任何罚金。

《匈牙利禁止不正当竞争法》第17条

在第11条适用范围内的以下协议不应被禁止:

(a) 其有利于更合理地组织生产或分销、推动技术或经济进步或增强竞争力或保护环境;

(b) 使得消费者能够在产生的利益中获得公平份额;

(c) 其附随的对竞争的限制或排除未超过达成在经济上合理的共同目标所必须的程度;

(d) 其并未产生排除相关产品市场的重大部分竞争的可能性。

《匈牙利禁止不正当竞争法》第20条

证明协议应依据第16或17条豁免适用禁止性条款的举证责任应由主张豁免利益的人承担。

《比利时经济竞争保护法》第2条

3. 可以宣布本条第1款不适用于：

——企业间的任何协议或者协议类别，

——企业协会的任何决议或者决议类别，以及

——任何协同行为或者协同行为类别

如果它们有助于提高生产或销售，或者促进技术或经济进步，或者它们使中小型企业加强了他们在相关市场或者国际市场上的竞争地位，同时给用户提供了由此获得的利润的公平份额，然而却没有：

（a）对相关企业施加任何与获得这些目标并非不可缺少的任何限制；

（b）给这些企业消除大部分相关产品的竞争的机会。

《德国反对限制竞争法》第2条

1. 有利于改善商品生产、分配或有利于促进技术或经济进步，并以适当方式使消费者分享因此产生的利益的企业之间达成的协议、企业联合组织作出的决议以及联合一致的行为，可以豁免适用第1条的禁令，但以参与企业

① 没有承担为实现本目的所作的非必要的限制义务；

② 没有就相关商品的大部分寻求排斥竞争的可能性。

2. 在应用第1款的规定时，欧洲共同体理事会或委员会的规定，即欧洲共同体条约第81条第3款关于企业联合组织的特定的协议、决议及联合一致的行为（组织豁免条例），相应地有效。若上述所称的协议、决议及联合一致的行为不适宜，损害了欧洲共同体成员国之间的贸易时，该规定同样有效。

《德国反对限制竞争法》第3条 中小企业卡特尔

1. 处于竞争关系之中的企业之间达成的协议及企业联合组织作出的决议，若以通过企业之间的合作来实现经济过程的合理化为内容，则满足第2条第1款的要件，但以

① 市场上的竞争不因此遭受实质上的损害,以及
② 协议或决议有利于改善中小企业的竞争能力为限。

2. 如果依欧洲共同体条约第 81 条第 1 款规定的要件没有满足,企业或企业联合组织若对某项裁决说明其有重要的法律或经济利益,则可依申请,并根据第 32c 款的规定提出裁决要求。本规定于 2009 年 6 月 30 日失效。

《俄罗斯有关保护竞争法的联邦法》第 13 条

1. 本联邦法第 10 条第 1 款规定的经济实体的行为(不作为)(本联邦法第 1 款第 1、2、3、5、6、7 和 10 项规定的除外),第 11 条第 2 和第 3 款规定的协议和协同行为,第 27—30 条规定的其他行为可以被准许,如果该行为(不作为)、协议和协同行为没有为特定的人创造在相关商品市场排除竞争的机会,没有给参与方或第三人施加这些行为(不作为)、协议、协同行为、交易、其他行为需要实现目的之外的多余限制,并且会或可能会:

(1) 完善生产、销售货物或促进技术、经济进步或提高俄罗斯货物在世界市场中的竞争能力;

(2) 消费者获得的利益(好处)与经济实体通过行为(不作为)、协议、协同行为、交易、其他行为获得的利益(好处)相称。

2. 俄罗斯联邦政府有权决定满足本条第 1 款第 1 项和第 2 项的协议和协同行为可准许的情形(一般豁免)。有关满足本联邦法第 11 条第 2 款的协议和协同行为(一般豁免)由联邦反垄断当局在一定时间内建议俄罗斯联邦进行认定并规定:

(1) 协议和协同行为的类别;

(2) 该协议和协同行为不被准许的条件;

(3) 该协议必须包括确保竞争的强制性条件;

(4) 该协议和协同行为被准许的条件。

3. 除了本条第 2 款所规定的条件之外,一般豁免还可以规定其他协议或协同行为应满足的条件。

《荷兰竞争法》第 12 条

经营者之间的协议、经营者协会的决议以及经营者的协同行为,根

据欧盟理事会条例或欧共体委员会条例不适用条约第 82 条第 1 款的，不适用本章第 6 节第 1 款。

《荷兰竞争法》第 13 条

1. 经营者之间的协议、经营者协会的决议以及经营者的协同行为，不会对欧共体成员国之间的贸易产生不利影响的，或者不会明显妨碍、限制或扭曲共同市场内的竞争的，以及属于第 12 条所规定的条例的豁免情形的，不适用第 6 条第 1 款；

2. 但是，对于因本条第 1 款而不适用第 6 条第 1 款的经营者之间的协议、经营者协会的决议以及经营者的协同行为，如果发生了根据相关条例的规定可能使该条例本身被宣布不能适用的情况，局长仍可发布裁决，宣布第 6 条第 1 款适用于此类协议、决议或协同行为；

3. 局长应当以书面形式，将其发布第 2 款规定的裁决的意向告知相关利益方，并说明理由；

5. 第 2 款规定的裁决从其公布之日起的六周后方始生效。

《荷兰竞争法》第 14 条

经营者之间的协议、经营者协会的决议以及经营者的协同行为，已经根据条约第 85 条第 3 款规定获得特许的，不适用第 6 条第 1 款。

《荷兰竞争法》第 15 条

1. 对于第 6 条规定范围内的某些类型的协议、决议和行为，有助于改进商品生产和流通或促进经济和技术的发展，同时又能让消费者平等地享受产生的利益，并且不会产生下列情形的，可以通过一般行政命令的方式予以确认，并宣布第 6 条第 1 款对其不适用；如有必要，可以设定限制和条件：

a. 对当事经营者施加对于实现上述目标来说并非不可或缺的限制；

b. 为这类经营者提供消除涉及产品和服务的重大部分的竞争的可能。

2. 但是，第 1 款所说的一般行政命令中可以规定：局长可以发布裁决，宣布对于因满足了该一般行政命令中规定的要求而不受第 6 条第 1 款管辖的协议、决议或协同行为，仍然适用第 6 条第 1 款的规定。

5. 第 2 款规定的裁决从其公布之日起六周后方始生效。

《克罗地亚竞争法》第 10 条

1. 特定种类的协议,如能促进货物和/或服务的生产或销售的改善,或促进技术或经济的进步,并能同时使消费者分享到一部分据此产生的收益,则应该在委员会的提议下按照克罗地亚共和国政府规定的条件被单独豁免或集体豁免。

2. 本条第 1 款中所规定的协议不得:

(1) 施加给所涉企业与实现那些积极目标并无必然联系的限制,以及

(2) 提供给所涉企业在构成协议标的内容的货物和/或服务的重大部分方面消除竞争的机会。

《克罗地亚竞争法》第 11 条

1. 本法第 10 条第 1 款中规定有关集体豁免的条例与下列种类的协议相关:

(1) 在生产和销售上不处于同一个层级的企业间的协议,特别是独家销售协议、选择性销售协议、独家购买协议和特许经营权协议;

(2) 在生产和销售上处于同一个层级的企业间的协议,特别是研究和开发协议以及专门化协议;

(3) 转让技术、许可以及专有技术的协议;

(4) 关于机动车的销售和服务的协议,以及

(5) 保险协议。

2. 本条第 1 款中所提到的条例应规定以下事项:

(1) 第 1 款中规定的协议所必须包含的条款;

(2) 第 1 款中规定的协议不得包含的限制或条件;

(3) 第 1 款中规定的协议必须遵守的其他规定。

3. 满足了本法第 10 条所规定的条件的协议不需要再被提交给竞争局审查,以获得本法第 12 条所规定的单独豁免。

4. 如果维护竞争局认为,由于本身原因或相关市场内其他相似协议的累积影响,本条第 3 款中所提到的某特定协议并不符合本法第 10 条所规定的条件,那么它可以依职权主动发起审查此特定协议与特定

条款的兼容性的程序。

《克罗地亚竞争法》第12条

1. 在所涉协议各方请求的情况下，如果此特定协议符合本法第10条第1款规定的条件，那么维护竞争局可以适用本法第9条第1款的规定作出单独豁免的决定。

2. 维护竞争局应该就本条第1款中提到的豁免作出决定，但维护竞争局的决定只能适用于一段有限的时间，此段时间按照规则不能超过五年。

3. 本条第2款提到的时间期限可以依照协议各方的请求额外延长不超过五年的时间，如果协议各方能够证明协议仍然符合本法第10条规定的条件。协议各方必须在豁免效力终结前至少六个月向竞争局提出延长豁免期限的要求。

4. 依照本条第2款作出的决定中准予的豁免应自协议签署之日起生效，即最晚在准予豁免决定作出之日起生效。

5. 维护竞争局可以通过决定的方式规定为得到豁免协议所必须满足的条件、满足这些条件的期限以及在满足了这些条件的情况下所涉豁免生效的日期。

《克罗地亚竞争法》第14条

1. 竞争局可以依职权主动或应协议一方的要求取消关于豁免的决定，如果此决定是基于不正确或不真实的信息作出的，并且这种不正确或不真实的信息对所涉决定的作出发挥了决定性的影响。

2. 在下列情况下，竞争局可以依职权或应一方请求废除就豁免做出的决定：

（1）对做出所涉决定有决定性影响的市场地位和条件发生了变化，并且本法第10条中授予豁免的标准亦不再得到满足。

（2）协议各方未能满足或根本不理睬竞争局的决定中规定的任何措施。

3. 在下列情况下，竞争局可以依职权或应任一方的请求，修改就协议豁免做出的决定：

（1）协议各方不能控制以及根据本条第2款不会导致决定无效的

市场地位和条件已经发生改变;

(2) 由于不能控制的情况发生,所涉协议各方未能满足或足够注意竞争局的决定中规定的措施。

第十六条 行业协会不得组织本行业的经营者从事本章禁止的垄断行为。

【说明及立法理由】

一、在实际生活当中,市场上的经营者为了表达自身的愿望与要求,维护共同的经济利益和社会利益,往往会组成一定的团体以实行行业自律,如行业协会、企业联合会、企业联盟等。这些经营者团体具有协调市场各行业主体的合法利益、提高市场配置资源的效率和维护市场经济运行秩序的功能,是市场经济体系的重要组成部分。行业协会主要履行沟通企业和政府之间的关系、为会员企业提供信息沟通等服务、加强行业自律以及支持企业参与国际竞争等方面的职能。

行业协会在实现自己职能的过程中,为了行业的健康发展和全体会员的共同利益,会实施行业自律,约束会员企业的活动,使其遵守竞争规则并运用团体的自治权来对违反竞争规则的行为进行规范。但同时,行业协会的行为也存在着限制竞争的可能性:在实践中,有些行业协会常常为了维护会员企业的利益而不自觉地排斥非协会成员的经济活动;此外,行业协会从全体会员企业的整体利益出发,往往不希望企业之间开展实质的竞争,特别是在行业处于激烈的市场竞争的时候,经常以行业"自律"的形式,组织会员企业签订价格同盟协议等限制竞争的协议,减少甚至消除会员企业之间的竞争。因此,对行业协会消除或限制竞争的行为进行制约,也就成为了反垄断法的一项重要任务。从国外的立法实践看,许多国家和国际组织都将行业协会等经营者团体组织实施的排除、限制竞争行为纳入反垄断法的规范范围之内。如《德国反对限制竞争法》第1条明确规定,企业联合组织作出的决议,如以阻碍、限制或扭曲竞争为目的或使竞争受到阻碍、限制或扭曲,则是禁止的。《欧盟条约》第81条也规定,垄断协议的主体包括企业团体,企业团体组织实施的垄断协议同样要受到反垄断法的约束。日本、韩国等国家也都有类似的规定,美国的反垄断法律中虽然没有明确行业协会的适用,但在执法实践中,行业协会的排除、限制竞争行为同样要受到反垄断法的约束。本条也专门对这一问题作出了规定。

二、在我国当前实践中,行业协会实施的排除、限制竞争行为,主要表现为以组织的名义实施联合限制竞争的行为,如以"行业自律价格"的形式联合限定价格,对商品的最低销售价格、价格的上涨率或上涨幅度作出决定;对标准价格、基准价格、目标价格等价格的基础作出决定;设定共同的价格界定方法(如规定具体的价格系数),对影响实质性定价的回扣、手续费、折扣的限度作出决定等。行业协会这种联合限制竞争的行为,实际上等同于垄断协议。因此,本条针对这一行为,明确规定:行业协会不得组织本行业的经营者从事本章禁止的垄断行为。对违反者,将依据本法第48条第3款的规定对其进行处罚。

【相关规定】

《中华人民共和国价格法》第17条

行业组织应当遵守价格法律、法规,加强价格自律,接受政府价格主管部门的工作指导。

《制止价格垄断行为暂行规定》第14条

行业组织应当加强价格自律,不得从事违反本规定的行为。

我国台湾地区"公平交易法"第2条

本法所称事业如下:

1. 公司;
2. 独资或者合伙之工商行号;
3. 同业公会;
4. 其他提供商品或服务从事交易之人或团体。

我国台湾地区"公平交易法实施细则"第2条

本法第2条第3款所称同业公会如下:

1. 依工业团体法成立之工业同业公会及工业会;
2. 依商业团体法成立之商业同业公会、商业同业公会联合会、输出业同业公会及联合会、商业会;
3. 依其他法规规定所成立之职业团体。

《欧共体条约》第 81 条

下列事项因与共同市场不相容而被禁止：企业之间的一切协议、企业团体所作的决定和协同一致的经营行为，可能影响成员国之间贸易并且具有阻止、限制或者扭曲共同市场内的竞争的目的或者效果的；特别禁止下列事项：

（1）直接或者间接地固定购买或者销售价格或者其他任何交易条件的；

（2）限制或者控制生产、市场、技术发展或者投资的；

（3）分享市场或货源的；

（4）在相同的交易情形下对交易对象适用不同的交易条件，因而置其于不利的竞争地位的；

（5）要求对方当事人接受与合同的主题在本质上或者商业惯例上无关联的附加义务，作为签订合同的前提条件的。

《比利时经济竞争保护法》第 2 条

禁止目的或者效果在于严重阻止、限制或者扭曲比利时市场上或者市场重要部分中的竞争的所有企业间协议、企业协会决议以及协同行为，尤其当这些协议、决议或者协同行为具有以下情形时：

直接或者间接地固定购买价格、售卖价格或者其他合同条款；

限制或者控制生产、门店、技术进步或者投资；

共享市场或者供应源；

就同类服务对商业伙伴适用不平等的条款，因此使对方处于竞争劣势；

以对方接受额外服务为订立合同的条件，而这些服务根据其性质或者商业惯例与合同的目标并无联系。

《德国反对限制竞争法》第 1 条

企业之间达成的协议、企业联合组织作出的决议以及联合一致的行为，如以阻碍、限制或扭曲竞争为目的或使竞争受到阻碍、限制或扭曲，则是禁止的。

《德国反对限制竞争法》第 21 条

1. 企业或企业联合组织不得以不公平地损害某些企业为目的，要

求另一个企业或企业联合组织封锁供货或封锁采购;

2. 企业或企业联合组织不得以非利益来胁迫或加害其他企业,不得向其他企业允诺或提供好处,以促使该其他企业从事依本法或依卡特尔当局根据本法所作出的处分不得作为合同拘束内容的行为;

3. 企业和企业联合组织不得强迫其他企业:

(1) 加入第2条、第3条或第28条第1款意义上的协议或决议,或

(2) 与其他企业进行第37条意义上的合并,或

(3) 以限制竞争为目的,在市场上采取同一形式的行为。

4. 禁止因他人向卡特尔当局申请干预,或建议卡特尔当局进行干预,而在经济上加害于该他人。

《荷兰竞争法》第6条

经营者之间的协议、经营者协会的决议以及经营者的协同行为,以阻碍、限制或扭曲荷兰市场或该市场之一部分的竞争为目的的,或者造成该结果的,均予禁止。

《克罗地亚竞争法》第9条

对于企业间的所有协议、合同、协议的单独条款、公开的或隐含的协议、协同行为、企业协会的决定(以下统称为协议),如果其目标或效果是在相关市场上阻止、限制或扭曲竞争,则都应该予以禁止,特别是对于下列情形的协议:

(1) 直接或间接固定出售或购买价格或其他的交易条件;

(2) 限制或控制生产、市场、技术发展或投资;

(3) 分配市场或供应渠道;

(4) 对于其他企业进行的相似交易适用不同的交易条件,因此使这些企业处于竞争上的不利地位;

(5) 规定若要达成合同,另一方就必须要接受额外义务,这些义务从其性质或商业用途上来说与合同的标的并无联系。

《匈牙利竞争法》第11条

禁止以阻止、限制或扭曲竞争为目的或可能或实际具有该等影响的企业间协议或协调行为以及企业的社会组织,公共公司、协会或其他相似组织的该等决定(以下合称:协议)。

《英国竞争法》第 2 条

在符合第 3 节规定的前提下,具有下列情形的经营者之间的协议,经营者协会的决议或协同行为

(a) 可能影响英国境内的贸易的,并且

(b) 具有妨碍、限制或扭曲英国境内竞争的目的,或会造成该结果的,除非根据本部分规定得到豁免,否则均予禁止。

《日本禁止私人垄断及确保公平交易法》第 2 条

本法所称"事业者团体",是指以增进事业者共同利益为主要目的的两个以上的事业者的结合体或联合体,它包括下列各种形式。但是,由两个以上的事业者的结合体或其联合体、拥有资本或成员事业者的出资,以经营营利性的商业、工业、金融业等事业为主要目的,并且现在仍在从事该事业的事业者除外。

(1) 以两个以上的事业者为成员(含相当于成员的)的社团法人以及其他社团;

(2) 由两个以上的事业者支配着理事或管理人的任免、业务的执行或其存在的财团法人及其他财团;

(3) 由两个以上的事业者为成员的组合,或以合同的形式由两个以上的事业者构成的结合体。

《日本禁止私人垄断及确保公平交易法》第 8 条

事业者团体不得实施下列各项任何一种行为:

(1) 在一定的交易领域实质性地限制竞争;

(2) 订立第 6 条规定的国际协定或国际合同;

(3) 在一定的事业领域,限制现在或将来的事业者的数量;

(4) 对成员事业者(指构成事业者团体的事业者。以下同)的机能或活动进行不正当的限制;

(5) 使事业者实施属于不公正的交易方法的行为。

《韩国规制垄断与公平交易法》第 26 条

事业者团体不得实施符合以下各项规定之一的行为:

1. 以第 19 条(不正当的共同行为的禁止)第 1 款各项规定的行为来不正当地限制竞争的行为;

2. 在一定的交易领域内限制现在或者将来的事业者人数的行为;

3. 不正当地限制构成事业者的事业内容和活动的行为;

4. 对于事业者,实施第23条(不公平交易行为的禁止)第1款各项规定的不公平交易行为或者第29条(维持转售价格行为的限制)规定的维持转售价格的行为,或者帮助实施上述行为的行为。

《印度竞争法》第3条

1. 任何企业、企业的联合、人或人的联合不得签订某项协议,如果该协议与货物的生产、供应、流通、储存、买受或管理和服务的提供有关,并导致或很可能导致对印度境内的商业竞争产生明显的负面影响。

2. 任何违反前款规定订立的协议无效。

3. 任何企业之间、企业联盟之间、个人之间、个人的联合之间或者个人与企业之间订立的协议,或者任何在同一或相近的货物贸易或服务提供领域内的企业或者个人组织,包括卡特尔在内,所采取的行动或做出的决定,如果

(a) 直接或间接的决定了买卖价格;

(b) 限制或操控了生产、供应、市场、技术进步、投资或服务提供;

(c) 通过分配市场地理区域、货物或服务的种类、特定市场中的消费者数量或其他类似方法分割市场、生产资料或服务提供;

(d) 直接或间接导致投标欺诈或招投标中的共谋应被推定为对竞争具有明显的负面影响。

第三章　滥用市场支配地位

第十七条　禁止具有市场支配地位的经营者从事下列滥用市场支配地位的行为：

（一）以不公平的高价销售商品或者以不公平的低价购买商品；

（二）没有正当理由，以低于成本的价格销售商品；

（三）没有正当理由，拒绝与交易相对人进行交易；

（四）没有正当理由，限定交易相对人只能与其进行交易或者只能与其指定的经营者进行交易；

（五）没有正当理由搭售商品，或者在交易时附加其他不合理的交易条件；

（六）没有正当理由，对条件相同的交易相对人在交易价格等交易条件上实行差别待遇；

（七）国务院反垄断执法机构认定的其他滥用市场支配地位的行为。

本法所称市场支配地位，是指经营者在相关市场内具有能够控制商品价格、数量或者其他交易条件，或者能够阻碍、影响其他经营者进入相关市场能力的市场地位。

【说明及立法理由】

本条是对市场支配地位概念及滥用市场支配地位具体情形的规定。

一、市场支配地位的概念

市场支配地位是指企业或企业集团能够左右市场竞争或者不受市场竞争机制的制约。即居于市场支配地位的企业不必考虑竞争者或交易对手的反应就可以自由定价或者自由地作出其他经济决策。欧共体委员会曾经对市场支配地位表述为:如果企业有能力独立行为,即它们在行为时不考虑竞争者、买方和供货方的情况,它们就是处于市场支配地位的企业。如果企业凭其市场份额,或者凭借其与技术秘密或者与取得原材料和资金的渠道以及与其他重大优势。例如商标权等相关的市场份额,能够决定相关产品一个重大部分的价格,或者控制其生产或者销售,这就表明它具有市场支配地位。这一表述表明,支配地位的企业是不受竞争制约的企业,即不是竞争支配这些企业,而是这些企业支配市场竞争。

本条对市场支配地位概念的规定是:经营者在相关市场内具有能够控制商品价格、数量或者其他交易条件,或者能够阻碍、影响其他经营者进入相关市场能力的市场地位。简单来讲,就是经营者具有控制相关市场的能力,即控制相关市场交易条件的能力或者阻碍其他经营者进入该相关市场的能力。其中的相关市场是指经营者在一定时期内就特定商品或者服务(统称商品)进行竞争的商品范围和地域范围。其中的经营者可以是一个,也可以是数个经营者作为整体共同控制市场。

需要强调的是,反垄断法并不禁止经营者具有市场支配地位,而是禁止具有市场支配地位的经营者滥用市场支配地位,从事排除、限制竞争的行为。为此,本法在总则第6条中明确规定,具有市场支配地位的经营者,不得滥用市场支配地位,排除、限制竞争。

二、滥用市场支配地位的概念和具体情形

(一)概念

滥用市场支配地位是指支配企业为维持或者增强其市场支配地位而实施的反竞争的行为,其特点是:

1. 行为主体具有特定性,即行为主体是在市场上具有支配地位的企业,而非其他企业。

2. 行为目的具有特定性,即实施滥用行为是为了维持或增强其支配地位。

3. 行为本身具有反竞争性,即滥用行为是排除、限制竞争的行为。从一些国家反垄断立法看,对禁止滥用市场支配地位行为的规范,采取两种方式:一是概括式,即只作原则性禁止,不具体规定所禁止的滥用行为,美国等国家采取这种方式。二是概括加列举式,即在作出原则性禁止规定的同时,列举一些典型的予以禁止的滥用行为,欧盟等采取这种方式。本条采取的是列举具体的滥用行为的方式。

(二) 本条对滥用市场支配地位具体行为的规定

1. 以不公平的高价销售商品或者以不公平的低价购买商品。是指具有支配地位的企业违背平等互利原则,凭借其强势在交易活动中以不公平的高价销售商品或者以不公平的低价购买商品,损害交易对方利益的行为。

2. 没有正当理由,以低于成本的价格销售商品。即掠夺性定价行为,是指支配企业持续地以低于成本的价格销售商品,以便将竞争对手排挤出市场,阻止新的经营者进入市场以及成功地垄断该市场的行为。支配企业具有资产雄厚、生产规模大、分散经营能力强等竞争优势,所以有能力承担暂时低价销售的损失,而一般的中小企业势力单薄,无力承担这种损失。支配企业便可通过这种方式排挤竞争对手进而垄断市场,并提高销售价格。所以这种行为的代价是很高的,但支配企业期待将来实现的利润超过现在的损失,并能得到更多的利润。如果以低于成本的价格销售商品具有正当理由,则不属于本法规定的行为。比如销售鲜活商品、处理有效期限即将到期的商品或者其他积压商品、季节性降价等。

3. 没有正当理由,拒绝与交易相对人进行交易。即拒绝交易行为,是指制造商没有正当理由拒绝向购买者,尤其是零售商或者批发商销售商品的行为。制造商通过拒绝供货行为,可以强迫批发商或者零售商按照其规定的价格等条件销售商品,从而限制了该种商品的价格竞争,也会造成其他经营者进入该市场的障碍。

4. 没有正当理由,限定交易相对人只能与其进行交易或者只能与其指定的经营者进行交易。即独家交易行为,是指具有支配地位的企业凭借其地位,不合理地要求交易相对人只能与其进行交易,或者只能与其指定的经营者进行交易。

5. 没有正当理由搭售商品,或者在交易时附加其他不合理的交易条件。是指具有支配地位的企业强迫交易对方购买从性质、交易习惯上均与合同无关的产品或服务的行为。搭售的目的是为了将市场支配地位扩大到被搭售产品的市场上,或者妨碍潜在的竞争者进入。在判定搭售行为是否违反反垄断法时,首先应考虑搭售是否是一种不合理的安排,即搭售是否出于该商品的交易习惯;若将被搭售的商品分开销售,是否有损于该商品的性能或使用价值。其次应考虑该搭售行为是否具有反竞争的效果。

6. 没有正当理由,对条件相同的交易相对人在交易价格等交易条件上实行差别待遇。即歧视待遇行为,是指支配企业没有正当理由而对条件相同的交易对方,比如对购买相同数量、相同质量货物的交易对方提供不同的价格或者其他交易条件,致使有的交易对方处于不利的竞争地位。对于支配地位企业而言,这是一种营销策略,它一方面可以增加产品销售收益,获取较高利润;另一方面可以拓宽市场。但这种行为会对经销商之间的公平竞争带来不利影响,也会使消费者因此受到不公平待遇。

7. 国务院反垄断执法机构认定的其他滥用市场支配地位的行为。鉴于实践中情况比较复杂,本条在对滥用市场支配地位行为作出具体列举的同时,又规定了兜底条款。即授权国务院反垄断执法机构可以对本条列举之外的其他行为是否属于滥用市场支配地位行为作出认定。

【相关规定】

《中华人民共和国反不正当竞争法》第11条

经营者不得以排挤竞争对手为目的,以低于成本的价格销售商品。有下列情形之一的,不属于不正当竞争行为:

(一)销售鲜活商品;

(二)处理有效期限即将到期的商品或者其他积压的商品;

(三)季节性降价;

(四)因清偿债务、转产、歇业降价销售商品。

《中华人民共和国反不正当竞争法》第12条

经营者销售商品,不得违背购买者的意愿搭售商品或者附加其他不合理的条件。

《中华人民共和国价格法》第14条

(二)在依法降价处理鲜活商品、季节性商品、积压商品等商品外,

为了排挤竞争对手或者独占市场,以低于成本的价格倾销,扰乱正常的生产经营秩序,损害国家利益或者其他经营者的合法权益;

(五)提供相同商品或者服务,对具有同等交易条件的其他经营者实行价格歧视;

《关于禁止公用企业限制竞争行为的若干规定》第3条

公用企业应当遵守国家法律的规定,不得利用自身的优势地位妨碍其他经营者的公平竞争,也不得侵害消费者的合法权益。

《关于禁止公用企业限制竞争行为的若干规定》第4条

公用企业在市场交易中,不得实施下列限制竞争的行为:

(一)限定用户、消费者只能购买和使用其附带提供的相关商品,而不得购买和使用其提供的符合技术标准要求的同类商品;

(二)限定用户、消费者只能购买和使用其指定的经营者生产或者经销的商品,而不得购买和使用其他经营者提供的符合技术标准要求的同类商品;

(三)强制用户、消费者购买其提供的不必要的商品及配件;

(四)强制用户、消费者购买其指定的经营者提供的不必要的商品;

(五)以检验商品质量、性能等为借口,阻碍用户、消费者购买、使用其他经营者提供的符合技术标准要求的其他商品;

(六)对不接受其不合理条件的用户、消费者拒绝、中断或者削减供应相关商品,或者滥收费用;

(七)其他限制竞争的行为。

我国台湾地区"公平交易法"第5条

本法所称独占,谓事业在特定市场处于无竞争状态,或具有压倒性地位,可排除竞争之能力者。

两个以上事业,实际上不为价格之竞争,而其全体之对外关系,具有前项规定之情形者,视为独占。

《韩国规制垄断与公平交易法》第2条

"支配市场的事业者"是指作为一定的交易领域的供给者或者需求者,拥有能够单独或者与其他事业者一起决定、维持或者变更商品或者劳务的价格、数量、品质以及其他交易条件的市场地位的事业者。

《欧共体条约》第 82 条

一个或者多个在共同市场内或者其中的相当一部分地域内占有优势地位的企业滥用这种地位的任何行为,可能影响成员国之间贸易的,因与共同市场不相容而被禁止;特别是禁止包含下列内容的滥用行为:

(1) 直接或者间接地实行不公平的购买或者销售价格或者其他不公平的交易条件的;

(2) 限制生产、市场或者技术发展,损害消费者利益的;

(3) 在相同的交易情形下,对交易当事人实行不同的交易条件,因而置其于不利的竞争地位的;

(4) 要求对方当事人接受与合同主题在本质上或者商业惯例上无关联的附加义务,作为签订合同的前提条件的。

《法国关于价格和竞争自由的法律》第 8 条

滥用行为特别可能包括拒卖、搭售或出售条件的歧视,及只因交易相对人拒绝接受不当的交易条件而断绝既存的商业关系。

《英国竞争法》第 18 条

1. 除了 19 节规定的情形以外,一个或若干经营者实施的任何滥用支配地位的行为,可能影响英国国内的贸易的,均予禁止。

2. 具有下列情形的行为,尤其构成滥用:

(a) 直接或间接限定不合理的买卖价格或其他不合理的贸易条件;

(b) 限制生产、市场或技术发展,损害消费者利益;

(c) 在同等情形的交易中对其他贸易对象适用不同的条件,使其处于不利的竞争地位;

(d) 在签订合同之际,使对方承担在性质上或从商业惯例角度看与合同目的无关的附加义务。

《德国反对限制竞争法》第 19 条

1. 禁止一个企业或多个企业滥用市场支配地位。

2. 一个企业,如在实质上或空间上的相关市场上作为某种商品或服务的供应者或需求者符合下列条件,即具有市场支配地位:

(1) 没有竞争者或没有实质上的竞争,或者

（2）相对于其他竞争者具有突出的市场地位；在此，特别要考虑该企业的市场份额、财力、进入采购或销售市场的渠道、与其他企业的联合、其他企业进入市场所面临的法律上或事实上的限制、住所设在本法适用范围之内或之外的企业的事实上的或潜在的竞争、将其供应或需求转向其他商品或服务的能力以及市场相对人转向其他企业的可能性。

两个或两个以上企业之间就某种商品或服务不存在实质上的竞争，并且这些企业在总体上符合本款第 1 句的要件的，则该两个或两个以上企业具有支配市场地位。本法意义上的空间上的相关市场可以比本法的适用范围广。

（4）滥用，即如一个具有市场支配地位的企业作为某种商品或服务的供应者或需求者已对市场上的竞争产生重大影响的方式，并无实质上合理的理由，损害其他企业的竞争可能性；提出与在有效竞争情况下理应存在的报酬和其他条件相悖的报酬或其他条件；在此，特别应当考虑企业在存在有效竞争的类似市场上的行为方式；提出的报酬或其他交易条件差于该支配市场的企业本身在类似市场上向同类购买人所要求的报酬或其他交易条件，但该差异在实质上是合理的除外。

拒绝另一个企业以适当报酬进入自己的网络或其他基础设施，但以该另一个企业出于法律上或事实上的事由，非使用他人网络或其他基础设施无法在前置或后置市场上作为支配市场企业的竞争者从事活动为限；如支配市场的企业证明这种使用因企业经营方面或其他方面的事由是不可能的或不能合理期待的，不在此限。

《德国反对限制竞争法》第 20 条

（1）支配市场的企业，第 2 条至第 8 条、第 28 条第 1 款和第 29 条意义上的企业联合组织，以及依第 15 条、第 28 条第 2 款、第 29 条第 2 款和第 30 条第 1 款约束价格的企业，不得在同类企业通常均可参与的商业交易中，直接地或间接地不公平地阻碍另一个企业，或在无实质上合理理由的情况下直接地或间接地给予该另一个企业不同于同类企业的待遇。

（3）第 1 款意义上的支配市场的企业和企业联合组织，不得利用其市场地位，促使其他企业在商业交易中虽无实质上合理的理由而向自己提供优惠条件。第1句也适用于第2款第1句意义上的企业和企业联合组织之与依赖于它们的企业的关系上。

《俄罗斯有关保护竞争的联邦法》第10条

1. 禁止具有支配性地位的经济实体会或可能会导致防止、限制或者排除竞争,和(或)损害其他人利益的下列行为:

(1) 制定和维持商品的垄断性高价或垄断性低价;

(2) 让商品退出流通,导致商品价格的升高;

(3) 对合同相对方强加不利的或者与合同标的无关的合同条件(经济上或技术上不合理的,且(或)没有联邦法律、俄罗斯联邦总统制定的成文法案、俄罗斯联邦政府的成文法案,授权的联邦行政机构的成文法案上的依据,要求转移金融资产、其他财产,包括财产权利,以及加入与合同相对方不感兴趣的商品有关的条款作为同意签约的条件及其他要求);

(4) 在可能生产这些商品的情况下,经济上或技术上不合理地减少或者停止生产市场有需求的或者消费者订购的商品,并且该减少或者停止生产商品的行为,没有联邦法律、俄罗斯联邦总统制定的成文法案、俄罗斯联邦政府的成文法案,授权的联邦行政机构的成文法案上的依据;

(5) 在可能生产或者交付相关商品的情况下,经济上或技术上不合理地拒绝或回避与购买方(顾客)签订合同,并且该拒绝或者回避的行为没有联邦法律、俄罗斯联邦总统制定的成文法案、俄罗斯联邦政府的成文法案,授权的联邦行政机构的成文法案上的依据;

(6) 经济上、技术上或通过其他方式不合理地对同一产品制定不同的价格(价格标准);

(7) 规定金融组织制定金融服务的不合理高价或不合理低价;

(8) 设置歧视性条件;

(9) 对其他经济实体进入或退出产品市场设置障碍;

(10) 违反由成文法案规定的定价程序。

《波兰反垄断法》第5条

垄断行为也包括下列滥用市场支配地位的行为:

5. 抑制产生或者促进竞争所必备的形成条件;

6. 根据地域、产品、顾客划分市场范围;

7. 提高商品时对不同的经营者实施差别待遇；

8. 他人没有其他货源或者出路的情况下，拒绝销售或者购买商品，从而对其他经营者实施差别待遇。

对价格形成实施不正当影响，包括维持转售价格和排斥竞争对手为目的以低于成本的价格销售商品。

《芬兰竞争法》第7条

禁止企业或行业（企业）协会滥用市场支配地位。以下行为构成滥用：

6. 无正当理由限制交易关系；
7. 采用的交易条件不是基于公平贸易条件并且限制了消费者的自由；
8. 无正当理由采用独家销售或独家购买协议；
9. 采用不合理或可能限制竞争的价格；或
10. 利用市场支配地位限制其他产品的生产或销售市场。

《罗马尼亚竞争法》第6条

禁止一个或多个企业采取反竞争的、对商业活动造成损害或可能造成扭曲影响以及损害消费者的行为，在罗马尼亚市场或其实质的一部分滥用支配地位，主要的滥用行为主要包括：

（一）直接或间接地影响买卖价格、费率或其他不公平的合同条款，拒绝与特定的供应商或顾客交易；

（二）限制生产、销售或技术发展从而对用户或消费者不利；

（三）协议的达成以要求交易方接受附加义务为条件，而这些条件无论从性质或商业用途上来讲都与合同标的无关；

（四）不通过通常的招标和技术商务谈判，在进口中决定商品和服务的全部价格以及经济费率；

（五）垄断高价或掠夺性定价，以在销售市场上排挤竞争对手为目的低于成本定价，或通过提高国内销售价格的补偿方式以低于生产成本价格在出口销售市场上排挤竞争对手；

（六）利用一个企业对另一个企业经济上的依赖性，或者企业在相同的条件下无选择的地位，以交易对方不接受不公平的商业条件为理由断绝合同关系。

第17条　《中华人民共和国反垄断法》条文说明、立法理由及相关规定

《匈牙利禁止不正当竞争法》第21条

禁止滥用支配地位，尤其是：

（a）在商业关系中，包括在适用标准合同条款的情况下，规定不公平地购买或销售价格或以任何其他方式规定不正当优势或强迫另一方接受不利条件；

（b）限制生产、分销或技术开发，损害消费者；

（c）不正当地拒绝建立或保持适合交易类型的商业关系；

（d）影响另一方的商业决策以获得不正当优势；

（e）在价格提高之前或为了使价格提高或以可能产生不正当优势或导致竞争劣势的任何其他方式不正当地将产品撤出流通或贸易领域；

（f）以供应或接受其他产品作为供应或接受产品的条件，以及以接受在性质或商业用途上不属于合同对象的义务为订立合同的条件；

（g）在价值或性质相当的交易中，不正当歧视贸易方，包括使特定贸易方处于竞争劣势的价格制定、付款期限、歧视性的销售或购买条款和条件或方法；

（h）非基于更高效率规定相对于竞争者的价格来说极低并且可能将竞争者赶出相关市场或阻碍其进入市场的价格；

（i）以任何其他方式不正当阻碍市场进入；或者

（j）不正当地建立不利于竞争者的市场条件或影响其商业决策以获得不正当优势。

《印度竞争法》第4条

1. 任何企业不得滥用其支配地位。

2. 如果企业有下列情形之一的，可以认定第1款所述之滥用支配地位的行为存在：

（a）直接或间接的将不公平或歧视性的

i. 条件用于购买或售卖货物或服务的过程中；

ii. 价格用于购买或售卖货物或服务（包括掠夺性价格）的过程中。

说明：在本项中，第i小项所述的在购买或售卖货物或服务当中的不公平或歧视性的条件和第ii小项所述的在购买或售卖货物或服务的过程当中的包括掠夺性价格在内的不公平或歧视性的价格并不包括可

能是为了满足竞争需要而采取的歧视性条件或价格。

（b）限定或限制

i. 货物的生产或服务的提供及其市场；

ii. 与货物或服务相关的技术或科学进步，损害消费者利益；

（c）一次或多次肆意从事会导致拒绝市场准入的行动；

（d）缔结合同时迫使他方接受附带条件，依其自然属性或商业习惯与本合同并无关系的附带条件；或者

（e）利用其在某一市场中的支配地位进入或保护其他相关市场。

说明：在本条中，短语

（a）"市场支配地位"是指一家企业在印度的相关市场所享有的实力地位，它能够使该企业：

i. 独立于相关市场上的竞争力量进行经营；

ii. 以有利于自身的方式影响它的竞争者、消费者或相关市场。

（b）"掠夺性价格"是指以低于货物生产或者服务提供的成本——此成本可能由法律确定——的价格销售货物或者提供服务，以期减少竞争或消灭竞争者。

第十八条　认定经营者具有市场支配地位，应当依据下列因素：

（一）该经营者在相关市场的市场份额，以及相关市场的竞争状况；

（二）该经营者控制销售市场或者原材料采购市场的能力；

（三）该经营者的财力和技术条件；

（四）其他经营者对该经营者在交易上的依赖程度；

（五）其他经营者进入相关市场的难易程度；

（六）与认定该经营者市场支配地位有关的其他因素。

【说明及立法理由】

本条是对认定经营者具有市场支配地位应当考虑的因素的规定。

由于滥用市场支配地位的主体具有特定性，即不是所有的企业都能成为这一行为的主体，因此，首要问题是对市场支配地位企业的认定。本法对市场支配地位的定义作了规定，即经营者在相关市场内具

有能够控制商品价格、数量或者其他交易条件,或者能够阻碍、影响其他经营者进入相关市场能力的市场地位。在此基础上,本条又对认定经营者具有市场支配地位应当考虑的因素作了规定,为反垄断执法机构提供认定的依据。其具体内容是:

（一）该经营者在相关市场的市场份额,以及相关市场的竞争状况。"市场份额"是指特定企业的总产量、销售量或者生产能力在相关市场中所占的比例,又称为市场占有率。市场份额是判定一个企业是否具有市场支配地位的一个重要因素。"相关市场的竞争状况"是指在相关市场有无竞争,竞争是否充分。

（二）该经营者控制销售市场或者原材料采购市场的能力。是指该经营者控制销售市场和原材料采购市场的价格、数量或者其他交易条件的能力。

（三）该经营者的财力和技术条件。是指该经营者在资金规模和技术等方面与其他经营者相比的情况。

（四）其他经营者对该经营者在交易上的依赖程度。是指该经营者在交易中所处的地位,比如其他经营者是否只依靠其提供货物。

（五）其他经营者进入相关市场的难易程度。即相关市场的潜在竞争状况,是指该经营者对相关市场的控制情况,比如其他经营者是否难以进入相关市场从事经营活动。

（六）与认定该经营者市场支配地位有关的其他因素。本项是兜底条款,是指除前五项之外的与认定市场支配地位有关的其他因素。

【相关规定】

《德国反对限制竞争法》第19条

（1）禁止一个企业或多个企业滥用市场支配地位。

（2）一个企业,如在实质上或空间上的相关市场上作为某种商品或服务的供应者或需求者符合下列条件,即具有市场支配地位:

1. 没有竞争者或没有实质上的竞争,或者

2. 相对于其他竞争者具有突出的市场地位;在此,特别要考虑该企业的市场份额、财力、进入采购或销售市场的渠道、与其他企业的联合、其他企业进入市场所面临的法律上或事实上的限制、住所设在本法适

用范围之内或之外的企业的事实上的或潜在的竞争、将其供应或需求转向其他商品或服务的能力以及市场相对人转向其他企业的可能性。

两个或两个以上企业之间就某种商品或服务不存在实质上的竞争,并且这些企业在总体上符合本款第1句的要件的,则该两个或两个以上企业具有支配市场地位。本法意义上的空间上的相关市场可以比本法的适用范围广。

《韩国规制垄断与公平交易法》第2条

判断支配市场的事业者时,综合考虑市场占有率、进入市场障碍的存在程度、竞争事业者的相对规模等。但是,在一定的交易领域内,年销售额或者购买额不满10亿韩圆的事业者除外。

《匈牙利禁止不正当竞争法》第22条

1. 能够在很大程度上独立于其他市场参与者从事商业活动并且决定市场行为时实质上无须考虑其供应商、竞争者、消费者和其他贸易方的市场反应的人应被视为在相关市场具有支配地位。

2. 在评估是否存在支配地位时,尤其应考虑以下因素:

(a) 进入和退出相关市场的成本和风险以及必须满足的技术、经济和法律条件;

(b) 企业或企业集团的财产状况、财务能力和赢利能力及其发展趋势;

(c) 相关市场的结构、相对市场份额、市场参与者的行为和企业或企业集团对市场发展的经济影响。

3. 支配地位可由个别企业或企业集团拥有,或者为一家以上企业或一个以上企业集团联合拥有。

《波兰反垄断法》第2条

支配地位是指经营者在一个全国性市场或者地域市场上处于明显的无竞争状态,如果一个经营者的市场份额超过40%,也可认定其具有支配地位。

第十九条 有下列情形之一的,可以推定经营者具有市场支配地位:

(一) 一个经营者在相关市场的市场份额达到二分之一的;

(二) 两个经营者在相关市场的市场份额合计达到三分之二的;

(三) 三个经营者在相关市场的市场份额合计达到四分之三的。

有前款第二项、第三项规定的情形,其中有的经营者市场份额不足十分之一的,不应当推定该经营者具有市场支配地位。

被推定具有市场支配地位的经营者,有证据证明不具有市场支配地位的,不应当认定其具有市场支配地位。

【说明及立法理由】

本条是对推定市场支配地位的规定。

本法第18条是对认定市场支配地位应当依据的因素的规定。在具体执法过程中,反垄断执法机构应当根据第18条规定的各项因素进行判断,对经营者是否具有市场支配地位作出认定。为了节约执法成本和对经营者实行有效监管,本条规定了推定制度,即反垄断执法机构仅根据本条规定的经营者的市场份额,就可推定该经营者具有市场支配地位,因为市场份额是判断经营者是否具有市场支配地位的重要因素。德国、韩国的反垄断法中规定了市场支配地位的推定制度。比如德国规定,如果一个企业的市场份额不低于1/3,3个以下企业的市场份额之和为1/2以上,5个以下企业的市场份额之和为2/3以上,即推定这些企业具有支配地位。韩国规定,在相关市场的市场占有率符合以下条件者,推定为支配地位:一个经营者的市场占有率在50%以上,3个以下的经营者的市场占有率合计在75%以上,但是该情形中市场占有率不足10%的除外。

借鉴国外经验,并结合我国实际情况,本条对推定制度的具体规定是:1. 一个经营者在相关市场的市场份额达到1/2 的;2. 两个经营者在相关市场的市场份额合计达到2/3 的;3. 三个经营者在相关市场的市场份额合计达到3/4 的,可以推定经营者具有市场支配地位。在第2项、第3项规定的情形下,推定这两个或者三个经营者分别具有市场支配地位。同时本条第2款规定,如果其中有的经营者市场份额不足1/10 的,不应当推定该经营者具有市场支配地位。这主要是考虑

"1/10"的份额很小,对其可以忽略不计。将多个企业作为整体推定具有市场支配地位,主要是解决市场寡头垄断问题。如果若干企业占据了一个市场主要的市场份额,其很容易通过实施共同行为控制该市场,但反垄断执法机构却很难掌握其达成垄断协议的证据。为此,将多个企业的市场份额合并计算来推定其中的每个企业都具有市场支配地位,这样的制度安排可以有效地对从事相同行为的寡头垄断企业(没有达成垄断协议的证据)的行为进行规范和制约。

本条第3款规定了经营者对反垄断执法机构的推定予以反证的制度。推定与认定的不同,主要在于由谁承担举证责任。推定的举证责任在于被推定者,而认定的举证责任在于作出认定的一方。如果被推定者不提出反证或者反证不为推定方认可,则该推定成立。为此,本条第3款规定被推定的经营者有权反证,即被推定具有市场支配地位的经营者,有证据证明不具有市场支配地位的,不应当认定其具有市场支配地位。被推定的经营者可以根据本法第18条规定的认定经营者具有市场支配地位应当依据的因素及其他因素,通过证明他们之间存在着实质性的竞争,或者他们与另外的竞争对手相比,不具有突出的优势地位等证据反证其不具有市场支配地位。如果其提供的证据具有说明力,反垄断执法机构不应当认定其具有市场支配地位。

【相关规定】

我国台湾地区"公平交易法"第5条

事业无下列各款情形者,不列入前条独占事业认定范围:

一、事业在特定市场之占有率达1/2;

二、事业全体在特定市场之占有率达2/3;

三、事业全体在特定市场之占有率达3/4。

有前项各款情形之一,其个别事业在该特定市场占有率未达1/10或上一会计年度事业总销售额未达新台币10亿元者,该事业不列入独占事业之认定范围。

事业之设立或事业所提供之商品或服务进入特定市场,受法令、技术之限制或有其他足以影响市场供需可排除竞争能力之情事者,虽有前二项不列入认定范围之情形,中央主管机关仍得认定其为独占事业。

《德国反对限制竞争法》第19条

（3）一个企业至少有1/3市场份额的，推定其具有市场支配地位。由多个企业组成的整体视为具有市场支配地位，条件是：

1. 该整体由三个或三个以下企业组成，它们共同占有50%的市场份额，或者

2. 该整体由五个或五个以下企业组成，它们共同占有2/3的市场份额。

但这些企业能够证明在此竞争条件下它们之间能够开展实质上的竞争，或者这些企业在总体上相对于其他竞争者不具有突出的市场地位的，不在此限。

《韩国规制垄断与公平交易法》第4条

在一定的交易领域中，市场占有率符合以下各项规定之一的事业者，推定为第2条第7项规定的支配地位的事业者。

1. 一个事业者的市场占有率在50%以上；

2. 三个以下的事业者的市场占有的合计在75%以上。但是，该情形中市场占有率不满10%的除外。

《俄罗斯有关保护竞争的联邦法》第5条

1. 支配性地位是指一个或者几个经济实体（人的集团）在特定商品市场中拥有的地位，该地位使该一个或者几个经济实体（人的集团）有机会对该相关商品市场中商品流通的一般条件施加决定性影响，并且（或者）从该商品市场排除其他经济实体，并且（或者）阻碍其他经济实体进入该商品市场。在以下情况下，一个经济实体（金融机构除外）的地位可以被认定为是支配性的：

（1）在特定商品市场中的市场份额超过50%，但如果仅是在违反反垄断立法案件的考察过程或是在对经济集中的国家控制的实施过程中，尽管超过上述数量，经济实体在商品市场中不具有支配地位；

（2）在特定商品市场中的市场份额低于50%，但反垄断当局依据听证程序认定了该经济实体的支配性地位。该认定是根据该经济实体与该商品市场的其他竞争者相比据有稳定的或变化不显著的市场份额，新竞争者进入该商品市场的机会，或者认定商品市场的其他标准做出的。

2. 在特定商品市场中的市场份额少于35%的经济实体（金融组织除

外)不能视为具有支配性地位,除非有本条第3款、第6款所规定的情形。

3. 一些经济实体(金融组织除外)中每一个经济实体视为具有支配性地位,如果以下的所有条件均可适用于实体:

(1) 不超过三个经济实体的市场份额之和(每个经济实体的市场份额都超过该市场其他经济实体的市场份额)超过50%,或不超过五个经济实体的市场份额之和(每个经济实体的市场份额都超过该市场其他经济实体的市场份额)超过70%(如果至少上述的一个经济实体的市场份额低于8%,本款不适用);

(2) 在一个长的时期(至少一年或者相关商品市场的存在时间低于一年时间)该经济实体的相关市场份额稳定或者无显著变化,并且新竞争者进入该商品市场受到阻碍;

(3) 该经济实体销售或购买的商品在消费(包括生产目的的消费)过程中不能够被其他商品替代,商品价格的增长与该商品需求的增减情况不相符,关于价格的信息,在相关商品市场销售或购买该商品的条件能够被不确定的人的集团所获得。

4. 经济实体有权利向法院或反垄断当局提供证据证明该经济实体在商品市场中不具有支配性地位。

5. 经济实体的地位——自然垄断的主体在处于自然垄断状态下的商品市场中被认为具有支配地位。

6. 联邦法律可以规定,认定在特定商品市场中低于35%的经济实体具有支配地位的情形。

7. 认定金融组织(信用组织除外)具有支配性地位的条件由俄罗斯联邦政府参考本联邦法中的限制制定。认定信用组织具有支配性地位的条件由俄罗斯联邦政府会同俄罗斯联邦中央银行参考本联邦法中的限制制定。认定金融组织(信用组织除外)具有支配性地位的程序由反垄断当局依照俄罗斯联邦政府批准的程序制定。认定信用组织具有支配性地位的程序由俄罗斯联邦政府会同俄罗斯联邦中央银行批准。商事合伙,如果其市场份额不超过俄罗斯联邦单一的商品市场的10%,或者当在该商品市场中流通的商品也在俄罗斯联邦其他商品市场流通时,市场份额不超过俄罗斯联邦的该商品市场的20%,视为不具有支配性地位。

第四章 经营者集中

第二十条 经营者集中是指下列情形：

（一）经营者合并；

（二）经营者通过取得股权或者资产的方式取得对其他经营者的控制权；

（三）经营者通过合同等方式取得对其他经营者的控制权或者能够对其他经营者施加决定性影响。

【说明及立法理由】

经营者集中是指经营者通过合并及购买股权或资产等方式进行的企业经营行为，其直接的后果可能导致同一竞争领域的经营者数量减少，集中后的企业更加庞大。经营者集中是当今各国优化产业结构和企业组织结构的重要手段，也是企业迅速扩张、提高规模经济效益和国际竞争力的有效手段。经营者集中往往对竞争方面产生一定影响，由于经济力量的集中和市场结构的改变，容易导致市场中的竞争者数量减少，相关市场竞争程度降低，也使数量减少了的竞争者之间容易作出协调一致的行为，并且产生和加强市场支配力量，有可能排除和限制竞争，损害消费者利益，所以各国反垄断法都将经营者集中的管制作为其重要内容之一。

本条明确了我国反垄断法所调整的三种经营者集中的形式。

一、经营者合并。经营者合并是指两个或两个以上的企业通过订立合并协议，根据相关法律合并为一家企业的法律行为。经营者合并是两个或两个以上的企业依法进行的共同行为，必须遵守法律、行政法规规定，有的还必须依法经有关部门批准，必须通过依法订立的合同来进行，并产生相应的法律后果。通过证券交易所进行股票收购而形成的企业合并也是本法所称的经营者合并。

经营者合并通常有两种方式：一种方式是吸收合并，又称存续合并，指两个或两个以上的企业合并时，其中一个或一个以上的企业并入另一家企业的法律行为。经常是实力强大的企业吸收合并弱小企业；另一种方式是新设合并，是指两个或者两个以上的企业组合成为一家新企业的法律行为，原有的两家企业不再存在，结合成为一家新的企业。

二、经营者通过取得股权或者资产的方式取得对其他经营者的控制权。有两种方式：一种方式是一家企业通过购买、置换等方式取得另一家或几家企业的股权，该企业成为另一家或几家企业的控股股东并进而取得对其他经营者的控制权；另一种方式是一家企业通过购买、置换、抵押等方式取得另一家或几家企业的资产，该企业成为另一家或几家企业的控股股东或实际控制人，取得对其他经营者的控制权。

三、经营者通过合同等方式取得对其他经营者的控制权或者能够对其他经营者施加决定性影响。一家企业可以通过委托经营、联营等合同方式与另一家或几家企业之间形成控制被控制关系或者可以施加决定性影响。也可以通过合同方式直接或者间接控制其他经营者的业务或人事等，或者在业务或人事方面施加决定性影响。

对与本条第（二）、（三）项相关的内容，我国《公司法》第 217 条作出了如下规定，本法下列用语的含义：控股股东，是指其出资额占有限责任公司资本总额 50% 以上或者其持有的股份占股份有限公司股本总额 50% 以上的股东；出资额或者持有股份的比例虽然不足 50%，但依其出资额或者持有的股份所享有的表决权已足以对股东会、股东大会的决议产生重大影响的股东。实际控制人，是指虽不是公司的股东，但通过投资关系、协议或者其他安排，能够实际支配公司行为的人。这有利于我们理解本条关于控制权、施加决定性影响的规定。

【相关规定】

《外国投资者并购境内企业的规定》第 2 条

本规定所称外国投资者并购境内企业，系指外国投资者购买境内非外商投资企业（以下称"境内公司"）股东的股权或认购境内公司增资,使该境内公司变更设立为外商投资企业(以下称"股权并购");或者,外国投资者设立外商投资企业,并通过该企业协议购买境内企业资产且运营该资产,或,外国投资者协议购买境内企业资产,并以该资产投资设立外商投资企业运营该资产(以下称"资产并购")。

《外国投资者并购境内企业的规定》第9条

外国投资者在并购后所设外商投资企业注册资本中的出资比例高于25%的,该企业享受外商投资企业待遇。

外国投资者在并购后所设外商投资企业注册资本中的出资比例低于25%的,除法律和行政法规另有规定外,该企业不享受外商投资企业待遇,其举借外债按照境内非外商投资企业举借外债的有关规定办理。审批机关向其颁发加注"外资比例低于25%"字样的外商投资企业批准证书(以下称"批准证书")。登记管理机关、外汇管理机关分别向其颁发加注"外资比例低于25%"字样的外商投资企业营业执照和外汇登记证。

境内公司、企业或自然人以其在境外合法设立或控制的公司名义并购与其有关联关系的境内公司,所设立的外商投资企业不享受外商投资企业待遇,但该境外公司认购境内公司增资,或者该境外公司向并购后所设企业增资,增资额占所设企业注册资本比例达到25%以上的除外。根据该款所述方式设立的外商投资企业,其实际控制人以外的外国投资者在企业注册资本中的出资比例高于25%的,享受外商投资企业待遇。

外国投资者并购境内上市公司后所设外商投资企业的待遇,按照国家有关规定办理。

《外国投资者并购境内企业的规定》第27条

本章所称外国投资者以股权作为支付手段并购境内公司,系指境外公司的股东以其持有的境外公司股权,或者境外公司以其增发的股份,作为支付手段,购买境内公司股东的股权或者境内公司增发股份的行为。

《外国投资者并购境内企业的规定》第28条

本章所称的境外公司应合法设立并且其注册地具有完善的公司法

律制度,且公司及其管理层最近3年未受到监管机构的处罚;除本章第三节所规定的特殊目的公司外,境外公司应为上市公司,其上市所在地应具有完善的证券交易制度。

《外国投资者并购境内企业的规定》第29条

外国投资者以股权并购境内公司所涉及的境内外公司的股权,应符合以下条件:

(一)股东合法持有并依法可以转让;

(二)无所有权争议且没有设定质押及任何其他权利限制;

(三)境外公司的股权应在境外公开合法证券交易市场(柜台交易市场除外)挂牌交易;

(四)境外公司的股权最近1年交易价格稳定。

前款第(三)、(四)项不适用于本章第三节所规定的特殊目的公司。

《外国投资者并购境内企业的规定》第55条

外国投资者在中国境内依法设立的投资性公司并购境内企业,适用本规定。

外国投资者购买境内外商投资企业股东的股权或认购境内外商投资企业增资的,适用现行外商投资企业法律、行政法规和外商投资企业投资者股权变更的相关规定,其中没有规定的,参照本规定办理。

外国投资者通过其在中国设立的外商投资企业合并或收购境内企业的,适用关于外商投资企业合并与分立的相关规定和关于外商投资企业境内投资的相关规定,其中没有规定的,参照本规定办理。

外国投资者并购境内有限责任公司并将其改制为股份有限公司的,或者境内公司为股份有限公司的,适用关于设立外商投资股份有限公司的相关规定,其中没有规定的,适用本规定。

《德国反对限制竞争法》第37条

1. 下列情形,构成合并:

(1)取得另一个企业的全部财产或大部财产;

(2)一个或若干个企业取得对另一个或另若干个企业的全部或部分的直接控制或间接控制。这种控制因权利、合同或其他手段而发生;

虑及一切事实上的或法律上的情形,这些权利、合同或其他手段,或单独或共同,可确保对另一个企业的活动施加决定性影响,即如

(a) 对该企业的全部或部分财产享有所有权或用益权;

(b) 享有可确保对该企业各机关的组成、商议或决议施加决定性影响的权利,或订立有此类合同;

(3) 取得另一个企业的股份,致所购股份本身或与其他业已属于企业所有的股份加起来,达到另一个企业资本或表决权的

(a) 50%,或

(b) 25%;

取得企业所拥有的股份,包括另一个为该取得企业的利益工作的企业所拥有的股份;企业所有人是独资商人的,还包括作为该企业所有人其他财产的股份。若干个企业同时或者先后以前面所称规模取得另一个企业的股份的,则就该另一个企业所经营的市场而言,其取得行为也视为参与取得的诸企业之间的合并。

(4) 其他任何形式的企业联合,因该联合,一个或若干个企业可以直接或间接地对另一个企业施加竞争上的重大影响。

2. 参与合并的企业先前已经进行了合并的,也应认定为合并,但该合并不会在实质上增强业已存在的企业联合体的实力的除外。

3. 信贷机构、金融机构或保险企业以转让为目的取得另一个企业的股份的,该取得行为并不是合并,但以此类企业不行使这些股份所产生的表决权,且在一年之内转让这些股份为限。

如可证明在一年之内转让这些股份是不可合理期待的,则联邦卡特尔局可应申请延长这一期间。

《比利时反垄断法》第9条

1. 在本法中,集中将被视为产生,如果:

(a) 两个或者更多的先前独立的企业合并;或者

(b) ——一人或者多人已经控制了至少一个企业;或者

——不论通过收购证券或资产还是通过合同或其他方式,一个或者多个企业获得对另外一个或者多个企业全部或部分的直接或者间接的控制。

2. 建立一个持续履行一个独立经济实体的全部功能的合资企业构成第 1 款(b)项中的集中。

3. 在本法中,控制可以由权利、合同或者其他方式构成。这些权利、合同或者其他方式在考虑到所涉及的事实或者法律因素的情况下,单独或者共同授予对一个企业的活动施加决定性影响的机会,尤其是:

(1) 所有权或者使用企业的所有或者部分资产的权利;

(2) 授权对企业机构的构成、投票或者决策施加决定性影响的权利或者合同。

4. 控制由一人、数人或者企业获得,如果他们:

(a) 是权利的享有人或者享有相关合同项下的权利;或者

(b) 尽管不是权利的享有人或者未享有相关合同项下的权利,但拥有行使由此产生的权利的权力。

5. 以下情形不视为产生集中:

(a) 其正常经营活动包括以自己的账户或者他人账户从事证券交易业务的信贷机构、其他金融机构或者保险公司,暂时持有从一个企业获得的,并打算进行转售的证券,只要它没有为了决定企业的竞争行为用该证券行使投票权或者其行使投票权仅仅为了全部或者部分出售该企业或企业资产,或者出售这些证券,并且任何这种出售行为自收购之日起一年内做出,或者自这些证券被作为有争议或者未决债权而获得之日起两年内作出。

(b) 依据一项司法判决或者其他强制结业清算程序,由一个公共的或者法律的代表获得的控制。

《俄罗斯有关保护竞争的联邦法》第 27 条

1. 以下行为只有得到反垄断机构的事先批准方可实施:

(1) 商业组织合并(金融机构除外),如其提交申请前最后一个报告日的会计资产负债表(以下称最近一期资产负债表,在提交通知的情况下,应为提交通知前最后一个报告日的会计资产负债表)所示资产总值(集团资产)超过 30 亿卢布或者该组织(其集团)在合并的前一个日历年销售产品的总收入超过 60 亿卢布或者其中的一个组织因为在特定产品市场的份额超过 35% 被纳入经济实体的登记(以下称登记);

(2) 一个商业组织(金融机构除外)和另一个商业组织(金融机构除外)合并,如其最后一期资产负债表所示资产总值(集团资产)超过30亿卢布或者该组织(其集团)在合并的前一个日历年销售产品的总收入超过60亿卢布或该组织之一被纳入登记;

(3) 金融机构合并或一个金融机构与另一个金融机构的联合,如其最后一期资产负债表所示资产总值超过了俄罗斯联邦政府规定的数额(在登陆机构合并的情况下,可由俄罗斯联邦政府与俄罗斯联邦中央银行协调确定该数额);

(4) 商业组织设立,如其授权资本应以股票(股份)和(或)另外一个商业组织的财产(金融机构除外)支付,被设立的商业组织应就这些股票(股份)和(或)财产收购本联邦法第28条规定的权利,并且该组织创办人(其集团)和股票(股份)和(或)财产被作为授权资本出资的人(其集团)的最近一期资产负债表所示其资产总值超过30亿卢布或者该组织的创办人(其集团)股票(股份)和(或)财产被作为授权资本出资的人(其集团)销售产品的总收入超过60亿卢布或者股票(股份)和(或)财产被作为授权资本出资的组织被纳入注册;

(5) 商业组织设立,如其授权资本应以金融机构的股票(股份)或资产支付,该被设立的商业组织应就该股票(股份)或资产获得本联邦法第29条规定的权利,并且股票(股份)或资产被作为授权资本出资的金融机构最近一期资产负债表所示资产总值超过了俄罗斯联邦政府规定的数额[在金融机构的股票(股份)或资产被作为授权资本出资的情况下,该数额应由俄罗斯联邦政府与俄罗斯联邦中央银行协调确定]。

2. 对于本条第一部分规定的实施特定行为前需得到反垄断机构事先批准的要求,如果该等行为是依据本联邦法第31条规定的条件实施或者实施该等行为是俄罗斯联邦总统法或俄罗斯联邦政府法规定的,则以上要求不应适用。

《俄罗斯有关保护竞争的联邦法》第28条

1. 如果收购股票(股份)、权利和(或)财产的人(集团)和股票(股份)和(或)财产和(或)相关权利被收购的人(集团)最近一期资产负债表所示资产总值超过30亿卢布或者如果其在最近一个日历年销售产品的总收入超过60亿卢布,并且股票(股份)和(或)财产和(或)权利被收购的人(集团)最近一期资产负债表所示资产价值超过1亿5千万卢布,或上述人之一被纳入注册,则以下股票(股份)、权利和(或)财产的交易应经反垄断机构事先批准:

(1) 一个人(集团)对股份公司表决权股份的收购,如该人(集团)在本次收购前获得了控制超过25%股份的权利,该人(集团)并未控制股份公司表决权股票或者控制了少于25%的该股份公司表决权股票。本要求不适用于设立期间的股份公司发起人;

(2) 一个人(集团)对有限责任公司授权资本中股份的收购,如该人(集团)拟收购控制超过1/3的该公司授权资本股票的权利,并且在本次收购前,该人(集团)未控制该公司的任何股票或者控制了该公司少于1/3的授权资本股票。本要求不适用于设立期间该有限责任公司的创办人;

(3) 控制有限责任公司不少于1/3并且未超过50%授权资本股票的人(集团)对该公司授权资本中股份的收购,如该人(集团)拟收购控制超过50%该等股票的权利;

(4) 控制股份公司不少于25%并不超过50%表决权股份的人(集团)对该公司表决权股份的收购,如该人(集团)拟获得控制超过50%该表决权股份的权利;

(5) 控制有限责任公司不少于50%并不超过2/3授权资本股份的人(集团)对该公司授权资本股份的收购,如该人(集团)拟获得控制超过2/3该等股份的权利;

(6) 控制股份公司不少于50%并不超过70%表决权股份的人(集团)的收购,如该人(集团)拟获得控制超过75%该等表决权股份的权利;

(7) 一个经济实体(该实体的集团)对另一个经济实体(金融机构除外)掌握、使用或所有的固定生产资产和(或)非重大资产的取得,如构成交易或相关交易对象的财产的剩余价值超过让与或转让财产的经济实体固定生产资产和非重大资产财产账面价值的20%;

(8) 一个人(集团)因一项或几项交易,包括依据信托管理协议和共同行为或代理协议达成的交易,对使其能够决定经济实体(金融机构除外)商业活动执行条款或者行使其执行机构职能的权利的收购。

2. 对于本条第一部分规定的实施特定行为应经反垄断机构初步批准的要求,如果本条第一部分规定的行为依据本法第31条规定的条件实施或者实施该等行为是俄罗斯联邦总统法或俄罗斯联邦政府法规定的,或者该项交易是以金融机构的股票(股份)完成的,则该要求不应适用。

《俄罗斯有关保护竞争的联邦法》第 29 条

1. 如果金融机构最近一期资产负债表所示资产价值超过了俄罗斯联邦政府规定的数额[在以股票(股份)、贷款机构资产或贷款机构相关权利达成交易的情况下,该数额应由俄罗斯联邦政府与俄罗斯中央银行协调确定],则以下股票(股份)、金融机构资产或金融机构相关权利的交易应经反垄断机构事先批准:

(1) 一个人(集团)对股份公司表决权股份的收购,如该人(集团)拟收购超过25%表决权股份并且该人(集团)之前并未控制该股份公司表决权股票。本要求不适用于金融机构设立期间的发起人;

(2) 一个人(集团)对有限责任公司授权资金股份的收购,如该人(集团)拟收购控制该公司超过1/3的授权基金股份并且该人(集团)在收购前未控制该公司股份或控制该公司少于1/3的授权基金股份。本要求不适用于金融组织设立期间的发起人;

(3) 控制不少于1/3并不超过50%有限责任公司授权基金股份的人(集团)对该公司授权基金股份的收购,如该人(集团)拟取得控制超过50%上述股份的权利;

(4) 控制不少于25%并不超过50%股份公司表决权股份的人(集团)对股份公司表决权股份的收购,如该人(集团)拟取得控制超过50%该等表决权股份的权利;

(5) 控制不少于50%并不超过2/3有限责任公司授权基金股份的人(集团)对该公司授权基金股份的收购,如该人(集团)拟取得控制超过2/3上述股份的权利;

(6) 控制不少于50%并不超过75%股份公司表决权股份的人(集

团)对股份公司表决权股份的收购,如该人(集团)拟取得控制超过75%该等表决权股份的权利;

(7) 一个人(集团)因为一项或多项总额超过俄罗斯联邦政府规定数额的金融组织资产交易进行的收购;

(8) 一个人(集团)因一项或几项交易,包括依据信托管理协议和共同行为或代理协议达成的交易,对使其能够决定商业活动执行条款或者行使其执行机构职能的权利的收购。

2. 对于本条第1款规定的实施特定行为前需得到反垄断机构初步批准的要求,如果该等行为是依据本联邦法第31条规定的条件实施或者实施该等行为是俄罗斯联邦总统法或俄罗斯联邦政府法规定的,则以上要求不应适用。

《欧共体合并条例》第3条

1. 当控制权基于以下原因发生持续性变化时,本条例所称集中应被视为已经产生:

(a) 两个或两个以上原来独立的企业或其部分的合并;或

(b) 一个或多个人已经控制至少一个企业,或一个或多个企业通过购买股票或资产,签订合同或其他任何手段,获得对另外一个或多个企业直接或间接的全部或部分控制权。

2. 控制权可以由权利、合同或其他的手段中的一项或多项构成,考虑到有关事实或法律,这些手段单独或联合有可能对一个企业施加决定性影响,特别是下列情况:

(a) 拥有所有权或有权使用一个企业的全部或部分资产;

(b) 通过权利或合同对一个企业的机关组成、投票或机关的决策产生决定性影响。

3. 个人或企业在下列情况下获得控制权:

(a) 该个人是权利享有人或根据相关合同享有权利的人;或者

(b) 虽然不是权利享有人或根据相关合同享有权利的人,但有权行使因此而派生的权利。

4. 在持续基础上履行一个独立经济体全部功能的合营企业的产生应当视为第1(b)款意义上的集中。

5. 下列情形不应当被视为集中：

（a）信用机构或其他金融机构或保险机构，为了自己或他人的利益而进行的股票交易行为，出于转售目的而暂时持有某个企业的股票，只要他们在决定该企业的竞争行为时不行使投票权，或只在准备处分该企业或企业资产的全部或部分时才行使投票权，并且这种处分发生在获得上述股票一年之内。如果有关机构或公司能证明在上述期限内处分股票不具有合理的可能性，委员会可以根据其请求延长该期限。

（b）政府部门根据某一成员国有关清算、解散公司、破产、停止支付、和解等法律或类似程序获得的对企业的控制。

（c）根据《欧共体理事会第四号指令——1978年7月25日关于某些类型公司年度财务报告的78/660号指令》第5(3)条的规定（最终经第2003/51号指令修订），由金融控股公司实施的第1款第2项的行为，如果行使投票权，特别是对控股企业的管理和监视机构人员的任命时，只是为了维持投资的全部价值，而非直接或间接决定企业的竞争行为。

《日本禁止私人垄断及确保公正交易法》第9条

1. 禁止设立以持有其他国内公司的股份（含职工的份额。以下同）从而导致事业支配力过度集中的公司。

2. 公司（含外国公司。以下同）不得通过取得或持有其他国内公司的股份，导致成为国内事业支配力过度集中的公司。

3. 前两款中所称"事业支配力过度集中"，是指公司及子公司及其他公司以其持有的股份支配其他的国内公司的事业活动，其综合的事业规模在相当数量的事业领域里非常之大，而且由于这些公司的有关资金交易对其他事业者的影响力非常之大，以及由于这些公司在相互间有关联性的许多事业领域里各自占有有利地位，从而对国民经济产生重大影响、妨害促进公平、自由的竞争的。

4. 公司及其一个或两个以上的子公司，或者是公司的一个或两个以上的子公司拥有占全部股东表决权过半数的其他国内公司，被视为该公司的子公司，适用本条规定。

5. 下列公司中，当该公司及其子公司的总资产额（是指依据公正交易委员会规则所规定的方法得出的资产的合计金额。本款以下相同)、由公正交易委员会规则就与国内公司相关的所规定的方法得出的合计额分别不低于以下各项所列金额的范围、超过政令所规定的金额时,依据公正交易委员会规则的规定,应在每一事业年度结束之日起3个月以内,向公正交易委员会提交有关该公司及其子公司事业的报告书。但是,当该公司为其他公司的子公司时,则不在此限。

(1) 子公司股份的取得价额(在最终的资产负债表上另外附有价额时,为该价额)的合计额对该公司的总资产额的比例超过50%的公司(以下各项称"控股公司")总价额6千亿日元

(2) 经营银行业、保险业及证券业的公司{控股公司及证券中介业者[是指证券交易法(昭和二十三年法律第25号)第2条第12款所规定的证券中介业者。下条第2款同]除外}总价额8兆日元

(3) 前两项所列公司以外的公司总价额2兆日元

6. 新设立的公司,当该公司在设立时符合前款规定的,应依据公正交易委员会规则的规定,从其设立之日起30日以内,向公正交易委员会呈报有关事宜。

《日本禁止私人垄断及确保公正交易法》第13条

1. 公司的干部或从业人员(除干部以外的、连续从事公司业务者。本条下同)因兼任其他公司的干部职位,从而导致在一定的交易领域实质性地限制竞争时,则不得兼任该干部的职位。

2. 公司不得以不正当的交易方法,强迫与自己存在竞争关系的其他国内公司,同意自己的干部兼任该公司的干部职位或从业人员,或者自己的从业人员兼任该公司的干部职位。

《荷兰竞争法》第27条

"集中"一词指:

a. 原本相互独立的两个或两个以上的经营者的合并;

b. 下列主体用以下方式对直接或间接控制权的收购:

① 已经控制了至少一个经营者的一个或若干自然人或法人,或者

② 一个或若干经营者以协议或其他手段,收购资本或资产中的参股权益,从而取得一个或若干其他经营者的整体或部分控制权;

c. 创设具有永久性自治经济实体全部功能的联营,且在创设该联

营的经营者之间不会出现协调竞争活动的行为。

《荷兰竞争法》第 28 条

对于下列情形,应对第 27 条规定做出变通,不视为构成集中:

a.《1992 年信用机构监管法》第 1 条第 1 款 a 项和 c 项规定的信用机构或其他金融机构,或者《1993 年保险行业监管法》第 1h 条规定的保险公司,或者《保险行业监管法关于殡葬的规定》第 1c 条规定的保险公司,其正常活动包括为自身或他人而进行的证券交易和业务;这些机构以转售为目的,暂时持有从经营者手中购得的证券,并不行使证券的表决权以决定该经营者的竞争行为的,或者仅为准备销售该证券而行使表决权,且销售在其购入证券之日起一年内完成的。

b. 控制权由下列主体收购的:

① 《破产法》第 86 条第 1 款规定的破产财产管理人;

② 法院指定的、《破产法》第 215 条第 2 款规定的财产管理人;

③ 《1992 年信用机构管理法》第 28 条第 3 款 a 项所规定的人员;

④ 法院指定的、《破产法》第 71 条第 7 款规定的财产管理人;

⑤ 《1993 年保险行业监管法》第 54 条第 3 款 a 项所规定的人员;

⑥ 《1993 年保险行业监管法》第 161 条第 7 款所规定的人;

⑦ 《保险业监管法关于殡葬的规定》第 27 条第 3 款 a 项所规定的人员;

⑧ 《保险业监管法关于殡葬的规定》第 70 条第 7 款所规定的人员;

c. 第 27 条 b 款规定的资本参股权益被风险资本的经营者收购,收购者仅为保持其投资的价值而行使该参股权益的表决权的。

有关机构或保险公司能够证明在合理条件下在第 1 款规定的期间内不可能完成销售,并提出延期请求的,局长可以延长该期限。

第二十一条 经营者集中达到国务院规定的申报标准的,经营者应当事先向国务院反垄断执法机构申报,未申报的不得实施集中。

【说明及立法理由】

经营者集中大多数情况下是市场经济条件下市场主体的合同自由行为,但由于经营者集中有可能导致排除和限制竞争,各国都对经营者集中有一定的政府管制。主要是采取申报审查制度。从国外的执法实践看,有的采取事前申报,有的采取事后申报,有的采取全部自愿申报,事前事后均可。大多数国家的法律、法规规定申报标准,达到申报标准的必须申报,即强制申报。我国采用了事前申报的强制申报制度。根据本条的规定,经营者集中达到国务院规定的申报标准的,经营者应当事先向国务院反垄断执法机构申报。未申报的不得实施集中。经营者集中在申报标准以下的,既不需要强制性的事前申报,也不需要事后申报。

经营者集中的申报标准,是参与集中的经营者作为是否申报并接受反垄断审查的法律依据,世界各国均有规定,但掌握的标准不尽一致。比如,欧盟规定,经营者集中各方全世界总营业额为50亿欧元以上和至少两个合并方在欧盟范围的营业额为2.5亿欧元以上就必须事前申报;日本规定,一家公司的总资产超过100亿日元并且另一家公司的总资产超过10亿日元,两者合并和有商务转移时才须申报。本条没有明确规定经营者集中的申报标准,而是授权国务院对经营者集中的申报标准作出规定。

在国务院报送全国人大常委会的草案中,曾根据各方面专家的意见并经过有关方面的测算,规定了一个申报标准,即:参与集中的所有经营者在全球范围内上一年度的销售额超过120亿元人民币,并且参与集中的一个经营者在中华人民共和国境内上一年度的销售额超过8亿元人民币的,参与集中的经营者应当事先向国务院反垄断执法机构申报;未向国务院反垄断执法机构申报的,经营者不得实施集中。同时还规定,计算上述规定的销售额,应当将与该经营者具有控制或者从属关系的经营者的销售额一并计算。银行、保险以及其他特殊行业或者领域经营者集中的申报标准,国务院可以另行规定。国务院反垄断执法机构可以根据经济发展水平和市场竞争状况,对经营者集中的申报标准进行调整,报国务院批准后施行。草案在全国人大常委会审议过程中,有些常委会组成人员和地方、部门、行业协会、企业对这一规定提出不同意见:有的认为申报标准定得过低;有的认为申报标准不宜定得过高;有的建议分行业规定不同的申报标准;有的建议在申报标准中增加经营者所占市场份额等指标。在研究过程中,考虑到申报标准定得过低,企业合并动辄就要申报、审批,不利于国内企业通过兼并做强做大;申报标准定得过高,又不利于防止因过度集中形成垄断。对此,还需进一步研究论证。鉴于各方面对申报标准的意见很不一致,同时考虑到申报标准需要随着经济发展、情况变化加以适时调整,法律以授权国务院作具体规定为妥。据此,法律未对具体标准作出规定,授权国务院作出规定并适时调整。

经营者集中达到国务院规定的申报标准的,经营者应当事先向国务院反垄断机构申报,未申报的不得实施集中。这是一条强制性规范,实施集中的经营者不得违反,否则要承担相应的法律责任。还应注意,根据本法的规定,经营者集中的审查权在国务院反垄断执法机构,其他地方执法机构无权对经营者集中进行审查。

【相关规定】

《关于外国投资者并购境内企业的规定》第10条

本规定所称的审批机关为中华人民共和国商务部或省级商务主管部门(以下称"省级审批机关"),登记管理机关为中华人民共和国国家工商行政管理总局或其授权的地方工商行政管理局,外汇管理机关为中华人民共和国国家外汇管理局或其分支机构。

并购后所设外商投资企业,根据法律、行政法规和规章的规定,属于应由商务部审批的特定类型或行业的外商投资企业的,省级审批机关应将申请文件转报商务部审批,商务部依法决定批准或不批准。

《关于外国投资者并购境内企业的规定》第11条

境内公司、企业或自然人以其在境外合法设立或控制的公司名义并购与其有关联关系的境内的公司,应报商务部审批。

当事人不得以外商投资企业境内投资或其他方式规避前述要求。

《关于外国投资者并购境内企业的规定》第12条

外国投资者并购境内企业并取得实际控制权,涉及重点行业、存在影响或可能影响国家经济安全因素或者导致拥有驰名商标或中华老字号的境内企业实际控制权转移的,当事人应就此向商务部进行申报。

当事人未予申报,但其并购行为对国家经济安全造成或可能造成重大影响的,商务部可以会同相关部门要求当事人终止交易或采取转让相关股权、资产或其他有效措施,以消除并购行为对国家经济安全的影响。

《关于外国投资者并购境内企业的规定》第51条

外国投资者并购境内企业有下列情形之一的,投资者应就所涉情形向商务部和国家工商行政管理总局报告:

(一)并购一方当事人当年在中国市场营业额超过15亿元人民币;

(二)1年内并购国内关联行业的企业累计超过10个;

(三)并购一方当事人在中国的市场占有率已经达到20%;

(四)并购导致并购一方当事人在中国的市场占有率达到25%。

虽未达到前款所述条件,但是应有竞争关系的境内企业、有关职能部门或者行业协会的请求,商务部或国家工商行政管理总局认为外国投资者并购涉及市场份额巨大,或者存在其他严重影响市场竞争等重要因素的,也可以要求外国投资者作出报告。

上述并购一方当事人包括与外国投资者有关联关系的企业。

《关于外国投资者并购境内企业的规定》第53条

境外并购有下列情形之一的,并购方应在对外公布并购方案之前或者报所在国主管机构的同时,向商务部和国家工商行政管理总局报送并购方案。商务部和国家工商行政管理总局应审查是否存在造成境内市场过度集中,妨害境内正当竞争、损害境内消费者利益的情形,并做出是否同意的决定:

(一)境外并购一方当事人在我国境内拥有资产30亿元人民币以上;

(二)境外并购一方当事人当年在中国市场上的营业额15亿元人民币以上;

(三)境外并购一方当事人及与其有关联关系的企业在中国市场

占有率已经达到 20%；

（四）由于境外并购，境外并购一方当事人及与其有关联关系的企业在中国的市场占有率达到 25%；

（五）由于境外并购，境外并购一方当事人直接或间接参股境内相关行业的外商投资企业将超过 15 家。

《德国反对限制竞争法》第 35 条

1. 如在合并之前的最后一届营业年度

（1）与合并的诸企业在全世界的总销售额超过 5 亿欧元，并且

（2）至少一个参与企业在国内的销售额超过 2500 万欧元，则有关合并监控的规定适用。

2. 在下列情形，第 1 款规定不适用：

（1）一个并非第 36 条第 2 款意义上的从属企业，且在上一届营业年度的销售额低于 1000 万欧元的，与另外一个企业合并，或者

（2）在所涉市场上，至少 5 年以来有商品或服务供应，且上届日历年度的销售额低于 1500 万欧元。

报纸或杂志或其附属产品的出版、生产或销售领域的竞争因合并受到限制的，仅适用第一句第 2 项。

3. 欧洲共同体委员会依据部长会议 1989 年 12 月 21 日第 4064/89 号《关于监控企业合并的法规》享有排他性管辖权的，本法的规定不适用。

《德国反对限制竞争法》第 38 条

（1）对于销售额的计算，适用《商法典》第 277 条第 1 款的规定。联合企业之间因供货和提供服务所产生的销售额（内部销售额）以及消费税不予考虑。

（2）企业以商品贸易为营业的，以其销售额的 3/4 为估定值。

（3）企业以出版、生产或销售报纸、杂志或其附属产品，制作、销售和举办广播电视节目以及销售广播电视广告时间为营业的，以其销售额的 20 倍数为估定值。

（4）企业是信贷机构、金融机构和建筑储蓄所的，以 1992 年 2 月 10 日《信贷机构会计条例》(《联邦法律公报》第一卷，第 203 页）第 34

条第2款第一句第1项a则至e则所称的收益额,作为其销售额,但应扣除营业税及其他对这些收益直接征收的税款。企业是保险企业的,以上届营业年度的保险费收入为准。所谓保险费收入,是指从首期保险和再保险业务中获得的收入,包括体现在保证金中的份额。

(5)取得另一个企业的财产的,计算出让人的市场份额和销售额时,应仅以出让部分的财产为准。

《比利时反垄断法》第10条

集中必须经竞争理事会事先批准。竞争理事会应决定集中是否被允许。

《比利时反垄断法》第11条

1. 本节条款仅适用于依据第46条计算的,在比利时的总营业额达到4千万欧元的企业或者至少两个企业中的每一个企业在比利时的营业额至少达到1千5百万欧元的企业。

2. 国王可以在部长理事会上审慎裁定或者在咨询了竞争理事会以及竞争委员会后作出敕令,提高第1款的门槛。

3. 竞争理事会每3年在考虑企业的经济影响和企业面对的行政负担等事项的情况下评估本条第1款中所提之门槛。

竞争委员会应对该评估向竞争理事会提供意见。

《俄罗斯有关保护竞争的联邦法》第30条

1. 在以下情况下应向反垄断机构申告:

(1)商业组织应申告其因商业组织合并(金融机构的合并除外)而设立的情况,如因合并而终止活动的商业组织最近一期资产负债表所示资产总值或在合并的上一日历年销售产品的总收入超过两亿卢布——并应在合并后45日内报告;

(2)商业组织应申报其他商业组织加入的情况(金融组织的加入除外),如上述组织最近一期资产负债表所示资产总值或加入的上一日历年销售产品的总收入超过两亿卢布——并应在加入后45日内报告;

(3)金融组织应申报其因金融组织合并而设立的情况,在其最近一期资产负债表所示资产总值并未超过俄罗斯联邦政府规定的数额(在信用组织因合并而设立的情况下,该数额应由俄罗斯联邦政府与俄

罗斯联邦中央银行协调确定),——并应在合并后45日内报告;

(4)金融组织应申报其他金融组织加入的情况,如该因合并设立的金融组织资产负债表所示资产总值不超过俄罗斯联邦政府规定的数额(在信用组织因加入而设立的情况下,该数额应由俄罗斯联邦政府与俄罗斯联邦中央银行协调确定),——并应在加入后45日内报告;

(5)收购股票(股份)、权利和(或)财产[金融组织的股票(股份)和(或)资产除外]的人应申报本联邦法第28条规定的交易,其他行为,如本联邦法第28条规定的人的最近一期资产负债表所示资产总值或该人在该交易,其他行为的上一日历年出售产品的总收入超过两亿卢布,同时股票(股份)和(或)财产被收购或与权利收购相关的人(集团)的最近一期资产负债表所示资产总值超过3亿卢布或如这些人之一被纳入注册,——并应在该等交易,其他行为实施之日起45日内报告。

2. 如果交易,其他行为的实施已经经过反垄断机构的初步批准,则本条第1部分规定的向反垄断机构申报的要求不予适用。

《欧共体合并条例》第1条

1. 在不违反第4(5)条和第22条的情况下,本条例适用于本条规定的所有具有共同体意义的集中。

2. 符合下列条件的集中具有共同体意义:

(a)所有相关企业在世界范围内的合计营业额超过50亿欧元;并且

(b)在至少两个相关企业中,每一个企业在共同体范围内的营业额超过2.5亿欧元;除非每个企业在共同体范围的营业额的2/3来自于同一个成员国。

3. 尽管不符合本条第2款规定,但符合下列条件的合并将被视为具有共同体意义:

(a)所有相关企业在世界范围内的营业额超过25亿欧元;

(b)所有相关企业在至少3个成员国中的每一个成员国范围内的营业额超过1亿欧元;

(c)在第2项所规定的至少3个成员国中,每一个成员国范围内,至少两个企业中的每个企业的营业额超过2500万欧元;并且

(d) 至少两个企业中的每个企业在共同体范围内的营业额超过1亿欧元；

除非每个相关企业在共同体范围内营业额的2/3来自于同一个成员国。

4. 在成员国定期提供资料的基础上，委员会应当在2009年7月前向理事会报告本条第2、3款所设定条件和标准的实施情况，并根据本条第5款提出相关的建议。

5. 根据第4款规定提供的报告及委员会的建议，理事会经有效多数票同意可以修订第3款规定的标准。

《日本禁止私人垄断及确保公正交易法》第14条

公司以外者因取得或持有公司的股份而导致在一定的交易领域实质性地限制竞争时，则不得取得或持有该股份，也不得以不公正的交易方法取得或持有公司的股份。

《日本禁止私人垄断及确保公正交易法》第15条

1. 公司在有下列各项之一的情形下，不得实施合并。

(1) 该合并将导致在一定的交易领域实质性地限制竞争；

(2) 该合并是以不公正的交易方法而为的。

2. 国内公司合并时，要进行该合并的公司(本条以下称为"合并公司")中的任一公司的总资产合计额在不低于100亿日元的范围内超出了政令所规定的金额的，且其他任何一个公司的总资产合计额在不低于10亿日元的范围内超出了政令所规定的金额的，应根据公正交易委员会规则的规定，事先将有关该合并的计划呈报给公正交易委员会。但是，属于以下各项所列之一的，则不在此限。

(1) 进行合并公司的任何一个公司拥有其他所有参与公司的全部股东表决权的过半数的；

(2) 同一家公司拥有每个参与合并公司的全部股东表决权的过半数的。

3. 前款的规定准用于外国公司的合并。在此情况下，同款中的"总资产合计额"为"国内销售额"。

4. 根据第2款(含替换准用第2款的情况)的规定进行呈报的公

第21条　《中华人民共和国反垄断法》条文说明、立法理由及相关规定

司,从呈报受理之日起未经过30天时不得进行合并。但是,公正交易委员会认为有必要时,可以缩短该期间。

5. 公正交易委员会根据第17条之2第1款的规定,为将要责令对该合并采取必要的措施而决定开始审判或进行劝告时,应依据前款正文的规定在30日期间或同款但书的规定在短缩的期间［公正交易委员会至少要求进行合并公司中的一家公司提出各个期间的依据公正交易委员会规则的规定所必要的报告、情报或资料（本款以下称为"报告等"）的,前款规定的呈报受理之日起经过120日与从受理全部的报告等之日起经过90日当中的较迟的日期为止的期间］内作出,对合并公司,必须依第49条第5款的规定发出通知。但是,属于以下所列情形的,则不在此限。

（1）根据第2款（含在第3款中替换准用的情况。下一项相同）的规定呈报的有关合并的计划中、依照第1款规定的该计划的重要事项在预计进行的期限内没有进行的（仅限于从该期限起算起1年之内作出了正文规定的审判开始决定或劝告的情形）；

（2）根据第2款的规定呈报的有关合并的计划中,对重要事项有虚假记载的。

6. 符合前款第1项的规定时,公正交易委员会根据第17条之二第1款的规定将责令采取有关合并的必要措施时,必须自前项期限起算起1年内作出前款本文的通知。

《日本禁止私人垄断及确保公正交易法》第15条之二

1. 公司在以下各项所列情形时,不得进行共同新设分割（指公司与其他公司共同进行新设分割。以下同）或吸收分割。

（1）该共同新设分割或该吸收分割的进行、将导致在一定的交易领域实质性地限制竞争的；

（2）该共同新设分割或该吸收分割是以不公正的交易方法而为的。

2. 国内公司要进行共同新设分割时,有属于以下各项所列情形之一的,应根据公正交易委员会规则的规定,事先将有关该共同新设分割的计划呈报给公正交易委员会。

（1）要进行该共同新设分割的公司中的任一公司[仅限于由该共同新设分割所设立的公司继承其全部营业的公司（本款以下称为"全部继承公司"）]的总资产合计额在不低于100亿日元的范围内超出了政令所规定的金额的，且其他任何一个公司（仅限于全部继承公司）的总资产合计额在不低于10亿日元的范围内超出了政令所规定的金额的；

（2）要进行该共同新设分割的公司中的任一公司（仅限于全部继承公司）的总资产合计额在不低于100亿日元的范围内超出了政令所规定的金额的，且其他任何一个公司[仅限于由该共同新设分割所设立的公司继承其营业的重要部分的公司（本款以下称为"重要部分继承公司"）]的有关该继承对象部分的与最终资产负债表同时作成的损益计算表的销售额在不低于10亿日元的范围内超出了政令所规定的金额的；

（3）要进行该共同新设分割的公司中的任一公司（仅限于全部继承公司）的总资产合计额在不低于10亿日元的范围内超出了政令所规定的金额的，且其他任何一个公司（仅限于重要部分继承公司）的有关该继承对象部分的与最终资产负债表同时作成的损益计算表的销售额在不低于100亿日元的范围内超出了政令所规定的金额的；

（4）要进行该共同新设分割的公司中的任一公司（仅限于重要部分继承公司）有关该继承对象部分的与最终资产负债表同时作成的损益计算表的销售额在不低于100亿日元的范围内超出了政令所规定的金额的，且其他任何一个公司（仅限于重要部分继承公司）的有关该继承对相部分的与最终资产负债表同时作成的损益计算表的销售额在不低于10亿日元的范围内超出了政令所规定的金额的。

3. 国内公司要进行吸收分割时，有属于以下各项所列情形之一的，应根据公正交易委员会规则的规定，事先将有关该吸收分割的计划呈报给公正交易委员会。

（1）进行该吸收分割的公司中要分割的任一公司[仅限于由该吸收分割使其全部继承营业的公司（本款以下称为"全部继承公司"）]的总资产合计额在不低于100亿日元的范围内超出了政令所规定的金额的，且因分割要继承营业的公司的总资产合计额在不低于10亿日元的

范围内超出了政令所规定的金额的;

（2）进行该吸收分割的公司中要分割的任一公司（仅限于全部继承公司）的总资产合计额在不低于10亿日元的范围内超出了政令所规定的金额的,且因分割要继承营业的公司的总资产合计额在不低于100亿日元的范围内超出了政令所规定的金额的（属于前项的除外）;

（3）进行该吸收分割的公司中要分割的任一公司[仅限于由该吸收分割使其继承营业的重要部分的公司（本项以下称为"重要部分继承公司"）]的有关该分割对象部分的与最终资产负债表同时作成的损益计算表的销售额在不低于100亿日元的范围内超出了政令所规定的金额的,且因分割要继承营业的公司的总资产合计额在不低于10亿日元的范围内超出了政令所规定的金额的;

（4）进行该吸收分割的公司中要分割的任一公司（仅限于重要部分继承公司）有关该分割对象部分的与最终资产负债表同时作成的损益计算表的销售额在不低于10亿日元的范围内超出了政令所规定的金额的,且因分割要继承营业的公司的总资产合计额在不低于100亿日元的范围内超出了政令所规定的金额的（属于前项的除外）。

4. 如属于以下所列情形之一时,则不适用前两款的规定。

（1）要实施共同新设分割或吸收分割公司当中的任一公司,拥有其他所有参与公司的全部股东表决权超过半数的;

（2）同一家公司拥有要实施共同新设分割或吸收分割公司各自的超过半数的全部股东表决权的。

5. 前三款的规定,准用于外国公司的共同新设分割和吸收分割。在此情况下,第2款及第3款中的"总资产合计额"以及"与最终资产负债表同时作成的损益计算表的销售额"为"国内销售额"。

6. 前条第4款至第6款的规定、准用于根据第2款、第3款（含替换并准用于前款的情况）的规定呈报有关共同新设分割和吸收分割的限制以及公正交易委员会作出的第17条之二第1款的规定的命令。在此情况下,同条第4款中的"合并"为"共同新设分割或吸收分割",前条第4款以及第6款中的"与合并"为"与共同新设分割或吸收分割","至少要求进行合并公司中的一家公司"为"至少要求进行共同新设分割或吸收分割公司中的一家公司"。

《日本禁止私人垄断及确保公正交易法》第16条

1. 公司因实施以下所列行为导致在一定的交易领域实质性地限制竞争时,则不得实施该行为,也不得使用不公正的交易方法实施以下所列行为:

(1) 受让其他公司营业的全部或重要部分;

(2) 受让其他公司营业上的固定资产的全部或重要部分;

(3) 租赁其他公司营业的全部或重要部分;

(4) 受托经营其他公司营业的全部或重要部分;

(5) 签订与其他公司共同承担营业全部盈亏的合同。

2. 作为公司,其总资产额在不低于100亿日元范围内超过政令所规定的金额的(在第4款中称为"受让公司")、符合以下各项情形之一时,应依据公正交易委员会规则的规定,事先向公正交易委员会呈报有关受让该营业或营业上的固定资产(本条以下称为"营业等")的计划。

(1) 欲受让总资产额在不低于10亿日元范围内超过政令所规定金额的其他国内公司营业的全部的;

(2) 欲受让其他国内公司营业的重要部分或营业上的固定资产的全部或重要部分,当与该受让对象部分有关的、依据与最终资产负债表同时作成的损益计算表的销售额在不低于10亿日元的范围内超过政令所规定的金额的。

3. 前款规定,属于以下各项所列情形之一时则不适用。

(1) 欲受让营业等的公司及欲转让该营业等的公司当中,任何一家公司持有其他所有公司的全部股东表决权的过半数的;

(2) 分别持有欲受让营业等的公司及欲转让该营业等的公司的全部股东表决权的过半数的公司为同一家公司时。

4. 前两款的规定,准用于欲受让其他外国公司的营业等的情形。在此情形下,第2款第1项中的"总资产额"与同款第2项中的"与最终资产负债表同时作成的损益计算表的销售额"为"国内销售额"。

5. 第15条第4款至第6款的规定,准用于根据第2款(含替换并准用于前款的情况)的规定呈报有关受让营业等的限制以及公正交易委员会作出的第 17 条之二第 1 款的规定的命令。在此情况下,第 15 条第 4 款以及第 6 款中的"合并"为"受让营业或营业上的固定资产",同条第 5 款中的"与合并"为"与受让营业或营业上的固定资产","至少要求进行合并公司中的一家公司"以及"合并公司"为"欲受让营业或营业上的固定资产的公司"。

《荷兰竞争法》第 29 条

1. 本章的规定应当适用于具备以下条件的集中:参与集中的经营者在上一个历年内的营业额之和超过 113450000 欧元,且其中至少有 30000000 欧元是由至少两个当事经营者在荷兰国内取得的。

2. 第一款中规定的金额可通过一般行政命令进行上调。

《荷兰竞争法》第 31 条

1. 在适用第 29 条第 1 款的时候,对于《1992 年信用机构监管法》中规定的信用机构和金融机构,其在上一财政年度末在荷兰国内拥有的有形固定资产至少达到了 22690000 欧元的,其营业额应计为《民法典》第二卷第 364 条第 2 款和第 3 款所规定的固定资产与流动资产之和的 1/10。

2. 在适用第 29 条第 1 款的时候,对于《1993 年保险行业监管法》中规定的保险公司,其在上一财政年度所承保的保险费总额中,至少有 4540000 欧元来自荷兰居民的,其营业额计为该保险费总额。

《荷兰竞争法》第 32 条

对于只涉及下列主体的集中,不适用本章规定:

a.《1992 年信用机构监管法》第 1 条第 1 款 a 项和 c 项规定的信用机构或金融机构;

b.《1993 年保险行业监管法》第 1h 条规定的保险公司;

c.《保险业监管法案关于殡葬的规定》第 1c 条规定的保险公司,或者

d. 领导着一个由本条 a 项、b 项和 c 项中规定的一个或若干信用机构、金融机构或保险公司组成的集团的经营者,并且该经营应当取得《1992 年信用机构监管法》第 23 条第 1 款或第 24 条第 1 款,《1993 年保险行业监管法》第 174 条第 1 款或第 175 条第 1 款,或者《保险行业

监管法案关于殡葬的规定》第 81 条第 1 款或第 82 条第 1 款中规定的进行此类集中的无异议证明。

第二十二条 经营者集中有下列情形之一的,可以不向国务院反垄断执法机构申报:

(一)参与集中的一个经营者拥有其他每个经营者百分之五十以上有表决权的股份或者资产的;

(二)参与集中的每个经营者百分之五十以上有表决权的股份或者资产被同一个未参与集中的经营者拥有的。

【说明及立法理由】

本法规定,经营者集中达到国务院规定的申报标准的,经营者应当事先向国务院反垄断执法机构申报,未申报的不得实施集中。根据本条的规定,在下列两种情况下,经营者集中即使达到申报标准,也不必向反垄断执法机构申报。

一种情况是,参与集中的一个经营者拥有其他每个经营者 50% 以上有表决权的股份或者资产的,按照我国公司法的规定,可以理解为,参与集中的一个经营者是其他每个经营者的控股股东或实际控制人,这类情况通常是母子公司、集团公司内部以母公司或集团公司牵头进行的股份或资产的一种重新组合,其所在的市场竞争状况并未发生质的变化,不对市场竞争状况发生重大影响或不发生实质性的影响,这类情况不需要申报审查。

另一种情况是,参与集中的每个经营者 50% 以上有表决权的股份或者资产被同一个未参与集中的经营者拥有的。这类情况同样也是母子公司和集团公司的内部重新组合,母公司或集团公司的股份或财产不参与经营者集中,而子公司之间或成员公司彼此之间进行股份和资产的重新组合,不影响或不严重影响市场总体的竞争状态,这类情况不需要申报审查。

上述两类经营者集中是经济生活中经常发生的事情,其在微观方面可以提高集团公司或母公司的经济效率,扩大其生产经营规模,增加内部运营的合理化并加强自身的竞争能力,有时也可能减少名义上的市场竞争对手数量,但从宏观的方面考虑,市场结构未发生根本变化,竞争状况没有因集中而改变,所以,法律规定不对其施加申报审查的义务,更不限制其集中。这也是国际上的通行作法。

【相关规定】

《俄罗斯有关保护竞争的联邦法》第31条

1. 在以下条件均得以成就的情况下,实施本联邦法第27—29条规定的交易、其他行为无须经过反垄断机构的初步批准,但应依据本联邦法第32条规定的程序报告其实施情况:

(1) 本联邦法第27—29条规定的交易、其他行为由一个集团的人实施;

(2) 该集团(申请人)的任何成员已经在不晚于交易、其他行为实施前一个月的时间以规定的形式向联邦反垄断机构提交了该集团成员的名单,并且列明了该成员被纳入集团的理由;

(3) 相对于向联邦反垄断机构提交的名单,该集团的成员名单在交易、其他行为实施时尚未发生变化。

2. 在收到附有成员被纳入集团的理由的集团成员名单后10日内,联邦反垄断机构应发给申请人以下通知之一:

(1) 如该名单是以反垄断机构批准的形式提交的,则应发给该名单已经收到并且经在联邦反垄断机构的官方网站上公布的通知;

(2) 发给其违反了提交该等名单的形式及不符合本条第一部分规定的条件的通知。

3. 本联邦法第28和29条规定的交易,其他行为的利益关系人或者因本联邦法第27条规定的交易,其他行为的实施而创设的人必须向反垄断机构报告依据本条规定的条件实施的交易,其他行为,——并应在该交易,其他行为实施之日起45日内报告。

第二十三条 经营者向国务院反垄断执法机构申报集中,应当提交下列文件、资料:

(一) 申报书;

(二) 集中对相关市场竞争状况影响的说明;

（三）集中协议；

（四）参与集中的经营者经会计师事务所审计的上一会计年度财务会计报告；

（五）国务院反垄断执法机构规定的其他文件、资料。

申报书应当载明参与集中的经营者的名称、住所、经营范围、预定实施集中的日期和国务院反垄断执法机构规定的其他事项。

【说明及立法理由】

经营者向国务院反垄断执法机构申报集中，应当提交法律规定的文件、资料，便于国务院反垄断执法机构进行审查。本条第1款规定了五类文件、资料。具体如下：

一、申报书，就是拟合并的企业申请反垄断执法机构审查的申请书

有的国家采用格式化表格，有的国家没有规定具体的格式，通常是包括参与集中的经营者各方的商业注册情况和表明经营者参与集中并提请审查的意愿。本法未规定，究竟由什么人来承担申报义务，此类事项，由国务院反垄断委员会或者反垄断执法机构将来作具体规定。本条规定了申报书的必备条款包括参与集中的经营者的名称、住所、经营范围、预定实施集中的日期和国务院反垄断执法机构规定的其他事项。应当载明的事项是法律强制规定，法律规定应当载明而未载明的属于材料提交不完备。

二、集中对相关市场竞争状况影响的说明

是比较简明的对参与集中的经营者所在的市场竞争状况影响的说明性文字或图表等。这也是一条有实质内容的规定，尽管法律未提出具体要求，将来的细化规定也未可预测，由于申报审查的根本内容即是对相关市场竞争状况的分析，所以，其内容可能极为复杂，至少要说明相关方方面面影响市场竞争状况的情况。比如，减少了的竞争对手数量、集中后所占有的市场份额、地域和产品界定及构成、竞争状况的历史和发展前景等等，既可以很详细，也可以概略，具体内容可由国务院反垄断法委员会或国务院反垄断执法机构规定。

三、集中协议

即参与集中的经营者之间订立的合同，必须是合同当事人各方自

由意志的体现,遵守法律和行政法规,遵循公平合理、等价有偿、诚实信用的原则,不得造成过度集中、排除限制竞争,不得扰乱社会经济秩序和损害社会公共利益,不得导致我国的国有资产流失等。集中协议的形式要件和所包括的内容都应符合法律、行政法规及国务院或国务院反垄断执法机构的规定。从国外的实践看,为了缩短集中时间,加快集中速度,参与集中的经营者往往在集中协议草签阶段即向有关反垄断执法机构申报反垄断审查,在审查过程中,随着协商的不断深入,逐渐形成正式的协议文本。按这种做法,经营者应当在申报审查的同时,先将协议草签稿上报反垄断执法机构,协议正式签订后应立即上报反垄断执法机构。

四、参与集中的经营者经会计师事务所审计的上一会计年度财务会计报告

这是对参与集中的经营者生产经营的成果和财务状况的总结性书面文件,申报审查时提交这一文件,便于国务院反垄断执法机构掌握参与集中的经营者的会计报表、会计信息,从而对经营者的竞争能力和实际竞争状况有准确的数字资料和依据,参与集中的经营者应如实提交。

五、国务院反垄断执法机构规定的其他文件、资料

这是1个兜底条款,因为经营者集中的申报审查牵涉方方面面的问题,法律不可能规定非常详细,更因为这是一个新的执法领域,法律不可能提前考虑得非常完备,授权国务院反垄断执法机构根据具体情况,规定其他需要的文件、资料。

本条第2款对申报书应当载明的内容作出规定,申报书应当载明的内容具有法律强制性。参与集中的经营者名称是经营者区别于其他经营者和市场主体的标志,住所是其主要办事机构所在地。参与集中的经营者的经营范围是指经营者从事的行业和项目种类,是经营者从事业务活动的界限。预定实施集中的日期是指参与集中的经营者协议中所约定的实施集中的日期,最后还有1个兜底条款,国务院反垄断执法机构规定的其他事项,只要有具体规定,都应当具体载明。

【相关规定】

《关于外国投资者并购境内企业的规定》第 21 条

外国投资者股权并购的,投资者应根据并购后所设外商投资企业的投资总额、企业类型及所从事的行业,依照设立外商投资企业的法律、行政法规和规章的规定,向具有相应审批权限的审批机关报送下列文件:

(一)被并购境内有限责任公司股东一致同意外国投资者股权并购的决议,或被并购境内股份有限公司同意外国投资者股权并购的股东大会决议;

(二)被并购境内公司依法变更设立为外商投资企业的申请书;

(三)并购后所设外商投资企业的合同、章程;

(四)外国投资者购买境内公司股东股权或认购境内公司增资的协议;

(五)被并购境内公司上一财务年度的财务审计报告;

(六)经公证和依法认证的投资者的身份证明文件或注册登记证明及资信证明文件;

(七)被并购境内公司所投资企业的情况说明;

(八)被并购境内公司及其所投资企业的营业执照(副本);

(九)被并购境内公司职工安置计划;

(十)本规定第 13 条、第 14 条、第 15 条要求报送的文件。

并购后所设外商投资企业的经营范围、规模、土地使用权的取得等,涉及其他相关政府部门许可的,有关的许可文件应一并报送。

《关于外国投资者并购境内企业的规定》第 22 条

股权购买协议、境内公司增资协议应适用中国法律,并包括以下主要内容:

(一)协议各方的状况,包括名称(姓名),住所,法定代表人姓名、职务、国籍等;

(二)购买股权或认购增资的份额和价款;

(三)协议的履行期限、履行方式;

(四)协议各方的权利、义务;

（五）违约责任、争议解决；

（六）协议签署的时间、地点。

《关于外国投资者并购境内企业的规定》第23条

外国投资者资产并购的，投资者应根据拟设立的外商投资企业的投资总额、企业类型及所从事的行业，依照设立外商投资企业的法律、行政法规和规章的规定，向具有相应审批权限的审批机关报送下列文件：

（一）境内企业产权持有人或权力机构同意出售资产的决议；

（二）外商投资企业设立申请书；

（三）拟设立的外商投资企业的合同、章程；

（四）拟设立的外商投资企业与境内企业签署的资产购买协议，或外国投资者与境内企业签署的资产购买协议；

（五）被并购境内企业的章程、营业执照（副本）；

（六）被并购境内企业通知、公告债权人的证明以及债权人是否提出异议的说明；

（七）经公证和依法认证的投资者的身份证明文件或开业证明、有关资信证明文件；

（八）被并购境内企业职工安置计划；

（九）本规定第13条、第14条、第15条要求报送的文件。

依照前款的规定购买并运营境内企业的资产，涉及其他相关政府部门许可的，有关的许可文件应一并报送。

外国投资者协议购买境内企业资产并以该资产投资设立外商投资企业的，在外商投资企业成立之前，不得以该资产开展经营活动。

《关于外国投资者并购境内企业的规定》第24条

资产购买协议应适用中国法律，并包括以下主要内容：

（一）协议各方的状况，包括名称(姓名)，住所，法定代表人姓名、职务、国籍等；

（二）拟购买资产的清单、价格；

（三）协议的履行期限、履行方式；

（四）协议各方的权利、义务；

（五）违约责任、争议解决；

（六）协议签署的时间、地点。

《关于外国投资者并购境内企业的规定》第32条

外国投资者以股权并购境内公司应报送商务部审批，境内公司除报送本规定第三章所要求的文件外，另须报送以下文件：

（一）境内公司最近1年股权变动和重大资产变动情况的说明；

（二）并购顾问报告；

（三）所涉及的境内外公司及其股东的开业证明或身份证明文件；

（四）境外公司的股东持股情况说明和持有境外公司5%以上股权的股东名录；

（五）境外公司的章程和对外担保的情况说明；

（六）境外公司最近年度经审计的财务报告和最近半年的股票交易情况报告。

《关于外国投资者并购境内企业的规定》第44条

特殊目的公司以股权并购境内公司的，境内公司除向商务部报送本规定第32条所要求的文件外，另须报送以下文件：

（一）设立特殊目的公司时的境外投资开办企业批准文件和证书；

（二）特殊目的公司境外投资外汇登记表；

（三）特殊目的公司最终控制人的身份证明文件或开业证明、章程；

（四）特殊目的公司境外上市商业计划书；

（五）并购顾问就特殊目的公司未来境外上市的股票发行价格所作的评估报告。

如果以持有特殊目的公司权益的境外公司作为境外上市主体，境内公司还须报送以下文件：

（一）该境外公司的开业证明和章程；

（二）特殊目的公司与该境外公司之间就被并购的境内公司股权所作的交易安排和折价方法的详细说明。

《俄罗斯关于保护竞争的联邦法》第32条

1. 为了在本联邦法第27—29条规定的情况下获得反垄断机构的

初步批准或者在本联邦法第30和31条规定的情况下向反垄断机构报告,以下人应作为申请人向反垄断机构提出申请:

(1) 本联邦法第27—28条规定的交易、其他行为的利益关系人之一;

(2) 依据本联邦法第30和31条有义务就交易、其他行为的实施向反垄断机构报告的人。

2. 本联邦法第27—29条规定的交易、其他行为的利益关系人向反垄断机构提交批准实施该交易、其他行为的申请。

3. 依据本联邦法第30和31条有义务向反垄断机构报告交易、其他行为的实施情况的人向反垄断机构提交有关实施该交易、其他行为的合并前报告。

4. 有关实施交易、其他行为的合并前或合并后报告可由申请人代表向反垄断机构提交。

5. 以下文件应与实施控制交易、其他行为的合并前或合并后报告一同提交反垄断机构:

(1) 经公正的法人申请人设立文件复印件和自然人申请人的姓名,文件确认资料[文件的系列和(或)号码,颁发日期和地点以及颁发文件的机构],其中应反映申请人合并前或合并后报告提交日的状态;

(2) 规定国家控制的交易、其他行为的对象和内容的文件;

(3) 有关申请人在合并前或合并后报告提交日之前两年内的行为类型的信息,或者如果其实施该行为的期间少于两年,则提交该期间内的该等信息以及确认其有权利实施应依法获得专门批准的行为类型的文件复印件;

(4) 对申请人在提交合并前或合并后报告之日的前两年内生产和销售的产品类型和数量的描述,如其行为期间少于两年,则提交该期间的该等描述,并说明产品的名称代码;

(5) 申请人有关本联邦法第27—30条规定的人主要行为类型的信息、对该人在提交合并前或合并后报告之日前两年内生产和销售的产品类型和数量的描述,如其行为期间少于两年,则提交该期间的该等描述,并说明产品的名称代码或者确认申请人不披露该等信息的书面申请；

（6）在合并前或合并后报告提交之日前编制的最近一期资产负债表；

（7）向俄罗斯联邦中央银行以及管理金融服务市场的联邦执行机构提交的财务、经济和其他报告；

（8）申请人以任何理由控制了超过5%股票（股份）的商业组织名单或者申请人未控制商业组织股票（股份）的书面申请；

（9）与申请人共同被纳入同一集团的人的名单，并说明其被纳入集团的理由；

（10）与本联邦法第27—30条规定的其他人被纳入同一集团的人的名单，并说明该人被纳入该集团的理由或确定申请人不披露该等信息的书面申请。

6. 商业组织合并、一个或多个商业组织加入另一个商业组织、商业组织设立的批准申请或者有关该商业组织的合并、加入或设立的报告应由申请人及参与该商业组织合并、加入和设立的其他人签署。申请人应在提交申请或报告的同时依据本条第五部分规定的清单向反垄断机构提交有关参与该商业组织的合并、加入或设立的其他人的文件和信息。

7. 联邦反垄断机构同意提交本条第五部分规定的信息的形式。

《欧共体合并条例》第11条

1. 为履行本条例所赋予的职责，委员会可以通过简单要求或通过决定，命令第3条第1款b项所提到的个人以及企业和企业协会提供所有必要的信息。

2. 当向个人、企业和企业协会发出提供信息的简单要求时，委员会应当说明要求的法律基础和目的，阐明要求信息的内容和确定信息提供的时间期限，以及第14条规定的对提供不正确或误导性信息的处罚。

3. 当委员会通过决定要求个人、企业和企业协会提供信息时，委员会应当说明要求的法律基础和目的，阐明要求信息的内容和确定信息提供的时间限制。要求也应当包括说明第14条所规定的处罚或施加

第 15 条所规定的处罚。决定应当进一步说明请求欧洲法院审查该决定的权利。

4. 企业应由所有人或代表人提供信息,具有法人资格的公司或不具有法人资格的协会,应由法律或企业章程规定的代表人提供信息。被适当授权的人可以代表其委托人提供信息。如果提供的信息是不完整、不正确或误导性的,委托人应当承担全部责任。

5. 委员会应毫不迟疑的将依据第 3 项做出的任何决定的副本抄送相关个人、企业或企业协会所在地的成员国以及其领域内受到影响的成员国主管机关。在一个成员国主管机关的特别要求下,委员会也应当向该主管机关提供关于涉及已申报集中信息简单要求的副本。

6. 应委员会的要求,成员国政府和主管机关应当向委员会提供为履行本条例所赋予委员会的职责而必需的所有信息。

7. 为履行本条例所赋予的职责,委员会为了收集有关调查事项的信息可以询问任何同意被询问的自然人或法人。询问可以通过电话或其他电子形式进行,在询问开始时委员会应当说明询问的法律基础和目的。

当询问不在委员会的所在地或通过电话或其他电子方式进行时,委员会应当事先通知该询问在其领域内进行的成员国主管机关。如果该成员国主管机关如此要求,该主管机关的官员可以协助委员会授权进行询问的官员或其他人。

《荷兰竞争法》第 35 条

1. 申报材料中应当包括一般行政命令中要求提供的信息。《普通行政法》第 4:4 条在此同样适用。

2. 如果申报不符合第 1 款的要求,或者申报方提供的信息不充分,无法达到评估该申报的目的,局长可以要求申报方提供更多信息。

3. 如果经营者确定其在申报时提供的信息具有保密性,则在局长做出的相关裁决公布一周后,方可公布该信息。

4. 如果当事经营者要求做出《普通行政法》第 8:81 条规定的临时判决,与本条第 3 款提及的关于局长裁决的第 34 条、第 37 条第 1 款和第 3 款的规定暂缓执行,至法院院长下达书面判决(见第 92 条)之日方恢复效力。

第二十四条 经营者提交的文件、资料不完备的,应当在国务院反垄断执法机构规定的期限内补交文件、资料。经营者逾期未补交文件、资料的,视为未申报。

【说明及立法理由】

本条是程序性规定,前面的条文要求参与集中的经营者向国务院反垄断执法机构申报集中,应当提交规定的文件、资料。由于文件、资料数量较多,并且对内容也有一定的要求,如果经营者提交的文件、资料不完备,也就是根据法律和有关规定的文件、资料数量不够,缺少规定所要求的项目,或者文件、资料的内容不符合法律和规定的内容,即为提交的文件、资料不完备,应当在国务院反垄断执法机构规定的期限内补充文件、资料,这种补充,也是按照规定要求的数量和内容并且在规定的期限内继续提交。经营者逾期未补交文件、资料的,视为未申报。即由于参与集中的经营者逾期未补交有关材料,导致该申报未依法完成,视为未申报。

第二十五条 国务院反垄断执法机构应当自收到经营者提交的符合本法第二十三条规定的文件、资料之日起三十日内,对申报的经营者集中进行初步审查,作出是否实施进一步审查的决定,并书面通知经营者。国务院反垄断执法机构作出决定前,经营者不得实施集中。

国务院反垄断执法机构作出不实施进一步审查的决定或者逾期未作出决定的,经营者可以实施集中。

【说明及立法理由】

国务院反垄断执法机构自收到经营者依法提交的文件、资料后,按各国的通常做法,就应当尽快决定其是否批准这次经营者集中。(1)为了尽早结束经营者集中协议实施的不确定状态,便于经营者安排自己的经营事业,(2)作为审查机构的反垄断执法机构面临纷繁复杂的经营者集中问题,又应当有足够的时间进行审查。所以各国通常将经营者集中审查分为两个阶段,初步审查和进一步审查。初步审查阶段通常为1个月左右,反垄断执法机构对经营者集中是否对竞争造成威胁进行初步审查,我国也是这样规定的,初步审查阶段是30天,与国际上主要国家规定大致相同。

初步审查导致两种结果,(1)情况清楚,经营者参与的集中对竞争没有影响或影响不大,不需要进一步审查,反垄断执法机构作出决定并书面通知申报参与集中的经营者,可以进行经营者集中。(2)反垄断执法机构认为该集中有可能影响竞争或对竞争造成威胁,需要进行进一步审查,反垄断执法机构也应作出决定并书面通知申报集中的经营者。在国务院反垄断执法机构作出上述决定前,经营者不得实施集中。

国务院反垄断执法机构作出不实施进一步审查的决定或者逾期未作出决定的,经营者可以实施集中。本条款是为保护参与集中的经营者利益而作出的规定,根据本条第1款的规定,一般来说,法律要求国务院反垄断执法机关在初步审查的30日内作出是否实施进一步审查的决定,如果国务院反垄断执法机构按期作出不实施进一步审查的决定,经营者可以实施集中;如果国务院反垄断执法机构不按期作出是否实施进一步审查的决定,为了保护经营者集中的权利,避免因执法机关的原因导致集中不能进行,法律直接规定在这种情况下,经营者可以实施集中。从国外经营者集中审查的实践看,有时经营者集中的申报很多,但绝大多数对竞争没有影响或者影响不大,应允许集中,国外一般将初步审查期作为集中的等待期,期限届满,只要反垄断执法机关不做出进一步审查的决定,即视为反垄断执法机关已同意集中。这有利于加快执法机构的审查速度,提高审查效率,同时,也在一定程度上减少了执法成本。如果国务院反垄断执法机构作出进一步审查的决定,就进入了本法规定的后一阶段审查的程序。

【相关规定】

《关于外国投资者并购境内企业的规定》第25条

外国投资者并购境内企业设立外商投资企业,除本规定另有规定外,审批机关应自收到规定报送的全部文件之日起30日内,依法决定批准或不批准。决定批准的,由审批机关颁发批准证书。

外国投资者协议购买境内公司股东股权,审批机关决定批准的,应同时将有关批准文件分别抄送股权转让方、境内公司所在地外汇管理机关。股权转让方所在地外汇管理机关为其办理转股收汇外资外汇登记并出具相关证明,转股收汇外资外汇登记证明是证明外方已缴付的股权收购对价已到位的有效文件。

《德国反对限制竞争法》第40条

(1)已向联邦卡特尔局为合并申报的,则联邦卡特尔局只有在完整的申报送达后一个月内通知提出申报的企业,称自己已开始对合并事件进行审查(主审程序)的情况下,才可禁止该合并。有必要对合并作进一步审查的,应开始进行主审程序。

(2)在主审程序中,联邦卡特尔局以处分的方式作出禁止合并或准许合并的决定。在完整的申报送达后4个月内未作出上述处分的,合并视为准许。联邦卡特尔局应立即告知合并方处分的转送日期。这一原则不适用于

① 提出申报的企业同意延长期限,

② 因依第39条第5款或第59条提供不正确的材料或未及时提供情况,联邦卡特尔局未依第1款作出通知,或未为禁止合并的处分,

③ 违反第39条第3款第二句第6项规定,未任命一个被授予送达代理权的、住所在国内的人。

(3)准许附有条件和负担。这些条件和负担不得以对参与合并的企业进行长期的行为监控为宗旨。

(3a)由于说明错误,恶意或者参与合并的企业违反了其应当承担的一位,则可以撤销或改变,在不履行义务的情况下适用第41条第4款的规定。

(4)在禁止合并之前,应给参与合并的企业所在地的州最高机关发表意见的机会。

(5)在第39条第4款第一句情形,第1款和第2款第二句规定的期间,自转致裁定到达联邦卡特尔局之时并有依据第39条第3款要求的说明的德文版本起算。

（6）联邦卡特尔局的准许为法院的判决作全部或部分撤销，且该判决已生效的，第2款第二句的期间自效力发生之时重新起算。

《德国反对限制竞争法》第41条

（1）在第40条第1款第一句和第2款第二句规定的期间届满之前，企业不得实施联邦卡特尔局未予准许的合并或参与实施此类合并。违反这一禁令的法律行为不生效力。这一原则不适用于有关企业改组、企业加入或企业设立的合同，不适用于《股份法》第291条和第292条意义上的企业合同，但以此类合同已在有关登记簿作登记并已发生法律效力为限。

（2）参与合并的企业提出宜解除实施禁令的重大理由的，即如旨在避免一个参与企业或第三人遭受重大损害的，可申请联邦卡特尔局解除禁止实施合并的命令。该解除令可随时发出，也可在申报合并之前发出，并可附有条件和负担。准用第40条第2a款的规定。

（3）实施联邦卡特尔局已禁止的合并或联邦卡特尔局已撤回其准许的合并的，应解散此项合并，但联邦经济部长依第42条批准该合并的除外。联邦卡特尔局下令采取为解散此类合并所必须的措施，也可以恢复原状以外的其他方式消除对竞争的限制。

（4）联邦卡特尔局可以采取下列措施贯彻其命令：

① 拥有一个参与企业的股份，而该股份属于另一个参与企业或应归属于该企业的，禁止或限制拥有者行使这些股份的表决权；

② 设立一名受托人实施解散合并事务。

《比利时反垄断法》第12条

1. 必须在订立协议、公布购买或交换要约或者收购控制利益后的一个月之内，向竞争理事会申报本法所称之集中。该期间从上述事件首先发生时起算。然而当事人可以申报协议的草案，只要他们明确宣布他们意图订立的协议在竞争法的所有相关条款上与申报草案无实质性差异。

2. 受制于协议的集中由共同行事的利益关系方申报；在其他情形下，集中应由实施集中的利益方进行申报。

3. 国王应制定第1款所提之申报程序。

4. 在竞争理事会就集中的可准许性作出裁决之前,相关企业只能就集中采取不妨碍对其撤销以及在一个持续基础上不改变市场结构的措施。

5. 在对集中为期45天的第一阶段的审查后,除了在申报协议草案的情形下,竞争理事会可以依据集中当事方的请求,决定当事方就集中希望采取的一项或者更多措施是否是应被撤销的,或者这些措施是否将以持久的方式改变市场结构。在这种情况下,竞争理事会应该要求检察官在两周内正式提交一份报告,就做出本款所称的决定提供应考虑的信息。

理事会可以对其裁定附加条件和义务。

《俄罗斯有关保护竞争的联邦法》第33条

1. 反垄断机构有义务在收到本联邦法第32条规定的申请后30日内对该申请进行评估,并通知申请人其做出的书面裁决。

2. 对于实施国家控制的交易、其他行为的批准申请,反垄断机构依据评估结果做出以下裁决之一:

(1) 如申请中申报的交易、其他行为不会限制竞争,则做出批准申请裁决;

(2) 如果其判定申请中申报的交易、其他行为有可能限制竞争,包括形成或加强该人(集团)的支配地位,则因为就评估申请的结果做出本部分第1、3、4和5项规定的裁决必须进行额外评估并获得额外信息,可做出延长申请评估期限的裁决;

(3) 对于本联邦法第27条规定的商业组织合并、一个或多个商业组织加入另一个商业组织以及商业组织设立的批准申请,可做出延长评估期限的裁决,同时规定申请人和参与该等合并、加入或设立的其他人在机构做出批准申请的裁定前必须履行的条件或者规定履行该等条件的期限,该期限不得超过9个月。该等条件是延长申请评估期限的裁决不可分割的一部分。

(4) 对于实施本联邦法第28和29条规定的交易,其他行为的批准申请做出批准裁决,同时向申请人发出本联邦法第23条第一部分第2项规定的有关为在申请中申报的交易,其他行为的实施过程中确保竞争而实施特定行为的指令；

（5）如果申请中申报的交易、其他行为将限制竞争,包括产生或加强申请人的支配地位以及因实施申请中申报的交易、其他行为将产生的人的支配地位的后果,以及如果反垄断机构在评估所提交文件的过程中发现文件中包含的对做出裁决具有重大意义的信息是不可靠的,则应作出拒绝批准申请的裁决。

3. 本条第二部分第 2 项规定的裁决对本条第一部分所规定期限的延长应不超过两个月。反垄断机构在做出该等裁决后,将在其官方网站上公布有关批准申请中申报的拟议交易、其他行为的信息。利益方有权向反垄断机构提交有关该交易、其他行为对竞争条件的影响的信息。

4. 如果商业组织的合并、一个或几个商业组织加入另外一个商业组织、商业组织的设立导致或可能导致限制竞争,包括实施该等行为将会产生或加强拟设立的人（集团）的支配地位的后果,反垄断机构应依据本条第二部分第 3 项作出延长申请评估期间的裁决。

5. 本条第二部分第 3 项规定的条件应以确保竞争为目的,并包括以下内容：

（1）进入申请人和参与商业组织合并、一个或几个商业组织加入另外一个商业组织、商业组织设立的其他人管理的基础设施、其他生产设施或信息的程序；

（2）授予申请人和参与商业组织合并、一个或几个商业组织加入另外一个商业组织、商业组织设立的其他人管理的设施以工业产权保护权利的程序；

（3）对申请人和（或）参与商业组织合并、一个或几个商业组织加入另外一个商业组织、商业组织设立的其他人向与该申请人和（或）其他人不属于一个集团的其他人转让财产,向与该申请人和（或）其他人不属于一个集团的其他人让与行为和（或）义务选择权的要求；

（4）对申请人或参与商业组织合并、一个或几个商业组织加入另外一个商业组织、商业组织设立的其他人所从属集团的构成的要求。

6. 在履行本条第 2 款第 3 项规定的条件后,申请人应向反垄断机构提交确认履行的文件。如果该提交的文件确认了条件已及时履行，反垄断机构应在收到文件之日起的 30 日内做出裁决，批准商业组织合并、一个或几个商业组织加入另外一个商业组织、商业组织设立申请，否则应做出拒绝批准申请的裁决。

7. 如申请中申报的交易、其他行为将导致竞争限制，则反垄断机构应在做出批准申请的同时发出本条第二部分第 4 项规定的指令。

8. 如反垄断机构已经裁定批准的交易，其他行为在裁定做出之日起一年内未实施，则该裁决终止有效。

9. 依据本联邦法第 30 条有义务就国家控制的交易，其他行为的实施向反垄断机构报告的人有权在实施该等交易、其他行为之前要求反垄断机构批准实施，反垄断机构有义务依据本条规定的程序对该申请进行评估。

10. 如果本联邦法第 30 条规定的交易、其他行为导致了或可能导致限制竞争，包括产生或加强经济实体市场支配地位的后果，则申请人应向反垄断机构提交报告，或者申请人从属的集团有义务依据反垄断机构依据本联邦法第 23 条第一部分第 2 项发出的指令履行以确保竞争为目的的行为。

《俄罗斯有关保护竞争的联邦法》第 34 条

1. 对于未经反垄断机构初步批准建立的商业组织，包括因本联邦法第 27 条规定的商业组织合并或加入而产生的组织，如果其设立导致或可能导致限制竞争，包括产生或加强支配地位的后果，则其应在反垄断机构主张后依法以分离或分立的方式清算或重组。

2. 对于未经反垄断机构初步批准的本联邦法第 28 条和第 29 条规定的交易、其他行为，如果该交易或其他行为导致或可能导致限制竞争，包括产生或加强支配地位的后果，则其应在反垄断机构主张后被视为无效。

3. 对于有义务就本联邦法的第 30 条第 1 款第 1—4 项规定的交易、其他行为的实施向反垄断机构报告并且违反了向反垄断机构报告该等交易、其他行为的实施的程序的商业组织，如果该交易，其他行为导致或可能导致限制竞争，包括产生或加强支配地位的后果，则其应在反垄断机构主张后依法以分离或分立的方式清算或重组。

4. 如果本联邦法第 30 条第一部分第 5 项规定的交易、其他行为的解决违反反垄断机构的报告命令,并且如果该交易、其他行为导致或可能导致限制竞争,包括产生或加强支配地位的后果,则其应在反垄断机构主张后依法被视为无效。

5. 不遵守反垄断机构依据本联邦法第 33 条第二部分第 4 项规定的程序发出的指令是在反垄断机构主张后视为该交易无效的理由。

6. 不遵守反垄断机构依据本联邦法第 33 条规定的程序发出的指令,以及违反本联邦法第 27—32 条规定的要求,并造成本条规定的后果,在《俄罗斯联邦行政犯罪法》规定的情况下将产生行政责任。

《欧共体合并条例》第 6 条

申报的审查和调查程序的启动

1. 委员会应当在收到申报后尽快审查该申报。

(1) 如果委员会认定申报的集中不受本条例管辖,应以决定的形式作出这样的裁决。

(2) 如果委员会认定申报的集中尽管受本条例管辖,但并未对和共同市场相一致产生严重怀疑,委员会将决定不反对这一集中,并宣布该集中和共同市场相一致。

一项宣布集中和共同市场相一致的决定应当被认为涵盖了与该集中实施直接相关和必要的限制。

(3) 在不违反第 2 款的情况下,如果委员会认定申报的集中受本条例管辖,且怀疑该合并与共同市场不相一致,应决定启动调查程序。在不违反第 9 条的情况下,该调查应当根据第 8 条第 1 至 4 款规定的决定结束,除非相关企业已经令委员会满意地放弃了该集中。

2. 如果委员会认定经有关企业的修改,一项申报的集中不再引起第 1 款第 3 项意义上的怀疑,可决定按第 1 款第 2 项的规定宣布该集中和共同市场相一致。

委员会可在第 1 款第 2 项规定的决定后附加条件和义务,以确保有关企业遵守向委员会作出的承诺,确保集中和共同市场相一致。

3. 在下列情况下,委员会可以撤销其根据第 1 款第 1 项或第 2 项

作出的决定:

(1) 由于有关企业之一的责任或由于受到欺骗,宣布和共同市场相一致的决定是建立在不正确信息的基础上,或

(2) 相关企业违反了决定所加的义务。

4. 在第3款规定的情况下,委员会可以不受第10条第1款规定的时限限制而根据第1款的规定作出决定。

5. 委员会应当毫不迟延地将其决定通知相关企业和成员国竞争主管机关。

《欧共体合并条例》第7条

集中的中止

1. 第1条定义的集中或由委员会根据第4条第5款审查的集中,在其申报前或按第6条第1款第2项或第8条第2款的规定,或按第10条第6款的假设,被宣布和共同市场相一致之前,不得实施。

2. 第1款不应阻止一项公开投标或包括正在公众承认的市场(例如股票交易所)上进行交易的可转换证券在内的一系列证券交易的实施,即使(买方)通过该交易从各卖方取得第3条意义上的控制权,只要:

(a) 该集中毫不迟延地根据第4条向委员会进行了申报;并且

(b) 买方并未行使该集中的交易证券的投票权,或者仅仅基于委员会根据第3款的授权,为了保持其投资价值而行使投票权。

3. 委员会应要求可授予第1款或第2款规定义务的豁免。要求豁免需说明理由。委员会在考虑豁免要求时应考虑中止集中对集中所涉及企业的影响,对第三方的影响,集中对竞争造成的威胁等因素。豁免可附加条件和义务,以确保有效竞争的市场状况。豁免可在任何阶段申请和授予,无论在申报前还是交易后。

4. 违反第1款规定的交易的效力将取决于根据第6条第1款第2项或第8条第1、2或3项做出的决定或依据第10条第6款作出的推定。然而,本条规定不影响证券交易的效力,包括正在公众承认的市场(例如股票交易所)上进行交易的可转换证券交易,除非买方和卖方知道或应当知道该交易是违反第1款规定的。

第25条　　　《中华人民共和国反垄断法》条文说明、立法理由及相关规定

《欧共体合并条例》第8条
委员会的决定权

1. 如果委员会认定,一项已申报的集中符合第2条第2款规定的标准,且在适用第2条第4款时符合共同体条约第81条第3款规定的标准,委员会应当发布决定宣布该集中和共同市场相一致。

一项宣布集中和共同市场相一致的决定应当被认为涵盖了和该项集中的实施直接相关和必要的限制。

2. 如果委员会认定,经过有关企业的修改,一项已申报的集中符合第2条第2款规定的标准,且在适用第2条第4款时,符合共同体条约第81条第3款规定的标准,委员会将宣布该集中和共同市场相一致。

委员会可在决定中附加条件和义务,以确保相关企业遵守其对委员会的承诺,确保集中和共同市场相一致。

一项宣布集中和共同市场相一致的决定应当被认为涵盖了和该项集中的实施直接相关和必要的限制。

3. 如果委员会认定,一项集中符合第2条第3款规定的标准,或在适用第2条第4款时,不符合共同体条约第81条第3款规定的标准,委员会将发布决定宣布该集中和共同市场不相一致。

4. 当委员会认定一项集中：

（a）已经实施且被宣布为和共同市场不相一致,或

（b）以违反决定所附条件的方式实施,该决定认定在缺乏该所附条件的情况下,该项集中将符合第2条第3款规定的标准,或在适用第2条第4款时,不符合共同体条约第81条第3款规定的标准,

委员会可以：

——命令相关企业解散该集中,尤其是通过解散合并和分离已经取得的所有股份和资产的方式,以便于恢复集中实施之前的竞争状况；在通过解散集中恢复集中实施前的竞争状况成为不可能的情况之下,委员会可以采取其他任何适当的措施以便尽可能恢复有效竞争。

——命令其他适当的措施以确保相关企业解散集中或采取决定中所要求的其他复原性措施。

在本款第1项(a)所规定的情况下,该项所提到的措施可以根据第

160

3款的决定或单独的决定来实施。

5. 在一项集中存在下列情况时,委员会可以采取适当的临时措施恢复或维持有效竞争的市场状况:

(a) 该项集中违反第7条而实施,并且关于该集中和共同市场是否一致的决定还没有作出;

(b) 该项集中违反依据第6条第1款(b)项做出的决定所附的条件或本条第2款而实施;

(c) 该项集中已经实施并被宣布为和共同市场不相一致。

6. 在下列情况下,委员会可以撤销其根据第1款或第2款做出的决定:

(a) 由于相关企业之一的责任或由于受到欺骗,宣布和共同市场相一致的决定是建立在不正确信息的基础上,或

(b) 有关企业违反了决定所附加的义务。

7. 在下列情况下,委员会可以不受第10条第1款规定的时间限制,根据本条第1款到第3款作出决定:

(a) 一项集中已经以下列方式被实施:

(i) 违反第6条第1款b项下决定所附的条件,或

(ii) 违反第2款下决定所附的条件,并且根据第10条第2款,在缺乏前述条件时,该集中是否和共同市场相一致将产生严重疑问;或

(b) 根据第6款第1项决定已经被撤销。

8. 委员会应当毫不迟延地将其决定通知相关企业和成员国主管机关。

《欧共体合并条例》第10条

立案调查和决定的时间限制

1. 不违反第6条第4款,第6条第1款提到的决定应当最迟在25个工作日内作出。该期限应当自收到申报之日后的第1个工作日起算,如果申报的信息不完整,该期限自收到完整申报资料之日后的第1个工作日起算。

在委员会收到成员国根据第9条第2款提出的请求或相关企业根据第6条第2款提出使该集中和共同市场相一致的承诺的情况下,上

述期限应当增加至35个工作日。

2. 在第6条第1款第3项规定的严重疑问被排除的情况下,特别在相关企业对集中方案进行修改后,应最迟在第3款规定的期限结束前,根据第8条第1款或第2款对该已申报的集中作出决定。

3. 不违反第8条第7款,根据第8条第1至3款有关已申报集中的决定应在不超过立案调查之日起的90个工作日内作出。在相关企业为了使集中和共同市场相一致而根据第8条第2款第2项提出承诺的情况下,该期限可以延长到105个工作日,除非这些承诺自立案调查之日后的55个工作日内提出。

如果申报当事方根据第6条第1款第c项,在立案调查后的15个工作日内提出延长期限的请求,本款第一项所规定的期限应当同样予以延长。申报当事方仅仅可以提出一次这样的请求。同样,在立案调查之后的任何时间,本款第1项所规定的期限可以通过委员会和申报当事方达成协议的方式予以延长。根据本款而实施的任何延期的总期限不得超过20个工作日。

4. 如果由于集中涉及的企业之一的责任,委员会不得不根据第11条的规定作出要求提供信息的决定,或按第13条的规定作出搜查的决定,第1款和第3款的时限将作为例外情况中断。

第1项规定也应当适用于第9条第4款b项所提到的期限。

5. 如果欧洲法院全部或部分撤销了委员会根据本条规定的时间限制作出的决定,委员会应当重新审查该集中以便根据第6条第1款作出决定。

该集中应当根据目前的市场状况重新审查。

在原来的申报由于市场状况或提供的信息发生变化而成为不完整时,申报当事方应当毫不迟延地提交一个新的申报或补充原来的申报。在没有前述变化的情况下,当事方应当毫不迟延的确认这一事实。

第1款规定的期限应当自收到新的申报的完整信息、补充的申报或本款第3项意义上的确认之日后的工作日起算。

第2项和第3项也应当适用于第6条第4款和第8条第7款提到的情况。

6. 在不违反第9条的情况下,委员会未在第1款和第3款分别规定的期限内根据第6条第1款第2项或第3项,或根据第8条第1款、第2款或第3款作出决定,申报的集中将视为已被宣布为和共同市场相一致。

《荷兰竞争法》第34条

在向局长做出集中意向申报之前,以及申报之后的四周期限届满之前,禁止实施集中。

《荷兰竞争法》第37条

1. 局长应当在收到申报的4周以内,就所申报的集中是否需要取得许可证的问题下达通知;

2. 如果局长有理由认为,集中可能形成或加强的支配地位将对荷兰市场或该市场的一部分的竞争构成严重限制,局长可以裁决该集中需要取得许可证;

3. 如果第1款规定在4周内没有适用,则该集中不需要取得许可证;

4. 局长下达通知,宣布集中不需要取得许可证的,第34条的禁令对该集中不再适用。

5. 局长下达的第1款中规定的通知,应在政府公报中公布。

《荷兰竞争法》第38条

从局长根据第35条第2款规定要求提供更多信息之日起,至经营者提供该信息之日止,第34条和第37条第1款和第3款中规定的4周的期间暂时中止。

《荷兰竞争法》第39条

1. 对于以收购经营者的资本份额为目的而进行的公开收购或投标,当事人及时向局长报告了该情况,并且收购方不行使资本份额中的表决权的,不适用第34条的规定。

2. 对于第1款规定的申报,如果局长根据第37条第1款规定下达通知,宣布集中需要取得许可证,那么

a. 如果申报方在申报公布的4周以内没有提出许可证申请,或者许可证申请被驳回的,则该集中应在13周内解除;

b. 如果取得的许可中附加了限制和条件,该集中必须在许可颁发后的十三周内满足这些条件。

3. 应第1款规定的申报者的请求,局长可以对该款规定做出变通,宣布该申报者可以为保持该投资的整体价值而行使该款规定的表决权。

《荷兰竞争法》第40条

1. 考虑到有关重大事由,局长可以应申报方请求,对34条禁止的情形授予特许;

2. 取得特许权时可能受到一些限制;特许裁决中也可能附加一定条件。

3. 如果局长在授予第1款规定的特许权之后,又根据第37条第1款规定发出通知,宣布申报的有关集中需要取得许可证,而在该通知下达以前,集中已经完成,那么:

a. 在该通知下达的4周内,如果申报方没有提出许可证申请,或者撤回了许可证申请,或者被驳回许可证申请,该集中应在13周内解除;

b. 如果取得的许可中附加了限制和条件,该集中必须在许可颁发的13周内满足这些条件。

第二十六条 国务院反垄断执法机构决定实施进一步审查的,应当自决定之日起九十日内审查完毕,作出是否禁止经营者集中的决定,并书面通知经营者。作出禁止经营者集中的决定,应当说明理由。审查期间,经营者不得实施集中。

有下列情形之一的,国务院反垄断执法机构经书面通知经营者,可以延长前款规定的审查期限,但最长不得超过六十日:

(一)经营者同意延长审查期限的;

(二)经营者提交的文件、资料不准确,需要进一步核实的;

(三)经营者申报后有关情况发生重大变化的。

国务院反垄断执法机构逾期未作出决定的,经营者可以实施集中。

【说明及立法理由】

本条是对经营者集中进一步审查的程序的规定。

国务院反垄断执法机构对申报的经营者集中进行初步审查之后，如果在30日内作出实施进一步审查的决定，则该集中进入进一步审查程序。该程序是经营者集中的主要审查程序，对审查集中是否具有排除、限制竞争的效果至关重要。因此，本条对进一步审查的程序作出了具体规定。

一、审查期限

审查期间，进行集中申报的经营者处于一种不稳定的状态。为了使经营者尽快消除集中的不确定性，防止贻误集中的时机、影响经济运行的效率，审查期限不应过长；但从另外一方面来讲，如果审查期限太短，反垄断执法机构没有足够的时间对集中进行审查，很难充分地评估集中对竞争产生的影响，也就不能科学地对集中作出禁止或不予禁止的决定，因此审查期限也不能太短。而凡是进入进一步审查程序的集中，一般都会对市场竞争有着较大的影响，与初步审查程序相比需要进行更加详尽、细致地审查，审查期限也要相应地延长。从其他国家的反垄断立法和执法实践来看，欧盟委员会的审查包括两个阶段，第一阶段25个工作日，可以延长10日；第二阶段90个工作日，根据需要最长可以延长至125个工作日。德国联邦卡特尔局的审查分为预审和主审两个阶段，预审阶段30个工作日，主审阶段90个工作日。匈牙利竞争委员会的审查也包括两个阶段，第一个阶段45日，可以延长20日；第二阶段是120日，可以延长60日。澳大利亚竞争与消费者委员会则应当在收到申报30天内作出决定是否批准；对于疑难复杂案件，竞争与消费者委员会可将审查期延长至45天。竞争与消费者委员会如果在上述期限内没有作出决定，则视为默认同意。因此，本法规定，反垄断执法机构决定实施进一步审查的，应当自决定之日起90日内审查完毕，作出是否禁止经营者集中的决定。

此外，集中的审查是专业性很强、要求很高、十分复杂的行政执法活动，因此集中的审查期限也要具有一定的灵活性，从而确保反垄断执法机构作出的决定符合市场的竞争状况。因此，本法规定，在符合法定情形的前提下,反垄断执法机构经书面通知经营者,可以延长审查时限。为了防止执法机构滥用延长审查期限的制度,保护参与集中的经营者的合法利益,本法作出了两项限制性规定:

(1) 对延长审查期限的三种情形作出了明确规定,即经营者同意延长审查期限的;经营者提交的文件、资料不准确,需要进一步核实的;经营者申报后有关情况发生重大变化的。凡是不属于这三种情形之一的,反垄断执法机构不能延长审查期限,必须在 90 日的期限内审查完毕,作出是否禁止经营者集中的决定。

(2) 对延长的期限的上限作出了规定,即最长不得超过 60 日。

二、对反垄断执法机构作出的决定的要求

反垄断执法机构作出的决定,对参与集中的经营者有着重大的影响。如果反垄断执法机构作出不予禁止的决定,经营者可以按照协议尽快实施集中,使得经营者优化组织结构,实现规模经济,改善经济效益,提高在市场上的竞争力。如果反垄断执法机构作出禁止的决定,经营者不能再按照原定的计划实施集中;违法实施集中的,还要根据本法规定承担较为严重的法律责任。因此,本法对反垄断执法机构规定了三项法定的义务,保护参与集中的经营者的合法利益。

(1) 将作出的决定书面通知经营者。一方面经营者可以尽快解除不确定的状态,根据书面通知作出相应的调整;另一方面经营者如果对禁止集中的决定不服,书面通知也是向反垄断执法机构提出行政复议的必要材料。

(2) 对禁止集中的决定说明理由。反垄断执法机构在经营者集中的审查中有着较大的自由裁量权,作出的决定对参与集中的经营者的利益有着重大的影响。为了确保反垄断执法机构不滥用权力,促使审查经营者集中的工作人员尽职尽责,保护参与集中的经营者的合法权益,本法规定反垄断执法机构作出禁止经营者集中的决定,应当说明理由。

(3) 在本法规定的审查期限内作出决定。反垄断执法机构一般应当在 90 日内完成进一步审查程序,如果有延长审查时限的情形,应当在 150 日内完成进一步审查程序,并作出是否禁止经营者集中的决定。

为了提高反垄断执法机构的审查效率,保护参与集中的经营者的合法利益,本法规定,反垄断执法机构逾期未作出决定的,经营者可以实施集中。

三、审查期间,经营者不得实施集中

进一步审查期间和初步审查期间一样,都属于"等待期间"。如韩国反垄断法规定,自企业结合之日起 30 日内,应当向公平交易委员会申报。但是,依法应当事先申报的企业,自合并合同、经营转让合同缔结之日或股东大会(或者董事会)对公司设立作出决议之日起 30 日内,必须进行事前申报。在申报后 30 日内,不得实施合并登记、履行经营转让合同和接受股份等行为。如果在反垄断执法机构没有作出决定前,经营者就实施了集中,而该集中将对市场竞争产生严重的排除、限制影响,反垄断执法机构即使作出了禁止的决定,也很难恢复到集中前的市场竞争结构,而事后限期处分股份、资产,转让营业甚至采取拆分等措施,尽管有效,但成本非常高,对整个社会资源也是巨大的浪费。因此,本法第 25 条和第 26 条都规定,审查期间,经营者不得实施集中。从欧盟的反垄断立法情况和执法实践来看,也有例外。一般而言,在欧盟竞争主管机构对经营者集中的申报进行审查期间,经营者不得实施集中。但经营者在审查期间仍然可以继续进行与集中有关的谈判,甚至达成与集中有关的协议,只要不实施股份、资产转让等实质性的集中行为即可。竞争主管机构对两种情形可以给予豁免,允许经营者在审查阶段继续实施集中,一是涉及公共投标,二是涉及股票买卖。除此之外,竞争主管机构还有权根据经营者个案申请,批准经营者在审查阶段继续实施集中行为。但在欧盟的反垄断执法实践中,这种情况非常少,因为并购审查期间并不是很长,不会增加企业的运营成本或交易成本,一般不会出现不继续实施集中,经营者就无法继续运营的情况。

【相关规定】

《欧盟部长理事会关于控制企业集中的第 139/2004 号条例》第 6 条

申报的审查和调查程序的启动

1. 委员会应当在收到申报后尽快审查该申报。

（a）如果委员会认定申报的集中不受本条例管辖，应以决定的形式做出这样的裁决。

（b）如果委员会认定申报的集中尽管受本条例管辖，但并未对和共同市场相一致产生严重怀疑，委员会将决定不反对这一集中，并宣布该集中和共同市场相一致。

一项宣布集中和共同市场相一致的决定应当被认为涵盖了与该集中实施直接相关和必要的限制。

（c）在不违反第2款的情况下，如果委员会认定申报的集中受本条例管辖，且怀疑该合并与共同市场不相一致，应决定启动调查程序。在不违反第9条的情况下，该调查应当根据第8条第1至4款规定的决定结束，除非相关企业已经令委员会满意地放弃了该集中。

2. 如果委员会认定经有关企业的修改，一项申报的集中不再引起第1款第3项意义上的怀疑，可决定按第1款第2项的规定宣布该集中和共同市场相一致。

委员会可在第1款第2项规定的决定后附加条件和义务，以确保有关企业遵守向委员会作出的承诺，确保集中和共同市场相一致。

3. 在下列情况下，委员会可以撤销其根据第1款第1项或第2项作出的决定：

（a）由于有关企业之一的责任或由于受到欺骗，宣布和共同市场相一致的决定是建立在不正确信息的基础上，或

（b）相关企业违反了决定所加的义务。

4. 在第3款规定的情况下，委员会可以不受第10条第1款规定的时限限制而根据第1款的规定作出决定。

5. 委员会应当毫不迟延地将其决定通知相关企业和成员国竞争主管机关。

《欧盟部长理事会关于控制企业集中的第139/2004号条例》第7条

集中的中止

1. 第1条定义的集中或由委员会根据第4条第5款审查的集中，在其申报前或按第6条第1款第2项或第8条第2款的规定，或按第

10条第6款的假设,被宣布和共同市场相一致之前,不得实施。

2. 第1款不应阻止一项公开投标或包括正在公众承认的市场(例如股票交易所)上进行交易的可转换证券在内的一系列证券交易的实施,即使(买方)通过该交易从各卖方取得第3条意义上的控制权,只要:

(a) 该集中毫不迟延地根据第4条向委员会进行了申报;并且

(b) 买方并未行使该集中的交易证券的投票权,或者仅仅基于委员会根据第3款的授权,为了保持其投资价值而行使投票权。

3. 委员会应要求可授予第1款或第2款规定义务的豁免。要求豁免需说明理由。委员会在考虑豁免要求时应考虑中止集中对集中所涉及企业的影响,对第三方的影响,集中对竞争造成的威胁等因素。豁免可附加条件和义务,以确保有效竞争的市场状况。豁免可在任何阶段申请和授予,无论在申报前还是交易后。

4. 违反第1款规定的交易的效力将取决于根据第6条第1款第2项或第8条第1、2或3项做出的决定或依据第10条第6款作出的推定。

然而,本条规定不影响证券交易的效力,包括正在公众承认的市场(例如股票交易所)上进行交易的可转换证券交易,除非买方和卖方知道或应当知道该交易是违反第1款规定的。

《欧盟部长理事会关于控制企业集中的第139/2004号条例》第10条

立案调查和决定的时间限制

1. 不违反第6条第4款,第6条第1款提到的决定应当最迟在25个工作日内作出。该期限应当自收到申报之日后的第1个工作日起算,如果申报的信息不完整,该期限自收到完整申报资料之日后的第1个工作日起算。

在委员会收到成员国根据第9条第2款提出的请求或相关企业根据第6条第2款提出使该集中和共同市场相一致的承诺的情况下,上述期限应当增加至35个工作日。

2. 在第6条第1款第3项规定的严重疑问被排除的情况下,特别在相关企业对集中方案进行修改后,应最迟在第3款规定的期限结束前,根据第8条第1款或第2款对该已申报的集中作出决定。

3. 不违反第8条第7款,根据第8条第1至3款有关已申报集中的决定应在不超过立案调查之日起的90个工作日内作出。在相关企业为了使集中和共同市场相一致而根据第8条第2款第2项提出承诺的情况下,该期限可以延长到105个工作日,除非这些承诺自立案调查之日后的55个工作日内提出。

如果申报当事方根据第6条第1款第c项,在立案调查后的15个工作日内提出延长期限的请求,本款第1项所规定的期限应当同样予以延长。申报当事方仅仅可以提出一次这样的请求。同样,在立案调查之后的任何时间,本款第1项所规定的期限可以通过委员会和申报当事方达成协议的方式予以延长。根据本款而实施的任何延期的总期限不得超过20个工作日。

4. 如果由于集中涉及的企业之一的责任,委员会不得不根据第11条的规定作出要求提供信息的决定,或按第13条的规定作出搜查的决定,第1款和第3款的时限将作为例外情况中断。

第1项规定也应当适用于第9条第4款b项所提到的期限。

5. 如果欧洲法院全部或部分撤销了委员会根据本条规定的时间限制作出的决定,委员会应当重新审查该集中以便根据第6条第1款作出决定。

该集中应当根据目前的市场状况重新审查。

在原来的申报由于市场状况或提供的信息发生变化而成为不完整时,申报当事方应当毫不迟延地提交一个新的申报或补充原来的申报。在没有前述变化的情况下,当事方应当毫不迟延地确认这一事实。

第1款规定的期限应当自收到新的申报的完整信息、补充的申报或本款第3项意义上的确认之日后的工作日起算。

第2项和第3项也应当适用于第6条第4款和第8条第7款提到的情况。

6. 在不违反第9条的情况下,委员会未在第1款和第3款分别规定的期限内根据第6条第1款第2项或第3项,或根据第8条第1款、第 2 款或第 3 款作出决定，申报的集中将视为已被宣布为和共同市场相一致。

《法国关于价格和竞争自由的法律》第 40 条

任何结合计划，或结合于完成 3 个月内，涉案企业之一，可以向经济部长申报。申报可以附加承诺。经济部长在 3 个月内不表示同意者，视为漠示同意结合计划或结合，及其所附加之承诺。若经济部长提送竞争审议委员会审查，上述期间延长为 6 个月。

《德国反对限制竞争法》第 40 条

在主审程序中，联邦卡特尔局以处分的方式作出禁止合并或准许合并的决定。在完整的申报送达后 4 个月内未作出上述处分的，合并视为准许。联邦卡特尔局应立即告知合并方处分的转送日期。这一原则不适用于：

（1）提出申报的企业同意延长期限；

（2）因依第 39 条第 5 款或第 59 条提供不正确的材料或未及时提供情况，联邦卡特尔局未依第 1 款作出通知，或未为禁止合并的处分；

（3）违反第 39 条第 3 款第二句第 6 项规定，未任命一个被授予送达代理权的、住所在国内的人。

《德国反对限制竞争法》第 41 条第 1 款

在第 40 条第 1 款第一句和第 2 款第二句规定的期间届满之前，企业不得实施联邦卡特尔局未予准许的合并或参与实施此类合并。违反这一禁令的法律行为不生效力。这一原则不适用于有关企业改组、企业加入或企业设立的合同，不适用于《股份法》第 291 条和第 292 条意义上的企业合同，但以此类合同已在有关登记簿作登记并已发生法律效力为限。

《荷兰竞争法》第 34 条

在向局长做出集中意向申报之前，以及申报之后的四周期限届满之前，禁止实施集中。

《荷兰竞争法》第 37 条

1. 局长应当在收到申报的 4 周以内，就所申报的集中是否需要取得许可证的问题下达通知；

2. 如果局长有理由认为,集中可能形成或加强的支配地位将对荷兰市场或该市场的一部分的竞争构成严重限制,局长可以裁决该集中需要取得许可证;

3. 如果第1款规定在4周内没有适用,则该集中不需要取得许可证;

4. 局长下达通知,宣布集中不需要取得许可证的,第34条的禁令对该集中不再适用。

5. 局长下达的第1款中规定的通知,应在政府公报中公布。

《荷兰竞争法》第44条

1. 局长应在接到申请的3周内做出裁决,3周内未做出裁决的,视同颁发了许可证。

2. 如果在局长下达通知,宣布有关集中需要取得许可证之前,申请已经提交,则只有在该通知下达以后,方可处理该申请。第1款中规定的期间应从通知下达之日开始计算。

《克罗地亚竞争法》第25条

对集中的申报的审核

竞争局在收到本法第45条第3款规定下的申报时,应该立即对收到的集中的申报启动审核程序。

《印度竞争法》第29条

(1) 在认为一项集中很可能或已经对印度境内相关市场上的竞争产生了可评估的不利影响的情况下,委员会应该向集中各方发出通知,要求他们在收到通知30日内做出回应,以阐明为何不应该进行关于此项集中的调查。

(2) 如果初步认定集中已经或很可能对竞争产生可评估的不利影响,委员会应该在收到集中相关方的回复之后7个工作日内,以其认为合适的方式指示前述集中各方在收到通知后10个工作日内公布集中的细节,以使此项集中为公众和受到或很可能受到此集中影响的人所知悉。

(3) 如果存在的话,委员会可以邀请任何受到或很可能受到前述集中影响的人或一般公众,在集中的细节按第2款的规定公布之日起

15个工作日内,向委员会递交其书面反对意见。

(4) 委员会可以,在第3款所述期间结束后的15个工作日之内,向前述集中的各方索要其认为合适的进一步的或其他的信息。

(5) 第4款所提及的各方应在该款所指定的期间结束后15个工作日内提供委员会所要求的进一步的或其他的信息。

(6) 收到全部信息后,委员会应该在第五款所定的期间结束后的45个工作日内,按着第31条的规定对案件做出进一步的处理。

《印度竞争法》第31条

(11) 如果委员会没有在第29条第2款所指的公告之日起30个工作日内依据本条第1款、第2款或第7款的规定发出命令或做出指示的话,集中应该被认为得到了委员会的批准。

说明:在计算本款规定的90个工作日的期间时,第6款所指的30个工作日的期间和第8款所指的包含30个工作日的额外期间均应被排除在外。

(12) 在任何集中的参与各方寻求时间上的宽限的情况下,90个工作日的期间的计算应该扣除经有关方面申请后准予延长的时间。

《俄罗斯联邦有关保护竞争的联邦法》第33条

反垄断机构依据申请的评估结果做出裁决以及向申请人发出指令

1. 反垄断机构有义务在收到本联邦法第32条规定的申请后30日内对该申请进行评估,并通知申请人其做出的书面裁决。

3. 本条第二部分第2项规定的裁决对本条第1部分所规定期限的延长应不超过两个月。反垄断机构在做出该等裁决后,将在其官方网站上公布有关批准申请中申报的拟议交易、其他行为的信息。利益方有权向反垄断机构提交有关该交易、其他行为对竞争条件的影响的信息。

4. 如果商业组织的合并、一个或几个商业组织加入另外一个商业组织、商业组织的设立导致或可能导致限制竞争,包括实施该等行为将会产生或加强拟设立的人(集团)的支配地位的后果,反垄断机构应依据本条第二部分第3项做出延长申请评估期间的裁决。

6. 在履行本条第2款第3项规定的条件后,申请人应向反垄断机构提交确认履行的文件。如果该提交的文件确认了条件已及时履行，反垄断机构应在收到文件之日起的 30 日内做出裁决，批准商业组织合并、一个或几个商业组织加入另外一个商业组织、商业组织设立申请，否则应做出拒绝批准申请的裁决。

7. 如申请中申报的交易、其他行为将导致竞争限制，则反垄断机构应在做出批准申请的同时发出本条第二部分第 4 项规定的指令。

8. 如反垄断机构已经裁定批准的交易，其他行为在裁定做出之日起一年内未实施，则该裁决终止有效。

9. 依据本联邦法第 30 条有义务就国家控制的交易、其他行为的实施向反垄断机构报告的人有权在实施该等交易、其他行为之前要求反垄断机构批准实施，反垄断机构有义务依据本条规定的程序对该申请进行评估。

10. 如果本联邦法第 30 条规定的交易、其他行为导致了或可能导致限制竞争，包括产生或加强经济实体市场支配地位的后果，则申请人应向反垄断机构提交报告，或者申请人从属的集团有义务依据反垄断机构依据本联邦法第 23 条第一部分第 2 项发出的指令履行以确保竞争为目的的行为。

《罗马尼亚竞争法》第 51 条

竞争委员会如果对申报的集中与通常的竞争环境的兼容性存有疑义，则应当在收到申报后最多 5 个月内决定开展调查，竞争委员会应当：

（1）根据第 13 条的规定，如果通过集中会导致或加强市场支配地位，则应当发布禁止集中的命令；

（2）根据第 13 条的规定，如果通过集中不会导致或加强市场支配地位，则应准予集中；

（3）对集中附加义务和/或条件，如果竞争委员会认为这些附加义务或条件可以使集中与通常的竞争环境兼容。如果竞争委员会没有在第 1 款和 2 项规定的期限内做出决定，申报的集中可以进行。

第二十七条 审查经营者集中,应当考虑下列因素:

(一)参与集中的经营者在相关市场的市场份额及其对市场的控制力;

(二)相关市场的市场集中度;

(三)经营者集中对市场进入、技术进步的影响;

(四)经营者集中对消费者和其他有关经营者的影响;

(五)经营者集中对国民经济发展的影响;

(六)国务院反垄断执法机构认为应当考虑的影响市场竞争的其他因素。

【说明及立法理由】

本条是对审查经营者集中应当考虑的因素的规定。

反垄断执法机构审查经营者集中,关键是审查该集中是否具有或者可能具有排除、限制竞争的效果,从而对经营者集中作出禁止或者不予禁止的决定。从其他国家和地区的反垄断立法和执法实践来看,经营者集中审查的实质标准有两种,一种是以是否实质性减少市场竞争为判断的标准("实质减少竞争标准"),比如美国克莱顿法规定,禁止实质上减少竞争或旨在形成垄断的合并。另一种是以企业的市场份额大小,或是否形成市场支配地位为判断标准("支配地位标准"),比如德国反对限制竞争法规定,如能预见合并将产生或加强市场支配地位,联邦卡特尔局应禁止合并。前者是以企业的合并是否发生或者可合理预见发生实质性限制竞争的后果作为是否允许企业合并的标准;后者则主要以企业的市场份额为基础建立审查标准,同时兼顾企业的财力、采购和销售的渠道等,并考虑特定市场上可以相互替代的商品、潜在的竞争者、特定市场的进入和退出等因素。我国学者在此问题上的观点也不尽一致。有的认为,在控制企业合并时,最重要的是先判断某一企业合并在一定范围内是否对竞争有实际上的影响。有的认为,各国立法一般将产生或者加强市场支配地位,作为禁止合并的实质性标准,这也应是我国反垄断法审查经营者集中的理想标准。但是,越来越多的人认为,企业合并控制的标准应以企业市场份额和市场集中度的认定为基础,兼采其他因素来分析企业合并是否会实质性地排除、限制竞争。欧盟对合并的监管则兼顾了上述标准,其合并条例规定,合并如果严重妨碍共同市场或其大部分市场的有效竞争,特别是在产生或加强市场支配地位的情况下,该合并将因与共同市场不相容而被禁止。

由于合并审查的标准通常较为原则,因此大多数国家和组织对合并审查需要考虑的因素作了进一步规定。如美国横向合并指南规定应当考虑的因素是:

(1) 进行市场界定,并采用赫芬达尔—赫希曼指数(简称HHI),根据每个市场参与者的市场份额的平方加总计算得出的结果判断合并后市场结构的集中度,决定是否需要对该合并作进一步分析。

(2) 分析合并所产生的潜在的反竞争后果,即分析该合并是否会使企业通过协同或者单独影响而减少竞争。

(3) 分析其他企业进入市场的难易程度。如其他企业能及时地、可能地和充分地进入该市场,从而阻止或抵消合并所产生的反竞争后果,则该合并就不会被认为有垄断问题。

(4) 分析合并给企业带来的效率。如果合并产生的效率能够抵消合并产生的反竞争后果,则该项合并将被允许。

(5) 考察参与合并企业中是否有濒临破产企业。如果合并破产在即的企业后的市场状况,优于不实施合并而使破产企业的资产退出相关市场的市场状况,则尽管对该合并已经进行了上述四项分析,该合并仍被认为不会产生反竞争的后果。

欧盟合并条例规定,从是否与共同市场相容的角度对合并行为进行认定时,应当考虑下列因素:

(1) 在共同市场内,特别是从所有相关市场结构和企业所处的欧盟内部或外部市场的实际或潜在竞争的角度,维持和发展有效竞争的需要;

(2) 相关企业的市场地位及其经济和资金影响力,供应商和用户的选择权及市场进入的障碍,相关产品或服务的供求趋势,中间商和最终消费者的利益,技术和经济的进步给消费者带来的实惠等。

澳大利亚反垄断执法机构评价并购行为是否产生或可能产生减少市场竞争的效果,主要考虑以下一些因素:在特定市场中,现实的和潜在的国际竞争;进入特定市场的难易程度;特定市场的市场集中度;特定市场中企业间相互制衡的力量;并购后存续企业提高价格的可能性;在特定市场中获得替代产品的难易程度;特定市场的活力,包括增长力、创新力和产品的多样化;并购对市场活力和竞争效果可能造成的削弱;特定市场纵向结合的性质和程度。

为了便于我国的反垄断执法机构对经营者集中排除、限制竞争的效果进行严密的分析和科学的定性,本条在总结实践经验的基础上,参考国际上的通行做法对审查经营者集中应当考虑的因素作了具体规定。

1. 参与集中的经营者在相关市场的市场份额及其对市场的控制力。从其他国家的反垄断执法经验来看,经营者在相关市场的市场份额越大,对市场的控制力就越大,就越有能力自主决定在市场上的交易条件,就越有可能排挤竞争对手或者损害消费者的利益。为了避免集中产生排除、限制竞争的后果,维护有效竞争的市场结构,本条将参与集中的经营者在相关市场的市场份额及其对市场的控制力作为审查经营者集中的因素之一。

从韩国的反垄断立法和执法经验来看,韩国反垄断法只禁止在一定交易领域内实施实质性限制竞争的企业结合。"实质性限制竞争"是指为了减少在一定交易领域的竞争,根据特定事业者或事业者团体的意思,随意决定价格、数量、品质以及其他交易条件,对竞争产生影响或者可能产生影响。而市场份额是公平交易委员会判定企业结合"实质性限制竞争"的重要标准。但"市场份额标准"的计算方法比较复杂,计算的难度大,成本高。为此,韩国立法机关1996年12月修改了反垄断法,设立了"推定限制竞争制度"。根据韩国反垄断法第7条第4款的规定,企业结合符合以下条件之一,就推定为在一定交易领域内存在"实质性限制竞争":

(1) 进行企业结合的一家公司的市场占有率达到50%以上;

(2) 进行企业结合的三家以下的公司的市场占有率达到75%以上,但是市场占有率未满10%的除外;

(3) 通过企业结合形成的新公司的市场占有率将在一定交易领域

内居于第一位；

（4）通过企业结合形成的新公司与仅次于其的公司的市场占有率差额超过25%。但是,市场份额并不是判断是否"实质性限制竞争"的唯一标准。在执法实践中,公平交易委员会首先根据企业结合的类型,区分为水平结合、垂直结合、混合结合,判断企业结合后是否形成支配地位,然后综合考虑企业结合前后的市场集中度及其变化趋势、市场准入的难度、商品的可替代性、市场的封锁效果、经济运行效率和企业的定价能力等相关因素,判断一项企业结合是否实质性限制竞争。

2. 相关市场的市场集中度。市场集中度与市场支配地位有着密切的联系,市场集中度越高,产生或者加强市场支配地位的可能性也就越大,具有排除或者限制竞争效果的可能性也会越大。与市场份额相比,市场集中度比较全面、精确地分析了市场结构,可以更加科学、合理地反映经营者集中对市场竞争的影响。因此,不少国家和地区的反垄断执法机构将市场集中度作为审查经营者集中最为重要的标准之一。根据1997年美国联邦贸易委员会和司法部的合并指南,目前美国测算市场集中度的主要指标是赫芬达尔—赫希曼指数（简称HHI）,即将相关市场上所有参与者各自的市场份额平方后再相加。根据这种测算方法,反垄断执法机构将相关市场的市场集中度分为三种状态：

（1）HHI不足1000点为没有形成集中的市场,在该市场上的集中不具有排除、限制竞争的效果；

（2）集中后的HHI在1000点和1800点之间,该市场为中度集中的市场；在该市场上,如果集中使市场的HHI较集中前提高了不足100点,集中不具有排除、限制竞争的效果；反之,集中可能会严重地影响有效竞争；

（3）集中后的HHI达到1800点以上,该市场为高度集中的市场；在该市场上,如果集中使市场的HHI较集中前提高了不足50点,该集中不具有排除、限制竞争的效果；反之,该集中可能会严重地影响有效竞争。

3. 经营者集中对市场进入、技术进步的影响。市场进入的难度直接决定了申报集中的经营者是否存在潜在的竞争者。集中后的经营者即使取得或者加强了市场支配地位,可能实施排除、限制竞争的行为,比如降低产量、抬高价格、强制交易等,如果相关市场没有或者只有很低的进入障碍,潜在的竞争者很快就会进入这个市场,抢占市场份额,使得实施排除、限制竞争行为的经营者无利可图。因此,对市场进入的影响是审查经营者集中一个重要的因素。

根据外国投资者并购境内企业反垄断申报指南,目前我国反垄断执法机构分析市场进入主要考虑以下几个方面:

(1) 进入市场的成本;

(2) 任何法定或事实上的准入障碍;

(3) 因知识产权而产生的限制;

(4) 并购各方在相关市场中作为知识产权许可人或被许可人情况;

(5) 相关产品规模经济的重要性;

(6) 相关市场上竞争者数量、规模以及上下游市场是否存在事实或法律上的限制等。

技术创新与进步则是经济增长的决定性因素,对于增强国家的经济实力和改善人民的物质生活水平具有极其重要的意义。因此,为了保持市场的竞争性,防止集中后的经营者在没有竞争压力的情况下失去危机感,不再有技术创新的动力去降低产品成本、提高产品质量,反垄断执法机构在进行经营者集中审查时,也要考虑对技术进步的影响。

4. 经营者集中对消费者和其他有关经营者的影响。经营者集中是否具有或者可能具有排除、限制竞争的效果,除了通过市场份额、市场集中度等因素进行分析,还可以通过对消费者和其他有关经营者的影响反映出来。如果集中的结果是降低了产品价格,提高了产品质量,使得消费者从中获得利益,而且对同行业竞争者、上下游经营者的市场进入、交易机会等竞争条件没有产生实质性的影响,那么该集中一般不具有排除、限制竞争的效果。但是需要注意的是,审查经营者集中对消费者和其他有关经营者的影响时,不仅要考虑集中后的短期影响,更要考虑长期影响。

5. 经营者集中对国民经济发展的影响。对经营者集中进行审查的根本目的是保护竞争和防止垄断,维护竞争性的市场结构。从短期看,竞争将推动经营者降低产品的成本和价格,改进产品的质量和服务;从长期看,竞争则会有效地调节市场的供求,优化配置生产资源,从而促进和推动国民经济的健康发展。因此,审查经营者集中考虑对国民经济发展的影响是合理的。而且我国是一个发展中国家,市场经济体制正在逐步建立和完善的过程中,经济水平和发达国家存在很大差距,产业结构也存在不合理和不健全之处,因此,促进社会主义市场经济健康发展,既要充分发挥反垄断法提高经济运行效率的重要作用,又要有效地实施产业政策和其他经济政策,促进特定行业的发展和优化国家的产业结构。因此,审查经营者集中,必须统筹协调反垄断法与实施国家产业政策和其他经济政策的关系,不仅要考虑集中对市场竞争的影响,也要考虑集中对国民经济发展的影响。

6. 国务院反垄断执法机构认为应当考虑的影响市场竞争的其他因素。随着经济的发展、技术的进步和经验的积累,审查经营者集中所应当考虑的因素还会不断地丰富,因此,国务院反垄断执法机构还可以在执法实践中认定其他应当考虑的因素。但是审查经营者集中的关键是审查该集中是否具有或者可能具有排除、限制竞争的效果,因此,国务院反垄断执法机构应当考虑的其他因素必须与市场竞争相关。

【相关规定】

《欧盟部长理事会关于控制企业集中的第 139/2004 号条例》第 2 条

合并的评估

1. 受本条例管辖的合并,应根据本条例的目标并按照以下规定进行评估,认定其是否与共同市场相一致:

委员会在进行评估时,应考虑以下因素:

(a) 从所有有关市场的结构和共同体内外企业所面临的实际或潜在的竞争方面考虑,维持和促进共同市场内的有效竞争的需要;

(b) 相关企业的市场地位和经济及金融实力,供应商和用户的选择机会,进入供应或销售市场方面的任何法律或其他障碍,相关商品或服务的供求趋势,中间或最终消费者的利益,技术进步和经济发展给消费者带来益处而不妨碍竞争。

2. 不妨碍共同市场或其实质部分有效竞争的合并,特别是作为产生或加强市场支配地位的结果,应当被宣告为和共同市场相一致。

3. 妨碍共同市场或其实质部分有效竞争的合并,特别是作为产生或加强市场支配地位的结果,应当被宣告为和共同市场不一致。

4. 如果设立一家合营企业构成第3条意义上的合并,并且合营企业的目标或效果在于协调独立企业之间的竞争行为,协调行为应根据共同体条约第81条第1款和第3款的规定进行评估,以确定该行为是否和共同市场相一致。

5. 委员会在进行此评估时应当特别考虑以下因素:

——两个或两个以上母公司是否在与合营企业相同的市场上,或在合营企业的上游或下游市场上,或在与之紧密联系的相邻市场上仍保留大部分经营活动;

——作为合营企业直接产物的协调行为是否使相关企业有可能消除实质性部分的涉案产品或服务的竞争。

《德国反对限制竞争法》第42条

1. 在个别情况下,合并对整体经济产生的利益可弥补对竞争的限制,或合并符合重大的公共利益的,应申请,联邦经济部长可批准为联邦卡特尔局所禁止的合并。在批准时,也应考虑参与合并的企业在本法适用范围之外的各个市场上的竞争力。只有在限制竞争的规模不危及市场经济秩序的情况下,才能为此批准。

2. 前款批准可附有条件和负担。准用第40条第3款和第3a款规定。

3. 应在禁止合并的处分送达后1个月内以书面形式提出申请。禁止处分被撤销的,前句期间自禁止处分成为不可撤销之时起算。

4. 联邦经济部长应在4个月内对该申请作出决定。在作出决定前,应征求垄断委员会的意见,并给参与合并的企业所在地的州最高机关发表意见的机会。

《比利时经济竞争保护法》第10条

1. 集中必须经竞争理事会事先批准。竞争理事会应决定集中是否被允许。

2. 在做出第 1 款提及的决定时,竞争理事会必须考虑:

在国内市场上保持并且加强有效竞争的需要,尤其要考虑所有相关市场的结构和来自位于比利时王国境内或境外的企业的实际的或者潜在的竞争;

相关企业的市场地位、经济和财政力量、供应方和使用者能够得到的选择机会、相关企业介入供应或者市场的程度、相关货物或者服务的供需趋向、相关货物或者服务的消费者的利益、中游和最终消费者的利益以及对消费者有利又不对竞争构成障碍的技术及经济进步的发展。

《罗马尼亚竞争法》第 14 条

为了确定经济集中与正常的竞争环境的相容性,应根据以下标准进行分析:

(1) 维护和促进罗马尼亚市场上竞争的必要性,应当同时考虑所有可能的市场结构以及罗马尼亚境内或境外的企业之间既存或潜在的竞争;

(2) 企业的市场份额,其经济实力和财政实力;

(3) 供应商和用户的选择权,进入市场和获得供应以及进入市场的法律或其他障碍;

(4) 相关产品或服务的供求趋势;

(5) 最终用户和消费者的利益受损的程度;

(6) 对技术和经济进步的贡献。

《匈牙利禁止不正当竞争法》第 30 条

在评估集中的批准申请时,既要考虑其伴随的有利条件,也要考虑伴随的不利条件。在该等考虑过程中,尤其应对以下方面进行评估:

(1) 相关市场的结构,相关市场的现有和潜在竞争,采购和营销的可能性,市场进入和退出的成本、风险和技术、经济及法律条件,集中对相关市场上竞争的可能影响;

(2) 相关企业的市场地位和战略,经济和财务能力,商业行为,内部和外部竞争力及其可能的变化;

(3) 集中对供应商、中间商及最终消费者的影响。

《克罗地亚竞争法》第 25 条

1. 对集中的申报的审核。

2. 在审核集中的过程中,竞争局应该考虑,集中实现可能带来的好处或效果,以及对市场进入造成的可能的阻碍,特别是:

(1) 相关市场的结构,相关市场中的现实或可能的未来竞争者,对进入或退出相关市场来说必要的供应、潜在市场供应、成本、风险、技术、经济和法律因素,所涉及集中交易对相关市场中的竞争可能造成的影响;

(2) 市场份额和市场地位,经济力量和财政实力,相关企业在相关市场中的商业经营,集中各方与它们的竞争者相比所具有的内在优势和外在优势,以及在集中交易完成后,集中交易各方在商业经营上可能出现的改变;

(3) 集中对其他企业造成的影响,特别是有关消费者利益方面的影响,以及所计划的集中交易的其他目标和积极效果,例如:产品和/或服务的价格的降低,更短的销售距离,运输、销售和其他成本的降低,生产的专业化,以及由于集中的实施直接产生的其他利益。

《印度竞争法》第 20 条第 4 款

为决定某一集中是否已经或很可能对相关市场上的竞争产生可评估的负面影响时,委员会应适当考虑以下全部或部分因素,即:

(1) 该市场中通过进口产生的实际和潜在竞争水平;

(2) 市场准入壁垒的范围;

(3) 该市场的集中度;

(4) 市场中制衡力量的水平;

(5) 该集中导致集中的各参与方有能力长期而显著地提高价格或边际效益的可能性;

(6) 一个市场中的有效竞争可能被维持的程度;

(7) 该市场中替代产品被获得或有可能被获得的程度;

(8) 集中所涉及的个人或企业,无论是单独的还是作为一个整体,在相关市场中的份额;

(9) 该市场中纵向产业链完整性的特点和程度;

(10) 交易失败的可能性；

(11) 创新的性质和程度；

(12) 企业以其享有的对竞争已经或很可能产生负面影响的市场支配地位贡献于经济发展所带来的相对利益；

(13) 集中的效益是否超过了其可能带来的任何负面影响。

《巴西反垄断法》第 54 条

任何限制或抑制公开竞争的行为，或导致在相关市场范围内控制特定产品或服务的行为，都应当提交到经济防御管理委员会进行审查。

第 1 款　经济防御管理委员会可以授权实施本条主要部分所涉及的行为，只要它们满足以下要求：

1. 这些行为应当累计用于或分别用于：

(1) 提高生产效率；

(2) 改进一产品或服务的质量；或者

(3) 带来效率的提高，并且促进技术或经济的发展；

2. 产生的利益应当或者在参与者之间按比例分配，或者在消费者或最终用户间分配；

3. 这些行为不应当推动某一产品或服务在局域市场内的竞争；以及

4. 为获得预定目标而实施的行为只能严格围绕该目标进行；

第 2 款　如果某一行为是为了公众利益或满足巴西的经济利益需求而实施的，那它至少须满足上述条件中的三项才可被认为是合法行为，只要该行为对最终消费者或用户不会造成损害。

第二十八条　经营者集中具有或者可能具有排除、限制竞争效果的，国务院反垄断执法机构应当作出禁止经营者集中的决定。但是，经营者能够证明该集中对竞争产生的有利影响明显大于不利影响，或者符合社会公共利益的，国务院反垄断执法机构可以作出对经营者集中不予禁止的决定。

【说明及立法理由】

本条是对经营者集中作出禁止和豁免决定的规定。

经营者集中是经济活动中的普遍现象,是经营者扩大规模、拓展现有市场或者进入新的市场、从事新的经济活动的一种方式。经营者集中有利有弊。大多数经营者集中能够实现资源重组,形成规模经济,改善经济效益,提高经营者在市场上的竞争力,从而给竞争和消费者带来好处。但是有的经营者集中会减少相关市场的竞争,可能产生或者加强经营者的市场支配地位,从而导致商品的供应减少、价格提高、质量降低,阻碍市场进入和技术进步,损害消费者的利益。因此,本法原则上将具有或者可能具有排除、限制竞争效果作为禁止经营者集中的判断标准,从而保护竞争的市场结构,确保相关市场的有效竞争。

但是从其他国家和地区的反垄断立法和执法经验来看,即使对一些产生或者加强市场支配地位,具有排除、限制竞争效果的集中,只要符合的一定条件,仍被允许,而非绝对地予以禁止。如德国反对限制竞争法规定,如果参与合并的企业能够证明其合并可以改善竞争条件,并且这种改善所带来的益处超过支配市场所造成的弊端,联邦卡特尔局不应禁止该合并。罗马尼亚竞争法规定,可能导致限制竞争的企业合并可以被允许,只要参与合并企业能够证明:

(1) 合并有利于提高经济效率、促进生产、销售或技术进步,或者有利于提升出口竞争力;

(2) 对竞争的影响足以弥补其限制竞争的不利影响;

(3) 在合理的范围内,消费者可以从合并的结果中获益。我国台湾地区"公平交易法"规定,对整体经济的利益大于限制竞争的不利益的企业合并,不得禁止。韩国反垄断法原则上也是禁止限制竞争的企业结合,但如果某项企业结合虽然限制竞争,但其所带来的积极效果远远大于消极效果时,则构成禁止企业结合的豁免情形。韩国反垄断法及企业结合审查标准规定的豁免情形是:

1. 提高经济效率的企业结合,即公平交易委员会认定企业结合"提高效率的益处"比"限制竞争的弊端"大,则不适用限制企业结合的规定。根据韩国企业结合审查标准,豁免对象应符合以下要件:

(1) 提高效率的益处是指短期内能在生产、销售、研发等环节节约有关费用或增加社会就业;

(2) 这样的效率提高应当是除企业结合外的方法难以达到的；

(3) 效率提高带来的益处应当大于因限制竞争所导致的弊端。

2. 救济濒临破产的企业的结合。濒临破产的企业与具有竞争力的企业进行合并是其最好的出路，这在一定范围内能够同时满足股东、债权人以及企业职工的利益，有利于减少社会资源的浪费、降低社会失业率、维护社会稳定、尽快恢复市场的竞争秩序。根据韩国反垄断法和企业结合审查标准的规定，财务状况非常恶化，已处于资不抵债的状态，或者不能在短期内恢复偿债能力的公司，与其他公司的结合如果符合以下两个条件，可以得到豁免：第一，不结合，该公司的生产、运输等设备在市场上难以继续利用；第二，该结合对市场竞争的不利影响较小。

任何事物都具有双重性，任何一个集中也都有着积极因素和消极因素两个方面，一方面有利于形成规模经济，提高经营者的竞争力；另一方面又可能产生或者加强市场支配地位，对市场竞争产生不利影响。在这种情况下，反垄断执法机构应当对集中的好处和坏处进行比较和衡量，如果集中的好处大于坏处，集中应当得到批准，以保护经营者的合法权益和市场经济的健康发展，同时鼓励经营者依法实施集中，做大做强，扩大经营规模，提高市场竞争能力。为了提高反垄断执法机构的审查效率，充分发挥经营者的积极性，本条规定由经营者承担举证责任来证明集中的好处大于坏处。经营者证明的具体方式有两种，一种是集中对竞争产生的有利影响明显大于不利影响。反垄断执法机构审查经营者集中，关键是审查该集中对市场竞争的影响，如果集中对竞争产生的有利影响明显大于不利影响，则可以得到豁免。另一种是集中符合社会公共利益。维护社会公共利益是本法的立法目的之一，因此虽然与竞争因素没有直接的关系，但与审查经营者集中的根本目的是完全一致的。因此，某项经营者集中虽然具有或者可能具有排除、限制竞争的效果，但符合社会公共利益，如有利于关系国家经济命脉和国家安全的行业的发展、促进就业、推动技术进步、增强国际竞争力等，也可以得到豁免。

从其他国家的反垄断立法和执法经验来看，在特殊情况下，一个损害竞争的经营者集中，如果有利于社会公共利益，也可以得到批准。如德国反对限制竞争法第 42 条第 1 款规定,在个别情况下,合并符合重大的公共利益,经申请,联邦经济部长可以批准为联邦卡特尔局所禁止的合并。韩国限制垄断及公平交易法施行令第 13 条也将公共利益作为豁免企业合并的一个理由。这些规定是非常必要的,因为经济是非常复杂的,无论从现实还是发展的眼光看,竞争政策同社会公共利益都有发生冲突的时候。如国家从能源政策或者环境保护政策出发,有必要将某个行业授权一个企业进行垄断经营;或者国家为了促进就业或者技术创新,批准一个可能具有排除、限制竞争效果的经营者集中。一个比较灵活的规定可以给执法机构留有余地,使它们在国家的竞争政策和公共利益发生冲突时有选择的机会。

【相关规定】

《关于外国投资者并购境内企业的规定》第 51 条

外国投资者并购境内企业有下列情形之一的,投资者应就所涉情形向商务部和国家工商行政管理总局报告:

(一)并购一方当事人当年在中国市场营业额超过 15 亿元人民币;

(二)1 年内并购国内关联行业的企业累计超过 10 个;

(三)并购一方当事人在中国的市场占有率已经达到 20%;

(四)并购导致并购一方当事人在中国的市场占有率达到 25%。

虽未达到前款所述条件,但是应有竞争关系的境内企业、有关职能部门或者行业协会的请求,商务部或国家工商行政管理总局认为外国投资者并购涉及市场份额巨大,或者存在其他严重影响市场竞争等重要因素的,也可以要求外国投资者作出报告。

上述并购一方当事人包括与外国投资者有关联关系的企业。

《关于外国投资者并购境内企业的规定》第 52 条

外国投资者并购境内企业涉及本规定第 51 条所述情形之一,商务部和国家工商行政管理总局认为可能造成过度集中,妨害正当竞争、损害消费者利益的,应自收到规定报送的全部文件之日起 90 日内,共同或经协商单独召集有关部门、机构、企业以及其他利害关系方举行听证会,并依法决定批准或不批准。

《关于外国投资者并购境内企业的规定》第 53 条

境外并购有下列情形之一的,并购方应在对外公布并购方案之前或者报所在国主管机构的同时,向商务部和国家工商行政管理总局报送并购方案。商务部和国家工商行政管理总局应审查是否存在造成境内市场过度集中、妨害境内正当竞争、损害境内消费者利益的情形,并做出是否同意的决定:

(一)境外并购一方当事人在我国境内拥有资产 30 亿元人民币以上;

(二)境外并购一方当事人当年在中国市场上的营业额 15 亿元人民币以上;

(三)境外并购一方当事人及与其有关联关系的企业在中国市场占有率已经达到 20%;

(四)由于境外并购,境外并购一方当事人及与其有关联关系的企业在中国的市场占有率达到 25%;

(五)由于境外并购,境外并购一方当事人直接或间接参股境内相关行业的外商投资企业将超过 15 家。

《关于外国投资者并购境内企业的规定》第 54 条

有下列情况之一的并购,并购一方当事人可以向商务部和国家工商行政管理总局申请审查豁免:

(1)可以改善市场公平竞争条件的;

(2)重组亏损企业并保障就业的;

(3)引进先进技术和管理人才并能提高企业国际竞争力的;

(4)可以改善环境的。

我国台湾地区"公平交易法实施细则"第 12 条

对于事业结合之申报,如其结合,对整体经济利益大于限制竞争之不利益者,主管机关不得禁止其结合。

《美国克莱顿法》第 7 条

从事商业或从事影响商业活动的任何人,不能直接间接占有其他从事商业或影响商业活动的人的全部或部分股票或其他资本份额。联邦贸易委员会管辖权下的任何人,不能占有其他从事商业或影响商业活动的人的全部或一部分资产,如果该占有实质上减少竞争或旨在形成垄断。

《欧盟部长理事会关于控制企业集中的第 139/2004 号条例》第 8 条

委员会的决定权

1. 如果委员会认定,一项已申报的集中符合第 2 条第 2 款规定的标准,且在适用第 2 条第 4 款时符合共同体条约第 81 条第 3 款规定的标准,委员会应当发布决定宣布该集中和共同市场相一致。

一项宣布集中和共同市场相一致的决定应当被认为涵盖了和该项集中的实施直接相关和必要的限制。

2. 如果委员会认定,经过有关企业的修改,一项已申报的集中符合第 2 条第 2 款规定的标准,且在适用第 2 条第 4 款时,符合共同体条约第 81 条第 3 款规定的标准,委员会将宣布该集中和共同市场相一致。

委员会可在决定中附加条件和义务,以确保相关企业遵守其对委员会的承诺,确保集中和共同市场相一致。

一项宣布集中和共同市场相一致的决定应当被认为涵盖了和该项集中的实施直接相关和必要的限制。

3. 如果委员会认定,一项集中符合第 2 条第 3 款规定的标准,或在适用第 2 条第 4 款时,不符合共同体条约第 81 条第 3 款规定的标准,委员会将发布决定宣布该集中和共同市场不相一致。

4. 当委员会认定一项集中:

(1) 已经实施且被宣布为和共同市场不相一致,或

(2) 以违反决定所附条件的方式实施,该决定认定在缺乏该所附条件的情况下,该项集中将符合第 2 条第 3 款规定的标准,或在适用第 2 条第 4 款时,不符合共同体条约第 81 条第 3 款规定的标准,委员会可以:

——命令相关企业解散该集中,尤其是通过解散合并和分离已经取得的所有股份和资产的方式,以便于恢复集中实施之前的竞争状况;在通过解散集中恢复集中实施前的竞争状况成为不可能的情况之下,委员会可以采取其他任何适当的措施以便尽可能恢复有效竞争;

——命令其他适当的措施以确保相关企业解散集中或采取决定中所要求的其他复原性措施。

在本款第1项所规定的情况下,该项所提到的措施可以根据第3款的决定或单独的决定来实施。

5. 在一项集中存在下列情况时,委员会可以采取适当的临时措施恢复或维持有效竞争的市场状况:

(1) 该项集中违反第7条而实施,并且关于该集中和共同市场是否一致的决定还没有作出;

(2) 该项集中违反依据第6条第1款(b)项作出的决定所附的条件或本条第2款而实施;

(3) 该项集中已经实施并被宣布为和共同市场不相一致。

6. 在下列情况下,委员会可以撤销其根据第1款或第2款作出的决定:

(1) 由于相关企业之一的责任或由于受到欺骗,宣布和共同市场相一致的决定是建立在不正确信息的基础上,或

(2) 有关企业违反了决定所附加的义务。

7. 在下列情况下,委员会可以不受第10条第1款规定的时间限制,根据本条第1款到第3款作出决定:

(1) 一项集中已经以下列方式被实施:

(a) 违反第6条第1款b项下决定所附的条件,或

(b) 违反第2款下决定所附的条件,并且根据第10条第2款,在缺乏前述条件时,该集中是否和共同市场相一致将产生严重疑问;或

(2) 根据第6款第1项决定已经被撤销。

8. 委员会应当毫不迟延地将其决定通知相关企业和成员国主管机关。

《德国反对限制竞争法》第36条

如可预见合并将产生或加强市场支配地位,联邦卡特尔局应禁止合并,但参与合并的企业证明合并也能改善竞争条件,且这种改善超过支配市场的弊端的,不在此限。

《德国反对限制竞争法》第 42 条

1. 在个别情况下,合并对整体经济产生的利益可弥补对竞争的限制,或合并符合重大的公共利益的,应申请,联邦经济部长可批准为联邦卡特尔局所禁止的合并。在批准时,也应考虑参与合并的企业在本法适用范围之外的各个市场上的竞争力。只有在限制竞争的规模不危及市场经济秩序的情况下,才能为此批准。

2. 前款批准可附有条件和负担。准用第 40 条第 3 款和第 3a 款规定。

3. 应在禁止合并的处分送达后一个月内以书面形式提出申请。禁止处分被撤销的,前句期间自禁止处分成为不可撤销之时起算。

4. 联邦经济部长应在 4 个月内对该申请作出决定。在作出决定前,应征求垄断委员会的意见,并给参与合并的企业所在地的州最高机关发表意见的机会。

《荷兰竞争法》第 41 条

1. 提出申报的集中,需要根据第 37 条第 1 款取得许可证而未取得的,不得实施。

2. 如果计划的集中可能形成或加强的支配地位将对荷兰市场或该市场的一部分的竞争构成严重限制,不予颁发许可证。

3. 如果在参与集中的经营者中,至少有一家是受法律或行政机关委托经营涉及普遍经济利益的服务行业的,在驳回许可证申请不会妨碍该经营者履行受托职责的条件下,可以不予颁发许可证。

《荷兰竞争法》第 46 条

1. 考虑到有关重大事由,局长可以应申请人请求,对 41 条第 1 款禁止的情形授予特许,该特许的效力到对该许可证申请做出最终裁决时止。

2. 获得特许时可能受到一些限制;特许裁决中也可能附加一定条件。

3. 在第 1 款规定的特许发布后,如果许可证申请被撤回或驳回,集中业已完成的部分的必须在 13 周内解除。

4. 如果取得的许可中附加了限制和条件,集中业已完成的部分必须在许可发布的 13 周内满足这些条件。

《荷兰竞争法》第 47 条

1. 在局长拒发实施集中许可证以后,当事人又向部长提出请求的,如果部长认为,出于公共利益的重要原因,颁发许可证是必要的,而且该利益超过了对竞争的预期限制,可以做出与颁发许可证效力相当的裁决。

2. 第 1 款中规定的请求,在局长做出拒发许可证的终局裁决后的 4 周内均可提出。

3. 如果当事人提出了第 1 款规定的请求,在对该请求做出最终裁决之前,对局长裁决的异议和上诉暂停处理。

《荷兰竞争法》第 49 条

部长应当在收到请求的 8 周内,根据内阁的意见做出裁决。

《比利时经济竞争保护法》第 10 条

1. 那些不会创设或者加强使比利时市场或者其重要部分中有效竞争被严重阻碍的支配地位的集中应被宣布为可允许。

2. 那些创设或者加强使比利时市场或者其重要部分中有效竞争被严重阻碍的支配地位的集中应被宣布为不可允许。

3. 如果一个构成本法第 9 条所称的集中的设立合资企业的行为的目标或者影响是协调仍然独立的原企业之间的竞争行为,那么这一协调行为应该依据本法第 2 条进行评估,以便确定该集中是否是可允许的。

在评估中,竞争理事会尤其应该考虑以下因素:

(1)一个或者多个母公司在与合资企业相同的市场上或者该市场的上游或者下游市场或者与该市场紧密相连的市场上的商业存在的重要性和同时性;

(2)直接来自设立合资企业活动的协调行为给予相关企业消除相关产品及服务之重大部分的竞争的机会。

6. 如果公众利益需要,部长理事会可以依据本法第 34 条(第 2 次)的规定,自主地或者依据当事人的请求,对竞争理事会宣布不准予的集中进行授权。

《瑞典竞争法》第 34 条

在以下情况下,收购应当被禁止:

1. 该收购产生或者加强了市场支配地位,因而严重阻碍或者可能阻碍在整个国家或国家的重要部分的有效竞争的存在和发展;或者

2. 该收购有损于公共利益。

《克罗地亚竞争法》第 26 条

对集中所作的决定

1. 如果竞争局,根据与集中申报一起提交的有效证据,依照本法第 25 条的规定,并基于可得的信息和发现,无异议地确定:认为所计划的集中的实施不在本法第 18 条的禁止之列的看法是合理的;并且,如果申报方在收到本法第 45 条第 3 款规定下的集中申报完成通知书后 30 日内,没有收到关于启动集中的审核程序的程序性命令的通知,则所涉集中交易就可以被认为是符合法律规定的。

2. 在本条第 1 款所规定的情形下,竞争局应该依照集中交易当事方企业的特别请求,发布宣称所涉集中交易符合法律规定的决定。

3. 如果竞争局认为,所涉集中交易的实施会产生阻止、限制或扭曲相关市场中的竞争的实质性影响,则竞争局应该出于评估所涉集中交易的合法性的目的,命令启动审核程序;并在做出启动审核程序的程序性命令之日起 3 个月内,做出下列决定:

(1) 所涉集中经审核,被认为符合法律规定,或

(2) 所涉集中经审核,被认为不符合法律规定,或

(3) 所涉集中经审核,如果在竞争局设定的时间期限内,遵守特定措施,实现特定条件,将被被认为有条件地符合法律规定。

4. 关于本条第 3 款第 3 项,竞争局应该在它做出的把所涉集中审核为有条件的合法的决定中,施加欲以保证集中合法的措施和条件,以及集中各方需要遵守的时间期限,以保证所涉集中交易的实施不会实质性地阻止、限制或扭曲相关市场中的竞争。

5. 在本条第 3 款第 3 项规定的情况下,作为规则,集中交易各方在遵守了本条第 4 款中所规定的竞争局施加的措施和条件后,可以开展与实施所涉集中交易相关的活动,除非竞争局出于特别的合法原因做

出了其他的决定。

《克罗地亚竞争法》第 27 条
决定的撤销和修改

1. 竞争局应该依职权主动或依集中交易任一方的请求,在下列情况下,撤销按照第 26 条的规定作出的决定:

(1) 如果决定是依照不正确或不真实的信息作出的,并且这些信息对决定的作出有至关重要的作用;并且

(2) 如果任一集中交易方未满足第 26 条第 4 款中所提到的竞争局的决定所规定的条件和措施。

2. 当集中交易方不能满足被施加的特定条件时,或由于他们不能控制的原因而违反了竞争局所作决定中规定的特定措施时,竞争局可以依职权主动或应任一竞争交易方的请求,修改按照本法第 26 条作出的决定。

《匈牙利禁止不正当竞争法》第 30 条

1. 根据第 1 款的规定,当经营者集中不会导致产生或增强在相关市场上、或市场的实质部分阻碍有效竞争的形成、发展或继续的情形,则经济竞争局不得作出拒绝许可经营者集中的决定。

2. 为了减少经营者集中所带来的不利影响,经济竞争局可在其许可的决定中设定先决或后续条件及义务。尤其是可以在其决定中要求剥夺企业的特定部分、或特定资产、或使其放弃对间接参与者的控制,并设定一个适当的期限,要求企业在期限内履行上述义务。

《罗马尼亚竞争法》第 14 条

如果参与经济集中的各方能够证明他们达到了如下条件,那么可能导致罗马尼亚市场上或其一部分显著地限制、阻碍或扭曲竞争的经济集中可以被允许:

1. 集中有利于提高经济效率、促进生产、销售或技术进步,或者有助于提高出口竞争力;

2. 对竞争有益的影响足以弥补其限制竞争的不利影响;

3. 在合理的范围内,消费者可以从集中的结果中获益,特别是通过降低实际的价格。

《日本禁止私人垄断及确保公正交易法》第15条

1. 公司在有下列各项之一的情形下，不得实施合并。

（1）该合并将导致在一定的交易领域实质性地限制竞争；

（2）该合并是以不公正的交易方法而为的。

2. 国内公司合并时，要进行该合并的公司（本条以下称为"合并公司"）中的任一公司的总资产合计额在不低于100亿日元的范围内超出了政令所规定的金额的，且其他任何一个公司的总资产合计额在不低于10亿日元的范围内超出了政令所规定的金额的，应根据公正交易委员会规则的规定，事先将有关该合并的计划呈报给公正交易委员会。但是，属于以下各项所列之一的，则不在此限。

（1）进行合并公司的任何一个公司拥有其他所有参与公司的全部股东表决权的过半数的；

（2）同一家公司拥有每个参与合并公司的全部股东表决权的过半数的。

3. 前款的规定准用于外国公司的合并。在此情况下，同款中的"总资产合计额"为"国内销售额"。

4. 根据第2款（含替换准用第2款的情况）的规定进行呈报的公司，从呈报受理之日起未经过30天时不得进行合并。但是，公正交易委员会认为有必要时，可以缩短该期间。

5. 公正交易委员会根据第17条之2第1款的规定，为将要责令对该合并采取必要的措施而决定开始审判或进行劝告时，应依据前款正文的规定在30日期间或同款但书的规定在缩短的期间[公正交易委员会至少要求进行合并公司中的一家公司提出各个期间的依据公正交易委员会规则的规定所必要的报告、情报或资料（本款以下称为"报告等"）的，前款规定的呈报受理之日起经过120日与从受理全部的报告等之日起经过90日当中的较迟的日期为止的期间]内作出，对合并公司，必须依第49条第5款的规定发出通知。但是，属于以下所列情形的，则不在此限。

（1）根据第2款（含在第3款中替换准用的情况，下一项相同）的规定呈报的有关合并的计划中、依照第1款规定的该计划的重要事项在预计进行的期限内没有进行的（仅限于从该期限起算起1年之内作出了正文规定的审判开始决定或劝告的情形）；

（2）根据第2款的规定呈报的有关合并的计划中，对重要事项有虚假记载的。

6.符合前款第1项的规定时，公正交易委员会根据第17条之二第1款的规定将责令采取有关合并的必要措施时，必须自前项期限起算起1年内作出前款本文的通知。

《日本禁止私人垄断及确保公正交易法》第15条之二

1.公司在以下各项所列情形时，不得进行共同新设分割（指公司与其他公司共同进行新设分割，以下同）或吸收分割。

（1）该共同新设分割或该吸收分割的进行、将导致在一定的交易领域实质性地限制竞争的；

（2）该共同新设分割或该吸收分割是以不公正的交易方法而为的。

2.国内公司要进行共同新设分割时，有属于以下各项所列情形之一的，应根据公正交易委员会规则的规定，事先将有关该共同新设分割的计划呈报给公正交易委员会。

（1）要进行该共同新设分割的公司中的任一公司［仅限于由该共同新设分割所设立的公司继承其全部营业的公司（本款以下称为"全部继承公司"）］的总资产合计额在不低于100亿日元的范围内超出了政令所规定的金额的，且其他任何一个公司（仅限于全部继承公司）的总资产合计额在不低于10亿日元的范围内超出了政令所规定的金额的；

（2）要进行该共同新设分割的公司中的任一公司（仅限于全部继承公司）的总资产合计额在不低于100亿日元的范围内超出了政令所规定的金额的，且其他任何一个公司［仅限于由该共同新设分割所设立的公司继承其营业的重要部分的公司（本款以下称为"重要部分继承公司"）］的有关该继承对象部分的与最终资产负债表同时作成的损益计算表的销售额在不低于10亿日元的范围内超出了政令所规定的金额的；

（3）要进行该共同新设分割的公司中的任一公司（仅限于全部继

承公司)的总资产合计额在不低于10亿日元的范围内超出了政令所规定的金额的,且其他任何一个公司(仅限于重要部分继承公司)的有关该继承对象部分的与最终资产负债表同时作成的损益计算表的销售额在不低于100亿日元的范围内超出了政令所规定的金额的;

(4) 要进行该共同新设分割的公司中的任一公司(仅限于重要部分继承公司)有关该继承对象部分的与最终资产负债表同时作成的损益计算表的销售额在不低于100亿日元的范围内超出了政令所规定的金额的,且其他任何一个公司(仅限于重要部分继承公司)的有关该继承对相部分的与最终资产负债表同时作成的损益计算表的销售额在不低于10亿日元的范围内超出了政令所规定的金额的。

3. 国内公司要进行吸收分割时,有属于以下各项所列情形之一的,应根据公正交易委员会规则的规定,事先将有关该吸收分割的计划呈报给公正交易委员会。

(1) 进行该吸收分割的公司中要分割的任一公司[仅限于由该吸收分割使其全部继承营业的公司(本款以下称为"全部继承公司")]的总资产合计额在不低于100亿日元的范围内超出了政令所规定的金额的,且因分割要继承营业的公司的总资产合计额在不低于10亿日元的范围内超出了政令所规定的金额的;

(2) 进行该吸收分割的公司中要分割的任一公司(仅限于全部继承公司)的总资产合计额在不低于10亿日元的范围内超出了政令所规定的金额的,且因分割要继承营业的公司的总资产合计额在在不低于100亿日元的范围内超出了政令所规定的金额的(属于前项的除外);

(3) 进行该吸收分割的公司中要分割的任一公司[仅限于由该吸收分割使其继承营业的重要部分的公司(本项以下称为"重要部分继承公司")]的有关该分割对象部分的与最终资产负债表同时作成的损益计算表的销售额在不低于100亿日元的范围内超出了政令所规定的金额的,且因分割要继承营业的公司的总资产合计额在不低于10亿日元的范围内超出了政令所规定的金额的;

(4) 进行该吸收分割的公司中要分割的任一公司(仅限于重要部分继承公司)有关该分割对象部分的与最终资产负债表同时作成的损

益计算表的销售额在不低于10亿日元的范围内超出了政令所规定的金额的,且因分割要继承营业的公司的总资产合计额在不低于100亿日元的范围内超出了政令所规定的金额的(属于前项的除外)。

4. 如属于以下所列情形之一时,则不适用前两款的规定。

(1) 要实施共同新设分割或吸收分割公司当中的任一公司,拥有其他所有参与公司的全部股东表决权超过半数的;

(2) 同一家公司拥有要实施共同新设分割或吸收分割公司各自的超过半数的全部股东表决权的。

5. 前3款的规定,准用于外国公司的共同新设分割和吸收分割。在此情况下,第2款及第3款中的"总资产合计额",以及"与最终资产负债表同时作成的损益计算表的销售额"为"国内销售额"。

6. 前条第4款至第6款的规定,准用于根据第2款、第3款(含替换并准用于前款的情况)。的规定呈报有关共同新设分割和吸收分割的限制以及公正交易委员会作出的第17条之二第1款的规定的命令。在此情况下,同条第4款中的"合并"为"共同新设分割或吸收分割",前条第4款以及第6款中的"与合并"为"与共同新设分割或吸收分割","至少要求进行合并公司中的一家公司"为"至少要求进行共同新设分割或吸收分割公司中的一家公司"。

《日本禁止私人垄断及确保公正交易法》第16条

1. 公司因实施以下所列行为导致在一定的交易领域实质性地限制竞争时,则不得实施该行为,也不得使用不公正的交易方法实施以下所列行为。

(1) 受让其他公司营业的全部或重要部分;

(2) 受让其他公司营业上的固定资产的全部或重要部分;

(3) 租赁其他公司营业的全部或重要部分;

(4) 受托经营其他公司营业的全部或重要部分;

(5) 签订与其他公司共同承担营业全部盈亏的合同。

2. 作为公司,其总资产额在不低于100亿日元范围内超过政令所规定的金额的(在第4款中称为"受让公司"),符合以下各项情形之一时,应依据公正交易委员会规则的规定,事先向公正交易委员会呈报有关受让该营业或营业上的固定资产(本条以下称为"营业等")的计划。

(1) 欲受让总资产额在不低于10亿日元范围内超过政令所规定金额的其他国内公司营业的全部的;

(2) 欲受让其他国内公司营业的重要部分或营业上的固定资产的全部或重要部分,当与该受让对象部分有关的、依据与最终资产负债表同时作成的损益计算表的销售额在不低于10亿日元的范围内超过政令所规定的金额的。

3. 前款规定,属于以下各项所列情形之一时则不适用。

(1) 欲受让营业等的公司及欲转让该营业等的公司当中,任何一家公司持有其他所有公司的全部股东表决权的过半数的;

(2) 分别持有欲受让营业等的公司及欲转让该营业等的公司的全部股东表决权的过半数的公司为同一家公司时。

4. 前两款的规定,准用于欲受让其他外国公司的营业等的情形。在此情形下,第2款第1项中的"总资产额"与同款第2项中的"与最终资产负债表同时作成的损益计算表的销售额"为"国内销售额"。

5. 第15条第4款至第6款的规定,准用于根据第2款(含替换并准用于前款的情况)的规定呈报有关受让营业等的限制以及公正交易委员会作出的第17条之二第1款的规定的命令。在此情况下,第15条第4款以及第6款中的"合并"为"受让营业或营业上的固定资产",同条第5款中的"与合并"为"与受让营业或营业上的固定资产","至少要求进行合并公司中的一家公司"以及"合并公司"为"欲受让营业或营业上的固定资产的公司"。

《俄罗斯联邦有关保护竞争的联邦法》第33条
反垄断机构依据申请的评估结果做出裁决以及向申请人发出指令

2. 对于实施国家控制的交易、其他行为的批准申请,反垄断机构依据评估结果做出以下裁决之一:

(1) 如申请中申报的交易、其他行为不会限制竞争,则做出批准申请裁决;

(2) 如果其判定申请中申报的交易、其他行为有可能限制竞争,包括形成或加强该人(集团)的支配地位,则因为就评估申请的结果做出本部分第1、3、4和5项规定的裁决必须进行额外评估并获得额外信息，可做出延长申请评估期限的裁决；

（3）对于本联邦法第27条规定的商业组织合并、一个或多个商业组织加入另一个商业组织以及商业组织设立的批准申请，可做出延长评估期限的裁决，同时规定申请人和参与该等合并、加入或设立的其他人在机构做出批准申请的裁定前必须履行的条件或者规定履行该等条件的期限，该期限不得超过9个月。该等条件是延长申请评估期限的裁决不可分割的一部分。

（4）对于实施本联邦法第28和29条规定的交易，其他行为的批准申请做出批准裁决，同时向申请人发出本联邦法第23条第一部分第2项规定的有关为在申请中申报的交易，其他行为的实施过程中确保竞争而实施特定行为的指令；

（5）如果申请中申报的交易、其他行为将限制竞争，包括产生或加强申请人的支配地位以及因实施申请中申报的交易、其他行为将产生的人的支配地位的后果，以及如果反垄断机构在评估所提交文件的过程中发现文件中包含的对做出裁决具有重大意义的信息是不可靠的，则应做出拒绝批准申请的裁决。

5. 本条第二部分第3项规定的条件应以确保竞争为目的，并包括以下内容：

（1）进入申请人和参与商业组织合并、一个或几个商业组织加入另外一个商业组织、商业组织设立的其他人管理的基础设施、其他生产设施或信息的程序；

（2）授予申请人和参与商业组织合并、一个或几个商业组织加入另外一个商业组织、商业组织设立的其他人管理的设施以工业产权保护权利的程序；

（3）对申请人和（或）参与商业组织合并、一个或几个商业组织加入另外一个商业组织、商业组织设立的其他人向与该申请人和（或）其他人不属于一个集团的其他人转让财产，向与该申请人和（或）其他人不属于一个集团的其他人让与行为和（或）义务选择权的要求；

（4）对申请人或参与商业组织合并、一个或几个商业组织加入另外一个商业组织、商业组织设立的其他人所从属集团的构成的要求。

《印度竞争法》第31条

1. 如果认定某一集中并未也不会对竞争产生可评估的不利影响，委员会就应该以命令形式批准此集中，即使其与第6条第2款所述的报告有关。

2. 如果认定某一集中已经或很可能对竞争产生可评估的不利影响，委员会就应该使集中不能生效。

3. 如果认定某一集中已经或很可能对竞争产生可评估的不利影响，但此不利影响可以通过对集中的适当调整而加以消除的话，委员会可以建议集中的参与方作出适当调整。

4. 接受了委员会根据第3款所做的调整建议的集中参与各方应该在委员会指定的期间内进行相关调整。

5. 如果同意根据第4款作出调整的集中参与各方未能在委员会指定的期间内进行相关调整的话，该项集中就可以被认为对竞争具有可评估的不利影响，而委员会也应根据本法的规定对其作出处理。

6. 如果不接受委员会根据第3款建议作出的调整，集中的参与各方可以在建议作出后的30个工作日内提交其对委员会根据该款建议作出的调整的修改。

7. 如果同意有关各方根据第6款提交的修改，委员会应以命令形式批准集中。

8. 如果委员会不接受根据第6款提交的修改，那么，集中的参与各方仍可以在1个包含30个工作日的额外的期间内接受委员会根据第3款建议做出的调整。

9. 如果有关方面未能在第6款所规定的30个工作日内或者是第8款所规定的包含30个工作日的额外期间内接受委员会建议的调整，该项集中就应该被认为对竞争具有可评估的不利影响，并根据本法的规定做出处理。

10. 如果委员会已经根据第2款命令令集中不能生效或者此集中根据第9款被认定为对竞争具有可评估的不利影响，委员会可以命令：

(1) 第5条第1款所指的并购；

(2) 第 5 条第 2 款所指的管理权收购；

(3) 第 5 条第 3 款所指的合并或融合，

不应被赋予效力。

并且此种命令也并不影响其可能做出的任何处罚或依据本法提起的任何诉讼。

另外，如果认为合适的话，委员会可以制订方案以实施其依据本款作出的命令。

《蒙古国禁止不正当竞争法》第 7 条

禁止控制其他竞争对手

1. 禁止一个在市场中占支配地位的企业为了实现其在市场中的垄断行为而购买竞争对手的股票或股份去接收他们的权利和义务，或者通过参股的方式合作成立一个新的企业。

2. 本条第 1 款不适用于以下情况，即从在国民经济中占主导的产品的提升中所获的利益或为了人们最基本的生活考虑而提升产品所获取的利益以及从提高某一产品在国外市场上的竞争力而所获得的利益大于其对竞争造成的损害时。

《印度尼西亚禁止垄断活动和不公平商业竞争的法律》第 28 条

1. 企业不得从事可能导致垄断活动和/或不公平竞争的公司兼并或解散。

2. 企业不得获取其他企业的股份，如果这种收购行为会导致垄断活动和/或不公平竞争。

3. 政府规章中将会对本条第 1 款中提到的禁止公司兼并，以及本条第 2 款中提到的收购公司股份，规定更详细的条款。

《印度尼西亚禁止垄断活动和不公平商业竞争的法律》第 29 条

1. 第 28 条中提到的公司的兼并或股份的收购，如果导致兼并或收购后公司的资产价值和/或销售额超过一定的数额，则企业必须在兼并或收购发生后 30 天内向委员会报告。

2. 政府规章将会规定确定第 1 款中提到的资产价值或销售额的条款，以及关于申报程序的条款。

第二十九条 对不予禁止的经营者集中,国务院反垄断执法机构可以决定附加减少集中对竞争产生不利影响的限制性条件。

【说明及立法理由】

本条是对不予禁止的经营者集中附加限制性条件的规定。

国务院反垄断执法机构不予禁止的经营者集中,虽然对竞争产生的有利影响明显大于不利影响,或者符合社会公共利益,但或多或少仍会对竞争产生不利的影响。为了使集中对竞争产生的不利影响降低到最小程度,充分地保护和促进市场竞争,本条规定,国务院反垄断执法机构对不予禁止的经营者集中,可以决定附加减少集中对竞争产生不利影响的限制性条件。对不予禁止的集中附加限制性条件是世界各国反垄断执法机构审查经营者集中常用的一种方式,绝大多数申报后被审查发现具有反竞争效果的集中,都附加一定的限制性条件才能被批准。但为了保护经营者的合法利益,防止反垄断执法机构滥用权力,这些限制性条件必须与竞争因素紧密相关,即为了减少集中对竞争产生的不利影响,不能无限扩大限制性条件的范围。从其他国家获得批准的经营者集中案例来看,减少集中对竞争产生不利影响的限制性条件主要是资产剥离。美国联邦贸易委员会和司法部 1999 年至 2000 年共受理经营者集中 55,996 件,其中附加了资产剥离条件而被批准的集中 16,933 件,比率高达 30%。2000 年是欧盟有关资产剥离的通告发布的第一年,也是资产剥离率最高的一年,欧盟委员会当年总共作出了 345 项经营者集中的决定,其中有 321 项是在初步审查阶段就批准的,这其中有 293 项是无条件批准的,其余的 28 项全部是以资产剥离方式获得批准的;在 17 项进入进一步审查阶段的案件中,有 12 项以资产剥离的方式获得批准,2 项被禁止,另外 3 项被无条件批准。由此可见,美国、欧盟所作出的关于经营者集中的决定中,除绝大多数以无条件批准结案外,其余的案件中以附加资产剥离条件的方式结案的占绝大多数,只有少数的案件获得无条件批准或者被禁止。

资产剥离已经成为美国、欧盟促进企业合并的重要措施,它们在资产剥离方面的经验对我国利用经营者集中的规制手段实现资产重组、优化产业结构有着重要的借鉴意义。一个好的经营者集中规制制度应当既能促进合并又能有效地保护市场竞争,这是美国和欧盟的集中规制制度对我们的最大启示。我国的经营者集中规制制度一方面要坚决否决那些具有严重反竞争效果的经营者集中,另一方面则要有条件地批准那些具有一定竞争危害但程度不大的经营者集中。如果我国的反垄断执法机构能够充分地利用好资产剥离等减少集中对竞争产生不利影响的限制性条件,就能够有效地促进我国企业依法做大做强,优化国内的产业结构。

除了资产剥离外,实践中比较常见的限制性条件还包括要求集中后的经营者允许竞争者有偿使用其重要设施或知识产权、采取措施保障竞争者的独立性、退出部分经营的领域等。

【相关规定】

我国台湾地区"公平交易法实施细则"第12条

主管机关对于第11条第4项申报案件所为之决定,得附加条件或负担,以确保整体经济利益大于限制竞争之不利益。

《欧盟部长理事会关于控制企业集中的第139/2004号条例》第8条

委员会的决定权

2. 如果委员会认定,经过有关企业的修改,一项已申报的集中符合第2条第2款规定的标准,且在适用第2条第4款时,符合共同体条约第81条第3款规定的标准,委员会将宣布该集中和共同市场相一致。

委员会可在决定中附加条件和义务,以确保相关企业遵守其对委员会的承诺,确保集中和共同市场相一致。

一项宣布集中和共同市场相一致的决定应当被认为涵盖了和该项集中的实施直接相关和必要的限制。

《德国反对限制竞争法》第40条

3. 准许附有条件和负担。这些条件和负担不得以对参与合并的企业进行长期的行为监控为宗旨。

《荷兰竞争法》第41条

4. 取得许可证时可能受到一些限制;许可证中也可能附加一定条件。

《匈牙利禁止不正当竞争法》第 30 条

3. 为了减少一项集中的有害影响，匈牙利竞争局可作出附有前置或后置条件和义务的裁决。其尤其可通过裁决要求剥离企业的特定部分或特定资产或放弃对特定直接参与者的控制，同时可规定执行该等要求的适当时限。

4. 附有前置条件的批准应自条件成就之日生效。附有后置条件的裁决应于裁决作出之日生效，并于任何条件未成就时终止有效。

5. 对集中的批准亦应包括实施集中必须的限制。

第三十条　国务院反垄断执法机构应当将禁止经营者集中的决定或者对经营者集中附加限制性条件的决定，及时向社会公布。

【说明及立法理由】

本条是对经营者集中的审查结果进行公开的规定。

公开是现代行政程序中的一项重要原则。公开的本意是不加隐蔽，行政程序中的公开，其基本含义是政府行为除依法应当保密的以外，应一律公开进行；行政法规、规章、行政政策以及行政机关作出影响行政相对人权利、义务的行为的标准、条件、程序应当依法公布，允许相对人依法查阅、复制；有关行政会议、会议决议、决定以及行政机关及其工作人员的活动情况应允许新闻媒介依法采访、报道和评论。公开的主要要求包括两点：

1. 执法依据公开。制定行政法规、规章之前，应广泛征求和充分听取相对人的意见；行政法规、规章出台之后，应及时在政府公报或其他公开刊物上公布。

2. 行政行为公开。包括：

（1）行政行为的标准、条件要公开，在办公地点张贴或以其他形式公开，让公众知晓；

（2）行政行为的程序、手续要公开。行政机关实施行政行为，其程序、手续，如申请、审批、鉴定、提交材料的目录和样式等均应通过公开文件发布或在办公场所张贴等，使相对人了解；

（3）某些涉及相对人重大权益的行政行为，应当采取公开形式进行,允许公众旁听,甚至允许新闻媒体采访报道。

公开是一种手段,只有公开才能促进公平、公正的实现,"暗箱操作"是没有公平、公正可言的。而公开的实现,必须通过程序来实现和保障,没有法定的程序,公开既无法实现,也没有判断标准。行政公开的目的在于增强行政的透明度,加强公众对行政的监督,防止行政腐败,保护公民的合法权益。行政公开是现代社会行政活动所遵循的一项基本原则,具有重要意义。

(1) 行政公开可以实现公民的知情权,满足公民对信息的需要。在现代社会,公民有权了解政府的活动,而政府对其制定的政策、规章以及作出的具体决定,有义务向社会公开,接受公众的监督。

(2) 行政公开有利于公民对行政事务的参与,增强公民对行政机关的信赖。知情权是公民实现其政治权利及其他相关权利的前提条件。公民只有在充分、确实了解政府活动的基础上,才能有效参与国家事务和社会事务的管理。在现代社会,行政机关活动的一个重要的变化是,行政行为从命令式向社会管理和社会服务职能的转变,行政机关的任务需要公民的合作才能完成。行政公开通过加强行政机关和公民之间的沟通和了解,促进了公民对行政活动的参与,有助于维护公民对政府的信赖。

(3) 加强了对行政机关的监督,防止行政腐败。行政公开是监督行政机关的一条非常重要的途径,所谓阳光是最好的消毒剂。如果将政府的规章、政策以及行政活动的过程和结果予以公开,使公众有权知悉和公开评论,可以有效地防止行政专断和腐败。许多国家的行政程序法都规定了情报公开制度,例如,日本行政程序法规定,许可认定的审查标准和审查期间等,除有特别的障碍外,行政机关必须在受理机关的办公地点张贴以及以其他适当方式发布。

反垄断执法机构审查经营者集中作为行政行为的一种,也要遵循公开的原则。反垄断执法机构对经营者集中进行审查后作出的决定共有四种,分别为对经营者集中不实施进一步审查的决定、对经营者集中不予禁止的决定、禁止经营者集中的决定和对经营者集中附加限制性条件的决定。由于后两种决定不仅涉及参与集中的经营者的利益,而且对消费者和其他经营者的利益有重要影响,为了确保这两种决定的公平、公正、科学、合理,本法规定必须公开,并及时向社会公布。而前两种决定一般仅涉及参与集中的经营者的利益,对消费者和其他经营者的利益没有实质性的影响,本法没有规定必须公开,反垄断执法机构可以根据实践的需要向社会公布。这一规定有助于保护申报集中的经营者的合法权益,帮助上下游或者同行业的其他经营者理解、把握反垄断执法机构的集中审查标准和竞争政策,从而提高反垄断执法机构的行政效率,增强反垄断执法的透明度。

【相关规定】

《欧盟部长理事会关于控制企业集中的第139/2004号条例》第20条

决定的公布

1. 委员会应当在欧洲联盟官方公报上公布其根据第8条第1至6款、第14条和第15条作出的决定以及顾问委员会的意见,但根据第18条第2款作出的临时决定除外。

2. 公告应写明当事方的名称和决定的主要内容,同时顾及保护企业商业秘密的合法利益。

《德国反对限制竞争法》第43条

1. 联邦卡特尔局依据第40条第1款第一句的主要监测程序的介绍及给予部长特批的说明应当在联邦公报上或在电子版的联邦公报上即时公布。

2. 下列事项应公布在联邦公报或电子版的联邦公报上:

(1) 联邦卡特尔局依第40条第2款作出的处分;

(2) 部长特批批准书,其拒绝和变更;

(3) 联邦卡特尔局的准许的取消和撤回或部长特批的取消和撤回;

(4) 合并的解散以及联邦卡特尔局依第41条第3款和第4款采取的措施。

3. 对于依据第1、2款公布的内容,准用第39条第3款第一句以及第2款第1项和第2项的规定。

《荷兰竞争法》第 44 条

3. 裁决公布后应当存档备案，以供竞争当局检查。根据信息自由法案第 10 条不应公开的信息不在备案和检查之列。

4. 该裁决应当公布于政府公报中。

第三十一条 对外资并购境内企业或者以其他方式参与经营者集中，涉及国家安全的，除依照本法规定进行经营者集中审查外，还应当按照国家有关规定进行国家安全审查。

【说明及立法理由】

本条是关于外资并购境内企业或者以其他方式参与经营者集中，应当依照国家有关规定进行国家安全审查的规定。国务院提交十届全国人民代表大会常务委员会审议的草案中没有这一规定。在常委会委员审议的过程中，有些常委会组成人员、全国人大代表和部门提出，近期外资并购境内企业的问题日渐突出，已经引起社会各界关注，对外资并购我国境内企业，除应依照本法的规定进行反垄断审查外，还应按照国家有关规定进行国家安全审查。对这一问题，有关工作部门在草案提交全国人大常委会初次审议后组织力量进行了论证。通过论证，各方面有以下共识：

一、在引进外资的同时注意维护国家经济安全

随着我国社会主义市场经济的发展，在我国履行世贸组织承诺，须全面对外开放的形势下，注意处理好引进外资和维护我国经济安全的关系十分重要。根据有关统计，2004 年以前外资以并购形式对中国的投资只占直接投资的 5%；2004 年上升为 11%；2005 年接近 20%。"十五"期间新设外商投资企业中外商独资企业已占到 67%。在整个外商投资企业中，制造业就占 70%。因此，从外资进入中国的数量、形式和结构以及产业集中度等的发展趋势来看，应当充分重视国家经济安全问题，防患于未然。有的部门提出，一国的经济安全问题，不仅是经济问题，实质上是政治问题。世界各国对国家经济安全问题都是高度重视的。就控制外资进入而言，主要是通过总体外资政策和市场准入来把握外资进入本国的领域和规模，其审查是严格而不透明的。一些国

家通过设立专门的机构和在专门的法律中作出规定对关键领域的外资进入进行限制。如美国成立了由多个部门组成的外国投资审查委员会，对外国公司收购国内的敏感行业的企业进行经济安全审查。而这些审查独立于对并购本身的反垄断审查。美国还在其个别专门的法律（如《能源法》）中规定外资占有一定比例以上的股份时，要向外国投资审查委员会申报。这些做法可以为我国所借鉴。多年来，我国一直重视引进外资过程中的国家经济安全问题。我国于2002年颁布了《指导外商投资方向规定》和《外商投资产业指导目录》，其中规定，危害国家安全或者损害社会公共利益的外商投资项目及运用我国特有工艺或技术产品的项目等为禁止投资项目。同时，根据我国有关外商投资企业法律、行政法规的规定，多年来我国已经建立了外商投资全面的准入管理制度，外资项目要经过商务部或地方政府的批准，重点项目还要经过发展与改革委员会的批准。商务部等六部门在2006年又颁布了新的外资并购的规定，要求外国投资者并购境内企业并取得实际控制权，涉及重点行业、存在影响或可能影响国家经济安全或者导致拥有驰名商标或中华老字号的境内企业实际控制权转移的，当事人应向商务部申报。随着我国经济的进一步发展，目前国家有关部门根据我国的实际情况，正在着手建立有关领域的外资并购评估制度。因此，对外资并购我国境内企业涉及国家经济安全问题可以依据国务院上述有关规定和部门规章，通过市场准入严格把关。

同时，我国改革开放的经验表明，引进外资对我国经济发展起到了重要作用。外资不仅给中国带来资金、技术和管理模式，而且通过示范和竞争给中国带来向市场经济转型的推动力。根据我国企业目前还存在自主创新能力弱、对外依存度高、产业结构不合理、国际竞争力不强的实际情况，应当继续坚持扩大开放，引进外资，为我所用。在经济全球化时代，中外企业股权相互融合，你中有我，我中有你是必然的，我们应通过适当的法律引导，一方面使其成为我国经济增长方式转变的积极因素，同时，又防止外资对我国敏感行业的控制，维护国家安全。国家应当采取坚持对外开放和维护国家经济安全并重的原则，促进国民经济持续健康发展。

二、制定《反垄断法》有利于维护国家经济安全

外资并购总体对中国经济的影响是外资政策问题，不是垄断问题。对外资并购境内企业的反垄断审查主要是审查具体某一个外国企业并购我国境内企业后是否对国内同一产品市场的竞争状况造成影响，是否会形成限制竞争的后果问题，不是把一个行业的所有外资企业加在一起作为一个市场主体来判断，因而主要不承担审查经济安全的职能。但是，制定《反垄断法》，有助于维护国家的经济安全。

（1）《反垄断法》的制度设计是通过对国内市场具有支配地位的企业排除、限制竞争行为的处罚和预警作用维护竞争秩序。这在客观上起到了扼制在国内有市场支配地位的企业滥用支配地位，限制竞争的作用，这里包括对滥用市场支配地位的外商投资企业的规制。

（2）《反垄断法》的规定一般较灵活，弹性大，便于反垄断审查机构运用。必要时，政府可以将其作为工具扼制外资对我国企业的恶意并购。应当充分注意国际上出现的对并购行为不对称管制的现象。随着经济全球化的加速，国际资本的相互并购日益频繁，并呈现强强联合、高端联合的特点，而许多国家对本国的这类联合持默认甚至支持的态度，对外国对本国的合并则采取谨慎态度。

为此，《反垄断法》明确规定：一是对外资并购可能形成垄断的，要依照《反垄断法》的规定实行审查；二是除了依照《反垄断法》对外资并购进行反垄断审查外，还要依照国家有关规定进行国家安全等审查。外资并购境内企业或者以其他方式参与经营者集中，包括具有外资性质的市场主体采用合并、取得股权或资产或通过合同安排等方式参与国内企业经营等情形。国家安全包括国家经济安全、国防安全、文化安全等。

【相关规定】

《指导外商投资方向规定》第7条

属于下列情形之一的，列为禁止类外商投资项目：

（一）危害国家安全或者损害社会公共利益的；

（二）对环境造成污染损害，破坏自然资源或者损害人体健康的；

（三）占用大量耕地，不利于保护、开发土地资源的；

（四）危害军事设施安全和使用效能的；

（五）运用我国特有工艺或者技术生产产品的；

（六）法律、行政法规规定的其他情形。

《指导外商投资方向规定》第 8 条

《外商投资产业指导目录》可以对外商投资项目规定"限于合资、合作"、"中方控股"或者"中方相对控股"。

限于合资、合作，是指仅允许中外合资经营、中外合作经营；中方控股，是指中方投资者在外商投资项目中的投资比例之和为 51% 及以上；中方相对控股，是指中方投资者在外商投资项目中的投资比例之和大于任何一方外国投资者的投资比例。

《关于外国投资者并购境内企业的规定》第 3 条

外国投资者并购境内企业应遵守中国的法律、行政法规和规章，遵循公平合理、等价有偿、诚实信用的原则，不得造成过度集中、排除或限制竞争，不得扰乱社会经济秩序和损害社会公共利益，不得导致国有资产流失。

《关于外国投资者并购境内企业的规定》第 4 条第 1 款、第 2 款

外国投资者并购境内企业，应符合中国法律、行政法规和规章对投资者资格的要求及产业、土地、环保等政策。

依照《外商投资产业指导目录》不允许外国投资者独资经营的产业，并购不得导致外国投资者持有企业的全部股权；需由中方控股或相对控股的产业，该产业的企业被并购后，仍应由中方在企业中占控股或相对控股地位；禁止外国投资者经营的产业，外国投资者不得并购从事该产业的企业。

《关于外国投资者并购境内企业的规定》第 12 条

外国投资者并购境内企业并取得实际控制权，涉及重点行业、存在影响或可能影响国家经济安全因素或者导致拥有驰名商标或中华老字号的境内企业实际控制权转移的，当事人应就此向商务部进行申报。

当事人未予申报，但其并购行为对国家经济安全造成或可能造成重大影响的，商务部可以会同相关部门要求当事人终止交易或采取转让相关股权、资产或其他有效措施，以消除并购行为对国家经济安全的影响。

第五章　滥用行政权力排除、限制竞争

第三十二条　行政机关和法律、法规授权的具有管理公共事务职能的组织不得滥用行政权力,限定或者变相限定单位或者个人经营、购买、使用其指定的经营者提供的商品。

【说明及立法理由】
　　行政机关在我国是指国务院及其所属各级政府包括各级政府部门,它们依法履行公共职能,法律、法规授权的具有管理公共事务职能的组织是指根据法律、法规授权履行一定范围公共职能的组织。这两类机构行使行政权力,都有法律、法规依据,其应依法办事,如果其超越法律、法规规定的行政权力处理公共事务,就有可能导致滥用行政权力的行为发生。本条列举了一种加以禁止。即:限定或者变相限定单位或者个人经营、购买、使用其指定的经营者提供的商品。这里的限定和变相限定表现形式也可能有很多种,但通常有一定的强制性,要害是拥有行政权力的行政机关和法律、法规授权的具有管理公共事务职能的组织指定经营者,损害广大消费者的利益,损害非指定经营者的公平竞争权利。比如,有的地方民政部门利用办理结婚登记的权力限定办证申请人到指定的照相馆照相;有的地方公安交通管理部门强制车主到指定验车场验车;有的地方教育部门限定学校购买指定学习用品;还有的地方政府部门与企业搞一套班子两个牌子,自来水公司又是节水办公室,强制用户购买指定经营者的节水器材等,都属于此类情况,都在本条规定的禁止之列。

【相关规定】
《中华人民共和国反不正当竞争法》第 7 条
　　政府及其所属部门不得滥用行政权力,限制他人购买其指定的经营者的商品,限制其他经营者正当的经营活动。

政府及其所属部门不得滥用行政权力,限制外地商品进入本地市场,或者本地商品流向外地市场。

《国务院关于整顿和规范市场经济秩序的决定》

二、(四)7. 打破地区封锁和部门、行业垄断。查处行政机关、事业单位、垄断性行业和公用企业妨碍公平竞争,阻挠外地产品或工程建设类服务进入本地市场的行为,以及其他各种限制企业竞争的做法。

《国务院关于禁止在市场经济活动中实行地区封锁的规定》第4条

地方各级人民政府及其所属部门(包括被授权或者委托行使行政权的组织,下同)不得违反法律、行政法规和国务院的规定,实行下列地区封锁行为:

(一)以任何方式限定、变相限定单位或者个人只能经营、购买、使用本地生产的产品或者只能接受本地企业、指定企业、其他经济组织或者个人提供的服务;

《俄罗斯联邦有关保护竞争的联邦法》第15条

禁止联邦行政机构、俄罗斯联邦各组成国的公共机构、地方机构以及其他行使以上所提机构的职能的机构或组织,以及公共预算外基金和俄罗斯联邦中央银行的限制竞争的法案和行为(不作为)。

1. 联邦行政机构、俄罗斯联邦各组成国的公共机构、地方机构以及其他行使以上所提机构的职能的机构或组织,以及公共预算外基金和俄罗斯联邦中央银行禁止通过法案和(或)实行会或可能会导致防止、限制或者排除竞争的行为(不作为),依照联邦法规定通过法案和(或)实行行为(不作为)除外,具体而言,禁止以下行为:

(1)对任一业务领域建立新的经济实体施加限制,以及对实行特定的行为或者生产特定类型的商品施加禁止或限制;

(2)不合理地防止经济实体开展业务;

(3)对俄罗斯联邦领土内商品的自由流动施加禁止或限制,以其他方式限制经济实体销售、购买、取得或交换商品的权利;

(4)对经济实体发出命令,使其向特定的购买者(顾客)优先供给商品或优先签订合同；

（5）对商品的购买者（顾客）选择提供该商品的经济实体施加限制。

2. 禁止授予俄罗斯联邦各组成国的公共机构、地方机构会或可能会导致防止、限制或者排除竞争的权力，依照联邦法律规定的情形除外。

3. 禁止将联邦行政机构、俄罗斯联邦各组成国的公共机构、地方机构以及其他授权机构或当地机构的职能与经济实体的职能相结合，依照联邦法、俄罗斯联邦总统的命令、俄罗斯联邦政府规章规定的情形除外，以及不得将上述机构的职能和权力授予经济实体，包括国家控制和监督机构的职能和权力。

第三十三条 行政机关和法律、法规授权的具有管理公共事务职能的组织不得滥用行政权力，实施下列行为，妨碍商品在地区之间的自由流通：

（一）对外地商品设定歧视性收费项目、实行歧视性收费标准，或者规定歧视性价格；

（二）对外地商品规定与本地同类商品不同的技术要求、检验标准，或者对外地商品采取重复检验、重复认证等歧视性技术措施，限制外地商品进入本地市场；

（三）采取专门针对外地商品的行政许可，限制外地商品进入本地市场；

（四）设置关卡或者采取其他手段，阻碍外地商品进入或者本地商品运出；

（五）妨碍商品在地区之间自由流通的其他行为。

【说明及立法理由】

本条规定，行政机关和法律、法规授权的具有管理公共事务职能的组织不得滥用行政权力，实施地方保护主义，妨碍商品在地区之间的自由流通。

在社会主义市场经济条件下，强调公平竞争，商品、劳动力、资金、技术等也应在全国自由流动,但我国个别地方政府及其部门和法律、法规授权的具有管理公共事务职能的组织为了部门或地方的利益,为了小团体甚至个人的利益,滥用行政权力,采取种种方法和形式搞地方保护主义,妨碍商品在地区之间的自由流通,其表现形式五花八门,中央和国务院也屡禁不止,形成了我国社会主义市场经济中的一个顽症。其产生的根源是复杂的,与我国社会主义市场经济发育不完善有关系,与少数地方政府本位主义思想作怪也有关系。有的时候为了保指标、压任务,地方上的商品不让出境,有时为了保护地方产业和财政来源,外地商品不准进入。本条规定了其四种表现形式,在法律上加以明确禁止。

1. 对外地商品设定歧视性收费项目、实行歧视性收费标准,或者规定歧视性价格。外地商品是指非本地企业和个人生产、加工、制造的商品,当地行政机关和法律、法规授权的具有管理公共事务职能的组织本来应当与当地生产、加工制造的商品一视同仁依法管理,但当地行政机关和法律、法规授权的具有管理公共事务职能的组织滥用行政权力,增加额外的收费项目,实行歧视性的高收费标准或者规定歧视性价格,使外地商品在当地的流通增加额外的成本,处于不利的竞争地位,从而排除和限制了公平竞争,妨碍了商品在地区间的自由流通,本条加以禁止。

2. 对外地商品采取与本地同类商品不同的技术要求、检验标准,或者对外地商品采取重复检验、重复认证等歧视性技术措施,限制外地商品进入本地市场。我国法律、行政法规规定了一些商品的技术要求和检验标准,并规定了检验和认证的程序,检验对象和范围大都是法定的,技术要求、检验标准也是有法可依的,检验机构的指定和认定也是有依据的,一些地方的行政机关和法律、法规授权的具有管理公共事务职能的组织在法律、行政法规规定之外擅自规定本地商品与外地同类商品不同的技术要求、检验标准,将超出于法律、行政法规规定的技术要求和检验标准作为外地商品进入当地市场的条件,实际上给外地商品予歧视性待遇,使外地商品难以进入当地市场。有的地方的行政机关和法律、法规授权的具有管理公共事务职能的组织不承认外地商品检验、认证机构依法出具的相关证书或证明,不依法办事,要求外地商品不论是否具备相关外地商品检验、认证机构出具的法定证书或证明,擅自规定强行要求外地商品在当地有关机构重复检验或认证,一是增加了外地商品的经济负担,二是有可能导致外地商品错过销售时机,三是有可能导致一些生鲜商品无故损坏,四是破坏了法制和市场的统一。其后果严重,本条加以禁止。

3. 采取专门针对外地商品的行政许可,限制外地商品进入本地市场。行政许可是指行政机关根据公民、法人或者其他组织的申请,经依法审查,准予其从事特定活动的行为。法律、行政法规可以设定行政许可,尚未制定法律、行政法规的,地方性法规可以设定行政许可,尚未制定法律、行政法规和地方性法规的,因行政管理的需要,确需立即实施行政许可的,省、自治区、直辖市人民政府规章可以设定临时性的行政许可。地方权力机构或者行政机关依法有设定行政许可的权力,无论是采取制定规范性文件或是地方立法,也无论是否临时性的行政许可,都不能专门针对外地商品,限制外地商品进入本地市场。

4. 设置关卡或者采取其他手段,阻碍外地商品进入或者本地商品运出。实践中,一些地方的行政机关和法律、法规授权的具有管理公共事务职能的组织采取设置关卡或者采取其他手段,阻碍外地商品进入或者本地商品运出,有的设置关卡障碍物,有的采取封锁渡口、码头、交通要道等方法,只要其阻碍外地商品进入或者本地商品运出行为,都为本条所禁止。

5. 本条还规定了一个兜底条款,妨碍商品在地区之间自由流通的其他行为,都受本条禁止。

【相关规定】

《关于禁止在市场经济活动中实行地区封锁的规定》第3条

禁止各种形式的地区封锁行为。

禁止任何单位或者个人违反法律、行政法规和国务院的规定,以任何方式阻挠、干预外地产品或者工程建设类服务(以下简称服务)进入本地市场,或者对阻挠、干预外地产品或者服务进入本地市场的行为纵容、包庇,限制公平竞争。

《国务院关于禁止在市场经济活动中实行地区封锁的规定》第 4 条

地方各级人民政府及其所属部门(包括被授权或者委托行使行政权的组织,下同)不得违反法律、行政法规和国务院的规定,实行下列地区封锁行为:

(一)以任何方式限定、变相限定单位或者个人只能经营、购买、使用本地生产的产品或者只能接受本地企业、指定企业、其他经济组织或者个人提供的服务;

(二)在道路、车站、港口、航空港或者本行政区域边界设置关卡,阻碍外地产品进入或者本地产品运出;

(三)对外地产品或者服务设定歧视性收费项目、规定歧视性价格,或者实行歧视性收费标准;

(四)对外地产品或者服务采取与本地同类产品或者服务不同的技术要求、检验标准,或者对外地产品或者服务采取重复检验、重复认证等歧视性技术措施,限制外地产品或者服务进入本地市场;

(五)采取专门针对外地产品或者服务的专营、专卖、审批、许可等手段,实行歧视性待遇,限制外地产品或者服务进入本地市场;

(六)通过设定歧视性资质要求、评审标准或者不依法发布信息等方式限制或者排斥外地企业、其他经济组织或者个人参加本地的招投标活动;

(七)以采取同本地企业、其他经济组织或者个人不平等的待遇等方式,限制或者排斥外地企业、其他经济组织或者个人在本地投资或者设立分支机构,或者对外地企业、其他经济组织或者个人在本地的投资或者设立的分支机构实行歧视性待遇,侵害其合法权益;

(八)实行地区封锁的其他行为。

第三十四条 行政机关和法律、法规授权的具有管理公共事务职能的组织不得滥用行政权力,以设定歧视性资质要求、评审标准或者不依法发布信息等方式,排斥或者限制外地经营者参加本地的招标投标活动。

第34条　《中华人民共和国反垄断法》条文说明、立法理由及相关规定

【说明及立法理由】

本条是对禁止行政机关和法律、法规授权的具有管理公共事务职能的组织在招标投标活动中滥用行政权力，搞地方保护的规定。

我国实行社会主义市场经济，必须在全国范围内建立起统一、开放、竞争、有序的大市场。任何以地方保护、部门垄断等方式分割市场的行为，都会缩小市场规模，降低市场效率，阻碍经济的发展，是与我们建立和发展社会主义市场经济的目标背道而驰的。推行招标投标制度是为了充分发挥市场竞争机制在公共资金采购中的作用。如果在招标投标活动中搞地方保护，必然会使招标投标的作用大打折扣。我国目前正处于向市场经济转轨的阶段，由于多种原因，一些地方的行政机关和公共组织滥用行政权力，违反市场经济的客观要求，实行地方保护的情况时有发生，成为影响我国招标投标健康发展的一个突出问题。一些地方的行政机关和法律、法规授权的具有管理公共事务职能的组织，采取对本地区以外的承包商或供应商设定歧视性资质要求、评审标准或者不依法发布信息等方式，排斥、限制本地区以外的经营者参加本地区的投标竞争。有的地方的行政机关和法律、法规授权的具有管理公共事务职能的组织甚至直接要求本地区的采购单位只能将采购项目交给属于本地区的单位，本地区以外的单位不得参与本地区采购项目的投标。在招标投标活动中实行地方保护的做法，以及部分行政机关和法律、法规授权的具有管理公共事务职能的组织的领导人违法干预正常的招标投标活动的做法，破坏了市场的统一性，违反了公平竞争的原则，严重影响招标投标活动的正常开展，也给腐败行为留下可乘之机。为此，本条明确予以禁止。

【相关规定】

《中华人民共和国招标投标法》第6条

依法必须进行招标的项目，其招标投标活动不受地区或者部门的限制。任何单位和个人不得违法限制或者排斥本地区、本系统以外的法人或者其他组织参加投标，不得以任何方式非法干涉招标投标活动。

《国务院办公厅关于进一步规范招投标活动的若干意见》

当前，招投标活动中存在着严重问题，一些部门和地方违反《招标

投标法》，实行行业垄断、地区封锁；少数项目业主逃避招标、虚假招标，不按照法定程序开标、评标和定标；有的投标人串通投标，以弄虚作假和其他不正当手段骗取中标，在中标后擅自转包和违法分包；有关行政监督部门对违法行为查处不力；工程建设招投标活动中存在行贿受贿、贪污腐败现象，一些政府部门和领导干部直接介入或非法干预招投标活动。这些问题需要通过健全制度、完善机制、强化监督、规范行为来切实加以解决。进一步规范招投标活动，是维护公平竞争的市场经济秩序，促进全国统一市场形成的内在要求。规范的招投标活动有利于鼓励竞争，打破地区封锁和行业保护，促进生产要素在不同地区、部门、企业之间自由流动和组合，为招标人选择符合要求的供货商、承包商和服务商提供机会。

招投标制度必须保持统一和协调。各地区、各部门要加快招投标规章和规范性文件的清理工作，修改或废止与《招标投标法》和《行政许可法》相抵触的规定和要求，并向社会公布。坚决纠正行业垄断和地区封锁行为，不得制定限制性条件阻碍或者排斥其他地区、其他系统投标人进入本地区、本系统市场；取消非法的投标许可、资质验证、注册登记等手续；禁止以获得本地区、本系统奖项等歧视性要求作为评标加分条件或者中标条件；不得要挟、暗示投标人在中标后分包部分工程给本地区、本系统的承包商、供货商。鼓励推行合理低价中标和无标底招标。

建立和完善招投标行业自律机制，推动组建跨行业、跨地区的招标投标协会。由协会制定行业技术规范和行为准则，通过行业自律，维护招投标活动的秩序。

《国务院关于禁止在市场经济活动中实行地区封锁的规定》第4条

地方各级人民政府及其所属部门（包括被授权或者委托行使行政权的组织，下同）不得违反法律、行政法规和国务院的规定，实行下列地区封锁行为：

（一）以任何方式限定、变相限定单位或者个人只能经营、购买、使用本地生产的产品或者只能接受本地企业、指定企业、其他经济组织或者个人提供的服务；

（二）在道路、车站、港口、航空港或者本行政区域边界设置关卡，阻碍外地产品进入或者本地产品运出；

（三）对外地产品或者服务设定歧视性收费项目、规定歧视性价格，或者实行歧视性收费标准；

（四）对外地产品或者服务采取与本地同类产品或者服务不同的技术要求、检验标准，或者对外地产品或者服务采取重复检验、重复认证等歧视性技术措施，限制外地产品或者服务进入本地市场；

（五）采取专门针对外地产品或者服务的专营、专卖、审批、许可等手段，实行歧视性待遇，限制外地产品或者服务进入本地市场；

（六）通过设定歧视性资质要求、评审标准或者不依法发布信息等方式限制或者排斥外地企业、其他经济组织或者个人参加本地的招投标活动；

（七）以采取同本地企业、其他经济组织或者个人不平等的待遇等方式，限制或者排斥外地企业、其他经济组织或者个人在本地投资或者设立分支机构，或者对外地企业、其他经济组织或者个人在本地的投资或者设立的分支机构实行歧视性待遇，侵害其合法权益；

（八）实行地区封锁的其他行为。

《俄罗斯联邦有关保护竞争的联邦法》第17条

对于投标的反垄断要求

1. 在投标过程中，禁止实行会或可能会导致防止、限制或者排除竞争的行为（不作为），包括：

（1）由投标方的组织者协调投标参与者的行为；

（2）为投标的一个或多个参加者创造优惠条件，包括通过获得信息的方式，依据联邦法律情况作出的决定除外；

（3）违反确定中标者的程序命令的行为；

（4）由投标方的组织者、投标方的顾客和（或）他们的雇员关联方参与投标。

2. 除了本条第1款有关投标程序的限制规定，如果该投标方的组织者或顾客是联邦行政机构、俄罗斯联邦各组成国的公共机构、地方机构以及其他行使以上所提机构的职能的机构或组织，以及公共预算外基金，以及在配置国家和市政所需的物品、工作和服务的投标程序中，在没有联邦法律或其他成文法案的规定下,禁止对投标方的参与进行限制。

3. 除了本条第1和2款有关配置国家和市政所需的物品、工作和服务的投标程序的限制规定,禁止限制竞争,通过包括对投标人技术上和功能上与作为投标内容的物品、工作、服务不相联系的生产(物品、工作、服务)结构。

4. 违反本条规定的规则将是法院通过一个法律程序确认该投标及该投标结果造成的交易无效的理由。

第三十五条 行政机关和法律、法规授权的具有管理公共事务职能的组织不得滥用行政权力,采取与本地经营者不平等待遇等方式,排斥或者限制外地经营者在本地投资或者设立分支机构。

【说明及立法理由】

一、行政机关和公共组织滥用行政权力排除、限制竞争,除包括限制外地商品流入本地市场,或者本地商品流入外地市场这些商品流通的地域性限制外,还包括对资金、技术、人员流动和企业跨地区联合的限制等。本条就是对行政机关和公共组织滥用行政权力排斥或者限制外地经营者在本地投资或者设立分支机构作出的禁止性规定。

二、《国务院关于禁止在市场经济活动中实施地区封锁的决定》中规定的"以采取同本地企业、其他经济组织或者个人不平等的待遇等方式,限制或者排斥外地企业、其他经济组织或者个人在本地投资或者设立分支机构,或者对外地企业、其他经济组织或者个人在本地的投资或者设立的分支机构实行歧视性待遇,侵害其合法权益",与本条规定的内容基本一致。行政机关和法律、法规授权的具有管理公共事务职能的组织对外地经营者设置不同于本地经营者的投资条件、苛刻待遇,例如禁止或者限制外地企业对本地企业的收购;提高外地企业注册资本的标准;增加对外地企业资金来源及运用的审查次数;外地企业在当地投资后,没有实现改善基础设施的承诺,或者在水、电、气等方面多收费;外地企业在当地投资赢利后,当地政府要求外地企业将其赢利再投资于当地;外地企业从当地撤资时,当地政府有明显损害外地企业利益的行为等。其阻碍限制外地经营者在本地投资或者设立分支机构的目的是,保护本地经营者的利益,使外地经营者无法对本地经营者形成挑战,排斥、限制正常的竞争,违反了投资自由原则,其结果会使可竞争的统一市场转变为垄断趋向的市场结构,破坏分工与协作的市场化自然进程,破坏比较优势,保护落后,最终也不利于本地区经济的发展,同时通过行政权力实施地区封锁的过程中也极易造成官商勾结,滋生腐败。

【相关规定】

《中华人民共和国招标投标法》第6条

依法必须进行招标的项目,其招标投标活动不受地区或者部门的限制。任何单位和个人不得违法限制或者排斥本地区、本系统以外的法人或者其他组织参加投标,不得以任何方式非法干涉招标投标活动。

《国务院关于禁止在市场经济活动中实行地区封锁的规定》第4条

地方各级人民政府及其所属部门(包括被授权或者委托行使行政权的组织,下同)不得违反法律、行政法规和国务院的规定,实行下列地区封锁行为:

(七)以采取同本地企业、其他经济组织或者个人不平等的待遇等方式,限制或者排斥外地企业、其他经济组织或者个人在本地投资或者设立分支机构,或者对外地企业、其他经济组织或者个人在本地的投资或者设立的分支机构实行歧视性待遇,侵害其合法权益。

《俄罗斯联邦有关保护竞争的联邦法》第15条

禁止联邦行政机构、俄罗斯联邦各组成国的公共机构、地方机构以及其他行使以上所提机构的职能的机构或组织,以及公共预算外基金和俄罗斯联邦中央银行的限制竞争的法案和行为(不作为)。

1. 联邦行政机构、俄罗斯联邦各组成国的公共机构、地方机构以及其他行使以上所提机构的职能的机构或组织,以及公共预算外基金和俄罗斯联邦中央银行禁止通过法案和(或)实行会或可能会导致防止、限制或者排除竞争的行为(不作为),依照联邦法规定通过法案和(或)实行行为(不作为)除外,具体而言,禁止以下行为:

不合理地防止经济实体开展业务;

《俄罗斯联邦有关保护竞争的联邦法》第 16 条

禁止联邦行政机构、俄罗斯联邦各组成国的公共机构、地方机构以及其他行使以上所提机构的职能的机构或组织,以及公共预算外基金和俄罗斯联邦中央银行的限制竞争的协议或协同行为。

禁止联邦行政机构、俄罗斯联邦各组成国的公共机构、地方机构以及其他行使以上所提机构的职能的机构或组织,以及公共预算外基金和俄罗斯联邦中央银行的与经济实体达成协议或实施协同行为,如果这些协议或者协同行为会或可能会防止、限制或者排除竞争,具体而言,可能会导致:

对其他经济实体进入(退出商品市场)设置障碍,或者将经济实体排挤出市场。

第三十六条　行政机关和法律、法规授权的具有管理公共事务职能的组织不得滥用行政权力,强制经营者从事本法规定的垄断行为。

【说明及立法理由】

本条是对行政机关和法律、法规授权的具有管理公共事务职能的组织不得滥用行政权力,强制经营者从事本法规定的垄断行为的规定。

本条所称"强制",既包括发布行政规章的方式,也包括直接发布行政命令的方式,强制经营者从事本法规定的垄断行为。所谓"本法规定的垄断行为",包括达成或者实施垄断协议、滥用市场支配地位以及实施应予禁止或者应当受到一定条件限制的经营者集中。

我国是一个市场经济国家,应当以市场配置资源为基础,只有在市场失灵的时候才辅以适当的宏观调控。经营者作为市场经济的主体,在法律规定的范围内应当具有完全的经营自主权。经营者作为追求自身利益最大化的市场参与者,只要面对激烈的市场竞争,就必然会通过变革、创新,不断提高自己的生产水平、科研水平和管理水平,以此来提高自己的竞争力。这个竞争的过程,正是优化资源配置,完善市场结构,增进消费者福利的过程。而政府所要做的事情,就是保持市场的动力之源,即维护和促进市场竞争。但是,中国又是一个发展中国家,正处在全面的转型时期,许多地方和部门都面临发展的任务,也都遭遇到一些发展中的困难。受传统计划经济体制的影响,有些行政机关和法律、法规授权的具有管理公共事务职能的组织还试图运用行政手段调控本地区本部门经济的发展。最典型的做法就是在企业合并中通过"拉郎配"制造出一些大型企业,或者主动出面协调企业之间的"恶性竞争",要求他们集体提高价格,或者要求具有市场支配地位的企业对本地区本部门的企业和其他企业实行差别待遇等。然而,这些做法违背了市场经济的基本规律,限制了经营者的经营自主权,损害了消费者的合法权益,最终也未能给经济发展带来预期的好处。依照本法规定,这些行为大都属于滥用行政权力的违法行为。

行政机关和法律、法规授权的具有管理公共事务职能的组织滥用行政权力,强制经营者从事本法规定的垄断行为与经营者自发的垄断行为存在以下不同:(1)实施主体不同。后者的主体是市场经济的主要参与者——经营者;而前者的主体表面上是经营者,实质上是行政机关和法律、法规授权的具有管理公共事务职能的组织。(2)目的不同。后者的目的是追求企业自身的经济利益;而前者的实施主体则在谋求本地区、本部门等经济利益的同时,还可能附带自身的经济的和非经济的利益。(3)是否属于企业的自愿行为不同。后者是经营者自愿的逐利行为;前者则是政府主导下的强制行为,未必符合经营者的经济利益,经营者往往是非自愿的。(4)隐蔽性不同。前者的实施主体要尽量掩盖自己的行为,防止被主管机构和反垄断执法机构查处;而后者往往通过制定规章、命令等形式,并以保护群众利益、维护市场秩序等正当的名义公开实施。(5)危害性不同。后者虽然已经严重危害市场竞争,但是,前者具有超经济的强制性和排斥竞争的封闭性,具有更大的危害性。所以,对行政机关和法律、法规授权的具有管理公共事务职能的组织滥用行政权力,强制经营者从事本法规定的垄断行为的行为,更要加以关注,坚决予以反对,依法进行查处。当然,要解决这个问题,还需要更多方面的努力,包括加强行政法制建设,强化科学行政、依法行政意识,树立正确的政绩观等。

【相关规定】

《俄罗斯联邦有关保护竞争的联邦法》第 15 条

禁止联邦行政机构、俄罗斯联邦各组成国的公共机构、地方机构以及其他行使以上所提机构的职能的机构或组织,以及公共预算外基金和俄罗斯联邦中央银行的限制竞争的法案和行为(不作为)。

1. 联邦行政机构、俄罗斯联邦各组成国的公共机构、地方机构以及其他行使以上所提机构的职能的机构或组织,以及公共预算外基金和俄罗斯联邦中央银行禁止通过法案和(或)实行会或可能会导致防止、限制或者排除竞争的行为(不作为),依照联邦法规定通过法案和(或)实行行为(不作为)除外,具体而言,禁止以下行为:

(1) 对任一业务领域建立新的经济实体施加限制,以及对实行特定的行为或者生产特定类型的商品施加禁止或限制;

(2) 不合理地防止经济实体开展业务;

(3) 对俄罗斯联邦领土内商品的自由流动施加禁止或限制,以其他方式限制经济实体销售、购买、取得或交换商品的权利;

(4) 对经济实体发出命令,使其向特定的购买者(顾客)优先供给商品或优先签订合同;

(5) 对商品的购买者(顾客)选择提供该商品的经济实体施加限制。

《罗马尼亚竞争法》第 9 条

1. 禁止中央或地方行政管理部门实施具有限制、阻止或损害竞争目的或影响的行为,特别是:

(1) 作出限制自由交易或企业自主经营的决定;

(2) 为企业设置有差别的商业条件。

2. 第 1 款的规定不适用于第 2 条第 1 款第 2 项下的豁免行为。

3. 在中央或地方行政部门不遵守竞争委员会决定的情况下,竞争委员会可以就此起诉到布加勒斯特上诉法院。

第三十七条 行政机关不得滥用行政权力,制定含有排除、限制竞争内容的规定。

第37条　《中华人民共和国反垄断法》条文说明、立法理由及相关规定

【说明及立法理由】

行政行为可以分为具体行政行为和抽象行政行为。具体行政行为是指行政机关针对特定的人或事作出的直接产生法律后果的行为；抽象行政行为是指以不特定的人或事为对象制定出具有普遍约束力的规范性文件的行为。行政机关不仅可能通过具体行政行为滥用行政权力，排除、限制竞争，而且还可能以抽象行政行为方式滥用行政权力，排除、限制竞争。实践中，大量存在行政机关以具体行政行为排除、限制竞争，如行政机关滥用行政权力，限定或者变相限定单位或者个人经营、购买、使用其指定的经营者提供的商品；滥用行政权力妨碍商品在地区之间自由流通；滥用行政权力以设定歧视性资质要求、评审标准或者不依法发布信息等方式，排斥或者限制外地经营者参加本地的招投标活动；滥用行政权力采取与本地经营者不平等待遇等方式，排斥或者限制外地经营者在本地投资或者设立分支机构；滥用行政权力强制经营者从事本法规定的垄断行为。此外，行政机关以抽象行政行为排除、限制竞争也大量存在。

多年来，我国在经济活动中一直存在着地方保护主义，地方政府及其所属部门以文件、会议纪要、规定或联合发文的形式，排除、限制竞争，妨碍商品在全国自由流通，阻碍企业自由设立等情况较为普遍。这些行为严重阻碍了全国统一市场的形成，不利于社会主义市场经济的健康发展，应当坚决制止。我国1993年制定的《反不正当竞争法》第7条规定，政府及其所属部门不得滥用行政权力，限定他人购买其指定的经营者的商品，限制其他经营者正当的经营活动；或者限制外地商品进入本地市场，或本地商品流向外地市场。《国务院关于禁止在市场经济活动中实行地区封锁的规定》第5条也规定，任何地方不得制定实行地区封锁或者含有地区封锁内容的规定，妨碍建立和完善全国统一、公平竞争、规范有序的市场体系，损害公平竞争环境。根据上述规定，我国工商行政管理部门、商务主管部门近年来大力清理与法律相违背的有关规定，并通过建议等方式尽力纠正，取得了一定的成效。但是，行政机关制定含有排除、限制竞争内容规定的行为还大量存在。

本法作为一部维护市场竞争的法律，应当将行政机关不得滥用行

政权力,以抽象行政行为方式排除、限制竞争的规定纳入到法律中来,进一步约束有关行政机关的行为,帮助政府及其下属部门增强竞争和市场意识,也为有排除、限制竞争行为的行政机关的上级机关和有关执法部门纠正这些行为提供更为坚实、可靠的依据。因此,本条规定行政机关不得滥用行政权力,制定含有排除、限制竞争内容的规定。即行政机关不得滥用行政权力,在其发布的有约束力的规范性文件中含有排除、限制竞争内容的规定。与以具体行政行为排除、限制竞争相比,以抽象行政行为排除、限制竞争有以下特点:

(1) 针对的对象是不特定的人或者事;
(2) 其效力具有普遍性;
(3) 该规定可以反复适用,而不是只适用一次;
(4) 该行为通常创立了一种新的行为模式。

所以,采用抽象行政行为的方式排除、限制竞争往往影响面更广,破坏性更大。根据《立法法》的规定,行政机关有权依法制定行政法规、规章等规范性文件,规范经营者的经营行为,但是,这些法规、规章不得与法律相抵触。行政机关违反法律的规定制定含有排除、限制竞争的行政法规、规章等规范性文件,妨碍竞争,损害消费者利益,是滥用行政权力的行为,为本法所禁止。

【相关规定】

《国务院关于禁止在市场经济活动中实行地区封锁的规定》第 5 条

任何地方不得制定实行地区封锁或者含有地区封锁内容的规定,妨碍建立和完善全国统一、公平竞争、规范有序的市场体系,损害公平竞争环境。

《制止价格垄断行为暂行规定》第 12 条

政府及其所属部门应当依法保护经营者的定价自主权,不得对市场调节价进行非法干预。

《罗马尼亚竞争法》第 9 条

1. 禁止中央或地方行政管理部门实施具有限制、阻止或损害竞争目的或影响的行为,特别是:

(1) 做出限制自由交易或企业自主经营的决定;

（2）为企业设置有差别的商业条件。

2. 第（一）款的规定不适用于第2条第1款第2项下的豁免行为。

3. 在中央或地方行政部门不遵守竞争委员会决定的情况下，竞争委员会可以就此起诉到布加勒斯特上诉法院。

第六章　对涉嫌垄断行为的调查

第三十八条　反垄断执法机构依法对涉嫌垄断行为进行调查。

对涉嫌垄断行为,任何单位和个人有权向反垄断执法机构举报。反垄断执法机构应当为举报人保密。

举报采用书面形式并提供相关事实和证据的,反垄断执法机构应当进行必要的调查。

【说明及立法理由】

一、垄断是非常复杂的社会现象,反垄断法的规定多属于比较抽象和富有弹性的规则,其解释和适用往往需要结合具体的经济情况和竞争状况进行恰当的利益衡量。因此,反垄断执法具有很强的专业化特点,需要赋予反垄断执法机构相应的执法权。反垄断执法机构的执法权的内容很多,既涉及程序上的权力,又涉及实体上的权力。本条第1款赋予反垄断执法机构调查涉嫌垄断行为的权力就属于程序上的权力。在程序权力方面,大多数国家反垄断法都赋予反垄断执法机构比较强有力的调查权。一方面,允许反垄断执法机构直接实施调查行为,如传唤当事人和证人、责令提供资料、搜查经营场所等;另一方面,如果当事人拒绝或者妨碍执法机关调查,执法机关或者由执法机构通过法院给予制裁。

二、对垄断行为的监督,除依靠反垄断执法机构外,还需要发挥社会力量的作用。本条第2款就规定了任何单位和个人对涉嫌垄断行为都有权举报。社会公众分散在社会和市场的各个领域,而垄断行为的影响也往往会分散在社会和市场的各个方面,渗透于人们的日常生活和工作中,他们往往是垄断活动最广泛、最直接的感受者、发现者,因此,社会力量是反垄断执法机构最好的监督辅助力量。而反垄断执法机构作为行政管理机关,在日常的行政管理活动中,必须依靠社会、依靠群众。对垄断行为的监管是一项深入细致、专业性强的工作,更需要依靠群众、依靠社会力量。同时,为了保护举报人的安全,保持举报人积极性,反垄断执法机构对举报人要注意保密。

三、反垄断执法机构对单位和个人就涉嫌垄断行为的举报,要及时进行核实和处理。依照本条第 3 款的规定,举报采取书面形式并提供相关事实和证据的,表明举报情况可信程度较高,实施垄断行为的可能性大,法律特别要求反垄断执法机构应当进行必要的调查,这属于义务性规定,反垄断执法机构必须遵守,至于如何把握"进行必要的调查",要根据所举报的事实和证据来具体判断。

【相关规定】

《中华人民共和国反不正当竞争法》第 16 条

县级以上监督检查部门对不正当竞争行为,可以进行监督检查。

《中华人民共和国价格法》第 33 条

县级以上各级人民政府价格主管部门,依法对价格活动进行监督检查,并依照本法的规定对价格违法行为实施行政处罚。

《中华人民共和国价格法》第 38 条

政府价格主管部门应当建立对价格违法行为的举报制度。

任何单位和个人均有权对价格违法行为进行举报。政府价格主管部门应当对举报者给予鼓励,并负责为举报者保密。

我国台湾地区"公平交易法"第 26 条

公平交易委员会对于违反本法规定,危害公共利益之情事,得依检举或职权调查处理。

《德国反对限制竞争法》第 54 条

1. 卡特尔当局依职权或应申请开始进行程序。应相关申请,卡特尔当局可以为保护抗告人的利益而依职权开始进行程序。

2. 在卡特尔当局进行的程序,其当事人有:

(1) 申请进行程序的人;

(2) 作为程序相对人的卡特尔、企业、经济联合会或企业联合会;

(3) 人或人合组织,他们与决定发生重大的利害关系,卡特尔当局根据他们的申请传唤他们参加程序;当决定对众多消费者的利益产生影响并从而严重影响到消费者整体的利益时,公共资金资助的消费者中心及其他的消费者协会的利益也由此认为受到影响。

(4) 第 37 条第 1 款第 1 项或第 3 项情形的出让人。

3. 联邦卡特尔局也参加在州最高机关进行的程序。

《日本禁止私人垄断及确保公正交易法》第 45 条

任何人认为有违反本法之规定的事实发生时,可向公正交易委员会报告其事实,并要求采取适当的措施;

(2) 发生前款规定的报告时,应就该事件进行必要的调查;

(3) 在第 1 款规定的报告依公正交易委员会规则的规定,以书面形式揭发了具体事实的情形下,公正交易委员会就该报告的事件决定采取适当措施或者不采取措施时,应尽快将有关情况通知该报告者;

(4) 公正交易委员会在认为有违反本法规定的事实或者垄断状态发生时,可依职权采取适当的措施。

《罗马尼亚竞争法》第 4 条

1. 产品的价格和服务及劳动的价格应当根据供求关系,自由地通过竞争决定。自然垄断及法定垄断产品及服务的价格应当在公共财政部的顾问意见下的形成和调整,除非其他特别法律对此权限另有规定。

2. 如果法律或既存的垄断地位在相关经济部门或市场上排除或实质地限制竞争,政府可以决定通过适当的形式进行不超过 3 年的价格管制,政府可以通过对实际情况的判断,决定延长管制期限,但延长的期限不得超过 1 年。

3. 在特殊的经济部门和例外的情况下,如:经济危机、供求关系的严重失衡以及明显的市场失灵,政府可以采取临时措施防止、直至阻止价格的过度增长。这些措施可以通过政府决定的形式实施,期限为 6 个月,政府可以通过对实际情况的判断,决定延长实施期限,但延长的期限不得超过 3 个月。

4. 在第 2 款、第 3 款规定的情形下,政府的干预决定应当征求竞争委员会的咨询意见。

《罗马尼亚竞争法》第 46 条

1. 在接到对反竞争行为的举报或投诉时,竞争委员会或竞争办公室应当审查是否有足够的事实或证据开始一项调查。

2. 如果举报或投诉不足以展开一项调查,竞争委员会或竞争办公室应当自接到举报或投诉之日起 30 日内,以书面形式通知举报人或投诉人其不予开展调查的决定,并说明理由。

《巴西反垄断法》第 30 条

经济法办公室可以依职权或依利害人书面的合理请求开始进行初步调查;只要有意违反经济秩序的证据不足以构成行政程序的立即启动,任何有关此类调查的情况不得向外界透露。

(1) 在初步调查期间,经济法办公室主任可以采取本法第 35 条的程序,包括向被告提出说明情况的请求。

(2) 非经参议院或众议院正式申诉启动的行政程序不以初步调查为条件。

《匈牙利禁止不正当竞争法》第 69 条

(1) 如果注意到有违反本法案的行为发生,而且属于经济竞争局的职责范围的,合法权益受到损害的人可以向经济竞争局提出申诉。申诉人不享有一方当事人的权利,也不必承担当事人所应承担的义务。

(2) 此种申诉应对违反本法案的具体行为予以明确说明。

(3) 如果申诉内容没有包含所需要的事实或数据,则调查员可以举行听证会,要求相关的利害关系人参加,取得书面证据,必要时可以借助专家的帮助证明是否存在违反本法案的事实。

(4) 召开听证会的费用由国家预付。如果在竞争监督审理的过程中,确认有违法事件发生,则由违法一方承担听证会的费用。

(5) 申诉人可以要求不披露他的身份,如果他作为证人,他也有权要求对他向经济竞争局进行申诉的这一事实进行保密。

(6) 在收到申诉的 60 日内,必须(a)着手进行调查,或者(b)如果进行调查的理由不充分,必须向申诉人说明情况;采取行动的期限可以延长 60 天。

(7) 申诉人可以针对依据上述第 6 款 b 项规定所作的决定采取法

律救济措施,也可以针对竞争委员会作出的否决裁决依据第82条第3款寻求法律救济。

《匈牙利禁止不正当竞争法》第70条

(1) 在经济竞争局的职责范围内,而且是维护公众的利益所必需的,调查员一旦发现有违反本法案的行为或情况出现,就应该作出调查决定。调查决定应明确说明审理程序之所以成为必要的实际情况。

(2) 如果由于没有管辖权,法院把案件移交给经济竞争局,则调查员在第67条第2款规定的情况下应该依据第68条采取行动,在其他情况下,则应依据第69条第6款采取行动。可以披露调查开展的事实。如果向公众披露了某项调查的开始,则该调查的结果也必须向公众披露。

第三十九条 反垄断执法机构调查涉嫌垄断行为,可以采取下列措施:

(一) 进入被调查的经营者的营业场所或者其他有关场所进行检查;

(二) 询问被调查的经营者、利害关系人或者其他有关单位或者个人,要求其说明有关情况;

(三) 查阅、复制被调查的经营者、利害关系人或者其他有关单位或者个人的有关单证、协议、会计账簿、业务函电、电子数据等文件、资料;

(四) 查封、扣押相关证据;

(五) 查询经营者的银行账户。

采取前款规定的措施,应当向反垄断执法机构主要负责人书面报告,并经批准。

【说明及立法理由】

一、依照本条规定,反垄断执法机构有权采取的措施包括下列几项:

1. 对经营者的有关场所进行检查。一旦经营者有涉嫌垄断行为的情况,反垄断执法机构就需要在查清事实、了解真相的基础上确定该行为是否构成垄断行为,并依法对垄断行为进行处理。查明事实的重要途径之一,是到涉嫌垄断行为的发生场所进行实地检查,因此本条规定反垄断执法机构有权进入被调查的经营者的经营场所或者其他有关场所进行检查,以获取有关证据,依法确认和处理有关的违法活动。反垄断执法机构在行使现场检查权时,也要注意遵守有关行政程序的法律规定,防止出现侵犯被检查的经营者合法权益的情况。

2. 询问有关单位和个人。反垄断执法机构要了解事实真相,就应当从各个角度进行调查,其中包括询问当事人和被调查事件有关的单位或者个人,要求他们对被调查事件有关的事项作出说明,然后去伪存真,真正做到处理决定以事实为依据。

3. 查阅、复制有关单证、协议等文件、资料。针对垄断行为的调查具有取证不易,社会危害性大等特点,需要赋予反垄断执法机构相应的强制查处手段。为此,本条规定反垄断执法机构具有查阅、复制被调查的经营者及相关单位或者个人的有关单证、协议、会计账簿、业务函电、电子数据等文件、资料,这样可以了解被调查的经营者的相应经济活动、业务往来、资金流向等,以确认其行为的违法性,有利于案件查处。

4. 查封、扣押相关证据。为了查明事实,保存证据,防止隐匿、损毁有关的文件和资料等证据,反垄断执法机构有权查封、扣押相关证据。对有可能被有关单位或者个人隐藏或者可能被销毁、损坏的证据,反垄断执法机构要及时予以查封、扣押。

5. 查询经营者的银行账户。经营者进行商品买卖、资金往来,通常要通过其在银行开立的资金账户进行,所以查询有关的资金账户可以了解经营者的经济活动状况,以利于发现违法行为。为此,本条赋予反垄断执法机构查询经营者的银行账户的权力。

二、反垄断执法机构行使权力,采取上述措施,可能对企业的经营活动有所影响,为了提高执法的正确性、严肃性,防止权力不当行使甚至滥用,需要在程序上有所限制,因此,本条第2款规定,采取本条第1款规定的措施,应当向反垄断执法机构主要负责人书面报告,并经批准后实施。

【相关规定】

《中华人民共和国反不正当竞争法》第17条

监督检查部门在监督检查不正当竞争行为时,有权行使下列职权:

(一)按照规定程序询问被检查的经营者、利害关系人、证明人,并要求提供证明材料或者与不正当竞争行为有关的其他资料;

(二)查询、复制与不正当竞争行为有关的协议、账册、单据、文件、记录、业务函电和其他资料;

(三)检查与本法第5条规定的不正当竞争行为有关的财物,必要时可以责令被检查的经营者说明该商品的来源和数量,暂停销售,听候检查,不得转移、隐匿、销毁该财物。

《中华人民共和国价格法》第34条

政府价格主管部门进行价格监督检查时,可以行使下列职权:

(一)询问当事人或者有关人员,并要求其提供证明材料和与价格违法行为有关的其他资料;

(二)查询、复制与价格违法行为有关的账簿、单据、凭证、文件及其他资料,核对与价格违法行为有关的银行资料;

(三)检查与价格违法行为有关的财物,必要时可以责令当事人暂停相关营业;

(四)在证据可能灭失或者以后难以取得的情况下,可以依法先行登记保存,当事人或者有关人员不得转移、隐匿或者销毁。

《德国反对限制竞争法》第58条

(1)卡特尔当局可以扣押那些作为证据对调查具有重要性的物品。扣押应即向相关人公布;

(2)扣押时既没有相关人在场,又没有其成年的亲属在场,或者相关人,在其不在场时其成年亲属,对扣押明确地提出异议的,卡特尔当局必须在3天内向扣押进行地的初级法院请求确认;

(3)相关人可以随时就扣押向法院请求裁定。应当将此项权利告知相关人。对于该申请,由依第2款具有管辖权的法院作出裁定;

(4)对于法院的裁定,可以提出抗告。准用《刑事诉讼法》第306条至第310条以及第311a条的规定。

《德国反对限制竞争法》第 59 条

1. 以为履行本法赋予卡特尔当局的任务所必需为限,卡特尔当局在其作出决定生效之前可以:

(1) 要求企业或企业联合组织提供有关其经济关系的情况,并要求其提交有关资料;包括通常的市场调研,市场调研用于进行竞争条件或市场情况评估或分析并在企业或企业联合组织住所地进行;

(2) 要求企业或企业联合组织提供有关其经济关系的情况,并要求其依据第 36 条第 2 款的规定提交有关的计划及有关资料,只要他们占有这些资料或者他们通过关联企业并基于合法联系收集这些资料;

(3) 在通常的营业时间内查阅和审核企业以及企业联合组织的业务资料;

经济和职业联合会适用第 1 句第 1、3 项规定的任务、章程、决议以及成员数目和名称。

2. 企业所有人或其代表,法人、合伙和无权利能力社团依法律或章程任命的代表人以及根据第 13 条第 2 款第 1 句任命的代表人,有义务提交所要求的资料,提供所要求的情况,出示业务资料供查阅和审核,并接受对这些资料进行审核,允许进入营业场所及营业用地。

3. 受卡特尔当局委托进行审查工作的人员,有权进入企业以及企业联合组织的场所。在此范围内,《基本法》第 13 条的基本权利受到限制。

4. 搜查只能根据搜查地初级法院法官的命令进行。对于该命令的撤销,准用《刑事诉讼法》第 306 条至第 310 条以及第 311a 条的规定。因延迟会发生危险的,即使没有法官的搜查令,第 3 款所称的人员也可以在营业时间内进行必要的搜查。应当就地对搜查及其主要结果作成笔录;搜查时没有法官的命令的,笔录还应包括足以说明因延迟会发生危险这一推定的事实。

5. 负有提供情况义务的人有权拒绝就下列问题提供情况:回答这些问题将会使他本人或《民事诉讼法》第 383 条第 1 款第 1 项至第 3 项所称的亲属罹于刑事追究的危险,或罹于依《违反社会秩序法》提起的诉讼的危险。

6. 联邦经济部或州最高机关以书面的个别处分形式要求提供情况,联邦卡特尔局以决议的形式要求提供情况。在此类处分或决议中,应当载明要求提供情况的法律依据、提供情况的内容和目的,并应当为提供情况规定一个适当的期间。

7. 联邦经济部或州最高机关以书面的个别处分形式命令进行审核,联邦卡特尔局以决议的形式,并在征得局长的同意后,命令进行审核。命令中应当载明审核的时间、法律依据、内容和目的。

《欧共体理事会关于执行欧共体条约第 81 和 82 条竞争规则的 1/2003 号条例》第 7 条

1. 委员会因指控或基于自己的调查,认定存在违反条约第 81 条或 82 条的行为时,可以通过决定,要求企业或企业协会终止违法行为。为达此目的,委员会将采取宜于为有效制止违法行为所必要的结构性或行为性救济措施。结构性救济措施只是在没有同等有效的行为性措施,或者同等有效的行为性措施对相关企业来说比采取结构性措施负担更沉重的情况下采取。在存在合法利益的情况下,委员会可以对一个过去的违法行为作出裁决。

2. 有权出于第 1 款之目的提起指控的,是与之具有合法利益的自然人或者法人以及成员国。

《欧共体理事会关于执行欧共体条约第 81 和 82 条竞争规则的 1/2003 号条例》第 8 条

1. 在对竞争具有严重和不可弥补的损害之危险的紧急情况下,委员会有权基于所掌握的违法行为的初步材料,通过决定采取临时措施。

2. 依照第 1 款所做的决定只适用于特定的时期,而且可以在必要和适当的情况下作出调整。

《欧共体理事会关于执行欧共体条约第 81 和 82 条竞争规则的 1/2003 号条例》第 12 条

1. 应委员会的要求,成员国主管机关应承担委员会根据第 13 条第 1 款认为必要的或根据第 13 条第 4 款作出的决定进行的调查。成员国主管机关确保进行调查的官员以及由其授权或指定的人应当根据成员国的国内法行使其权力。

2. 应委员会的要求,或应调查地主管机关的要求,委员会的官员可以协助当地主管机关的官员履行职责。

《欧共体理事会关于执行欧共体条约第 81 和 82 条竞争规则的 1/2003 号条例》第 13 条

1. 为履行本条例赋予的职责,委员会可以对企业和企业协会进行所有必要的调查。

2. 由委员会授权进行调查的官员和陪同人员应享有下列权力:

（a）进入企业和企业协会的任何场地、土地和运输工具;

（b）检查涉及集中业务的书目和其他记录,无论其以何种媒介保存;

（c）获取或索取这些书目和记录任何形式的复印件或摘要;

（d）在调查所必要的期限内查封任何营业地、书目或记录;

（e）要求企业或企业协会的任何代表或其工作人员的任何成员解释与调查事项相关的事实或文件并记录这些回答。

3. 经授权的委员会官员行使权力开展调查时,应出具书面授权,授权应说明调查事项和目的,以及如果要求提交的账目和商业凭证不完整,或对依据本条第 2 款提出的问题回答得不正确或具有误导性时,第 14 条规定的处罚。在调查前,委员会应及时书面通知调查地的成员国主管机关。

4. 企业和企业协会要服从委员会决定进行的调查。委员会的调查决定应说明调查事项和目的,调查开始的日期,第 14 条和第 15 条规定的处罚,以及请求欧洲法院对委员会的决定进行审查的权力。委员会应当在与调查地的成员国主管机关磋商后作出上述决定。

5. 调查开展地的成员国主管机关的官员或其授权或指定的人,应该主管机关或委员会的要求,应当积极协助委员会授权的官员或及其他随从人员。为此目的,他们应享有第 2 款规定的权力。

6. 在委员会授权的官员或随从人员发现企业或企业协会反对按本条规定作出的调查决定包括根据本条命令的查封营业地、书目或记录的情况下,有关成员国应向委员会授权的官员提供必要的协助,协助其履行职责。

7. 如果第 6 款规定的协助根据成员国的规则需要其司法主管机关授权,则应该提出这样的授权申请。这样的授权也可以作为预防性措施来申请。

8. 在申请第 7 款提到的授权时,成员国司法主管机关应当确保委员会决定是可信的,并且拟议的强制性措施对于调查事项来说既不武断也不过分。在其控制强制措施的比例性时,成员国司法主管机关可以直接或通过成员国竞争主管机关要求委员会对调查事项作出详细解释。然而,成员国司法主管机关不可质疑调查的必要性,也不可以要求提供委员会文件中的信息。委员会决定的合法性应当仅受制于欧洲法院的审查。

《欧共体理事会关于执行欧共体条约第 81 和 82 条竞争规则的 1/2003 号条例》第 17 条

1. 当成员国之间的贸易倾向、固定不变的价格以及其他的情况表明,共同体市场的竞争受到了限制或歪曲时,委员会可向特定的经济部门或者跨部门的某种协议进行调查。在调查过程中,委员会可要求相关的企业或企业协会提供与条约第 81 和 82 条相关的必要信息,并为此目的进行必要的调查。

委员会特别是可以要求相关的企业或企业协会提供关于协议、决定以及协调行为的信息。

委员会可就其对特定经济部门或者跨部门的某种协议的调查结果发布公告,并邀请利益当事人予以评论。

2. 第 14、18、19、20、22、23、24 条适用时应作必要修正。

《欧共体理事会关于执行欧共体条约第 81 和 82 条竞争规则的 1/2003 号条例》第 18 条

1. 为履行本条例赋予的职责,委员会可通过简单询问或者做出决定的方式,要求企业或企业协会提供所有的必要信息。

2. 向企业或企业协会进行简单询问以取得信息时,委员会应说明这个请求的法律基础和目的,说明所要提供的信息和提供的期限,以及根据第 23 条对提供错误或误导信息时可能给予的处罚。

3. 委员会通过决定要求企业或企业协会提供信息时,委员会应说明该请求的法律基础和目的,说明所要提供的信息和提供的期限,以及根据第 23 和 24 条所可能受到的处罚。此外,还应指出法院对这个决定有审查的权力。

4. 有权以相关企业或企业协会的名义提交信息之人是企业的所有者或其代表,在法人、公司、商号或在无法人资格的协会之情况下,则由被授权之人或者依照法律或章程有权代表它们的人。律师也可根据授权以其被代理人的名义提供信息。被代理人仍应就提供不全面、不正确或误导性的信息负全面责任。

5. 委员会应不迟延地向企业或企业协会所在的成员国及其境内竞争受到影响的成员国的竞争主管机构提交简单询问或者决定的副本。

6. 应委员会的请求,成员国的政府和竞争主管机构应向委员会提交所有的必要信息以履行本条例所赋予的职责。

《欧共体理事会关于执行欧共体条约第 81 和 82 条竞争规则的 1/2003 号条例》第 19 条

1. 为履行本条例所赋予的职责,委员会可询问任何同意接受询问的自然人和法人,以收集与所调查主题相关的信息。

2. 根据第 1 款需要在企业所在场所进行询问的情况下,委员会应向询问发生地的竞争主管机构予以通报。应成员国竞争主管机构的请求,成员国的官员可协助委员会授权的官员及其随行人员进行这个询问。

《欧共体理事会关于执行欧共体条约第 81 和 82 条竞争规则的 1/2003 号条例》第 20 条

1. 为履行条例赋予的职责,委员会可对企业或企业协会进行一切必要的调查。

2. 经委员会授权的官员及其随员在调查中享有下列权力:

(a) 进入企业或企业协会的各种场所、土地及交通工具;

(b) 检查以各种载体上记载的账册及其他商业记录;

(c) 以各种形式复制或者摘录上述的账册或记录;

(d) 在为检查所必要的期限和程度内,封存经营场所、账册或记录;

(e) 要求企业或企业协会的代表或职员对与调查的主题和目的相关的事实或文件作出解释,并对他们的回答做出记录。

3. 委员会授权进行检查的官员及其随员行使其权力时应出示一个授权书。授权书应指明检查的对象和目的,并指出当所提供的与经营有关的账册或其他记录不完整,或对依据第2款所提问题的答复不正确或者具有误导性的情况下,根据第23条可给予的处罚。在检查开始前的适当时间,委员会应向检查地国的竞争主管机构通告这个检查。

4. 企业或企业协会必须服从委员会通过决定发出的检查令。委员会的决定中应当说明检查的对象和目的,检查开始的时间,第23条和第24条规定的处罚,以及法院审查这个决定的权力。委员会的决定应在向被检查地的成员国竞争主管机构进行咨询后做出。

5. 应被检查地成员国竞争主管机构或应委员会的请求,经被检查地成员国竞争主管机构授权或者委任的官员及其他人员,应积极协助委员会授权的官员及其随员。为此,他们将享有第2款所规定的权力。

6. 当委员会授权的官员及其随员发现,一个企业在抵制依据本条规定而进行的检查时,相关成员国应予以必要的协助,包括提供警方或其他同等重要的执法机构的协助,以使他们能够进行检查。

7. 如果依据成员国的法律,第6款规定的协助需要得到司法机构的批准,那就应当得到这个批准。这个批准也可作为一个预防性的措施。

8. 请求第7款规定的批准时,成员国的司法机构应审查委员会的决定是否可信,并根据被检查的对象考虑拟用的强制性措施是否合理和适当。为了适当地使用强制性措施,成员国的司法机构可直接或者通过成员国竞争主管机构向委员会了解被怀疑是违反了条约第81条或第82条的理由、违法的严重程度以及卷入案件的相关企业的情况等细节。但是,成员国的司法机构不得对检查的必要性提出质疑,也不可要求获取委员会档案中的信息。委员会决定的合法性将由法院进行审议。

《欧共体理事会关于执行欧共体条约第 81 和 82 条竞争规则的 1/2003 号条例》第 21 条

1. 如果可以合理怀疑，与违反条约第 81 条或第 82 条的营业活动相关的账册或者其他记录以及其他需检查的客体被保存在某个场所、土地或运输工具中，包括相关企业或企业协会的董事长、经理或其他人员的住宅，委员会可以做出对这些场所、土地或运输工具进行检查的决定。

2. 这个决定应特别指明检查的对象和目的、检查开始的日期，并且指明法院对这个决定进行审查的权力。决定中要特别指明，为什么委员会会认为存在第 1 款意义上的怀疑。委员会做出上述决定前，应向被检查地的成员国竞争主管机构进行咨询。

3. 未得到相关成员国司法机构的许可，依据第 1 款所作出的决定不得被拒绝执行。成员国司法机构应审查委员会决定的真实性，并且鉴于被怀疑的违法行为的严重性、被寻找的证据的重要性、相关企业的牵连情况以及与被检查的对象相关的账册和记录存放在需要授权进行检查的场所的可能性，审查这个决定是否是合理的和适当的。成员国的司法机构可直接或通过成员国的竞争主管机构向委员会了解上述细节，以确保所要采取的强制性措施是适当的。

然而，成员国的司法机构不得就检查的必要性提出质疑，也不得要求获取委员会档案中的信息。委员会决定的合法性只是接受法院的审查。

4. 经委员会授权依据本条第 1 款进行检查的官员及其他随同人员，享有第 20 条第 2 款(a)、(b)规定的权力。第 20 条第 5 款和第 6 款在适用时可作必要变通。

《欧共体理事会关于执行欧共体条约第 81 和 82 条竞争规则的 1/2003 号条例》第 22 条

1. 为确定是否有违背条约第 81 和 82 条的情况，成员国竞争主管机构可根据本国的法律，以其他成员国竞争主管机构的名义并考虑他们的需要，在本国领土上进行检查或采取其他认定事实的措施。所获信息的交换和使用应按第 12 条的规定进行。

2. 应委员会的要求,成员国竞争主管机构应进行委员会根据第20条第1款认为是必要的检查,或委员会依第20条第4款所作决定中要求的检查。负责检查的成员国竞争主管机构的官员以及由其授权或任命的其他人员应依据本国法行使其权力。

应委员会或应检查地成员国竞争主管机构的请求,委员会授权的官员及其他随同人员可协助相关机构的官员。

《欧共体合并条例》第11条

1. 为履行本条例所赋予的职责,委员会可以通过简单要求或通过决定,命令第3条第1款b项所提到的个人以及企业和企业协会提供所有必要的信息。

2. 当向个人、企业和企业协会发出提供信息的简单要求时,委员会应当说明要求的法律基础和目的,阐明要求信息的内容和确定信息提供的时间期限,以及第14条规定的对提供不正确或误导性信息的处罚。

3. 当委员会通过决定要求个人、企业和企业协会提供信息时,委员会应当说明要求的法律基础和目的,阐明要求信息的内容和确定信息提供的时间限制。要求也应当包括说明第14条所规定的处罚或施加第15条所规定的处罚。决定应当进一步说明请求欧洲法院审查该决定的权力。

4. 企业应由所有人或代表人提供信息,具有法人资格的公司或不具有法人资格的协会,应由法律或企业章程规定的代表人提供信息。被适当授权的人可以代表其委托人提供信息。如果提供的信息是不完整、不正确或误导性的,委托人应当承担全部责任。

5. 委员会应毫不迟疑地将依据第3项做出的任何决定的副本抄送相关个人、企业或企业协会所在地的成员国以及其领域内受到影响的成员国主管机关。在1个成员国主管机关的特别要求下,委员会也应当向该主管机关提供关于涉及已申报集中信息简单要求的副本。

6. 应委员会的要求,成员国政府和主管机关应当向委员会提供为履行本条例所赋予委员会的职责而必需的所有信息。

7. 为履行本条例所赋予的职责,委员会为了收集有关调查事项的信息可以询问任何同意被询问的自然人或法人。询问可以通过电话或其他电子形式进行,在询问开始时委员会应当说明询问的法律基础和目的。

当询问不在委员会的所在地或通过电话或其他电子方式进行时,委员会应当事先通知该询问在其领域内进行的成员国主管机关。如果该成员国主管机关如此要求,该主管机关的官员可以协助委员会授权进行询问的官员或其他人。

《日本禁止私人垄断及确保公正交易法》第46条

1. 公正交易委员会为对事件进行必要的调查,有权做出下面各项所列的处分。

(1) 责令事件关系人或参考人出面接受调查、讯问,或者向他们征求意见或报告;

(2) 责令鉴定人出面鉴定;

(3) 责令账簿文件等物品的持有人提交该物品,或者留置该物件;

(4) 进入事件关系人的营业场所及其他必要的场所,检查业务及财产状况、账簿文件等其他物品;

2. 公正交易委员会认为适当时,可以根据命令的规定,指定公正交易委员会的职员为审查官,并令其实施前款的处分。

3. 根据前款规定令职员进入检查时,应同时令其携带身份证明书并向关系人出示。

《俄罗斯联邦有关保护竞争的联邦法》第22条

反垄断当局的职能

反垄断当局行使以下主要职能:

(1) 确保对联邦行政机构、俄罗斯联邦各组成国的公共机构、地方机构以及其他行使以上所提机构的职能的机构或组织,以及公共预算外基金、经济实体、自然人遵守反垄断立法进行国家控制。

(2) 披露违反反垄断立法的行为,采取措施制止和责问该违反行为。

(3) 防止联邦行政机构、俄罗斯联邦各组成国的公共机构、地方机构以及其他行使以上所提机构的职能的机构或组织,以及公共预算外基金、经济实体、自然人实行垄断行为、不公平竞争行为,以及其他违反反垄断立法的行为。

(4)对土地、土地埋藏物、水和其他自然资源的使用的领域中的经济集中进行国家控制,包括联邦法律规定的对于投标过程的控制。

《俄罗斯联邦有关保护竞争的联邦法》第23条

1. 反垄断当局行使以下权力:

(1)对违反反垄断法律的情形开展检查。

(2)就本联邦法规定的情形向经济实体发布有约束力的指令:

(a)制止限制竞争的协同行为和(或)协议,实行旨在确保竞争的行为;

(b)制止经济实体滥用市场支配地位方,实行旨在确保竞争的行为;

(c)制止违反非歧视性获得商品规则的;

(d)制止不公平竞争行为;

(e)防止对竞争的开始造成障碍的和(或)可能导致防止、限制、排除竞争的行为,防止违反反垄断立法;

(f)有关排除违反反垄断立法的后果;

(g)制止其他违反反垄断立法的行为;

(h)回复到违反反垄断立法之前的状态;

(i)签订合同,修改合同条件或者废除合同,如果在反垄断当局在检查违反反垄断立法的案件中,如果相应的申请侵害或可能侵害权利人的权利,或在反垄断当局在对经济集中实行国家控制的案件中;

(j)将违反反垄断立法所得的利润收归联邦预算;

(k)修改或限制商标名称的使用,如果反垄断当局在检查违反反垄断立法的案件中,如果相应的申请侵害或可能侵害权利人的权利,或反垄断当局在对经济集中实行国家控制的案件中;

(l)制定经济、技术、信息和其他要求以排除及防止出现歧视性条件;

(m)实行旨在保护竞争的行为,包括依据联邦法律或其他成文法案的命令,有关保护获得生产设施和信息、授予工业财产的权利保护、转移或禁止转移财产权、在实行定义中规定的行为之前提前向反垄断当局告知其意图。

(3) 向联邦行政机构、俄罗斯联邦各组成国的公共机构、地方机构以及其他行使以上所提机构的职能的机构或组织,以及公共预算外基金,以及它们的官员发送有约束力的命令,除非符合本款第4项所规定的情形:

(a) 有关废止或修改它们通过的违反反垄断立法的法规;
(b) 有关废除或修改它们所签订的违反反垄断立法的协议;
(c) 有关停止违反反垄断立法的行为;
(d) 有关实行旨在确保竞争的行为;

(4) 向证券市场的联邦行政机构、俄罗斯联邦中央银行发出建议,建议其收回其依照反垄断立法采取的法案或撤销行为,如果该法案和(或)该行为违反反垄断立法。

(5) 依据俄罗斯联邦立法所规定的程序对违反反垄断立法的商业和非商业组织、它们的管理层人员、联邦行政机构的官员、俄罗斯联邦各组成国的公共机构的官员、地方机构的官员以及其他行使以上所提机构的职能的机构或组织的官员,以及公共预算外基金的官员,包括个人企业家在内的自然人,追究责任。

(6) 就有关违反反垄断立法的行为向仲裁庭和法院或商业法院提交请求和申请书,包括:

(a) 有关确认联邦行政机构、俄罗斯联邦各组成国的公共机构、地方机构以及其他行使以上所提机构的职能的机构或组织,以及公共预算外基金和俄罗斯联邦中央银行违反反垄断立法的法案或非规范性文件整体或部分无效;
(b) 有关确认不符合反垄断立法的合同整体或部分无效;
(c) 有关强制性签订合同;
(d) 有关修改或取消合同;
(e) 有关法人在反垄断立法规定的情况下清算;
(f) 有关违反反垄断立法获得的利润偿付联邦财政;
(g) 有关追究允许该违反反垄断立法行为的人的责任;

(h) 有关确认投标无效;

(i) 有关强制执行反垄断当局的决定和指令;

(j) 反垄断立法规定的其他情形。

(7) 参与法庭或仲裁庭对于申请和(或)反垄断立法的违反行为的审查。

(8) 对在特定商品市场拥有50%以上市场份额的经济实体登记,由俄罗斯联邦政府制定进行和维持该登记的命令。

(9) 在反垄断当局的网站上公布有关不特定范围人的利益的决定和指令。

(10) 在对违反反垄断立法情形的审查过程中或在实行对经济集中的控制中确定经济实体的支配性地位。

(11) 对商业和非商业组织、联邦行政机构、俄罗斯联邦各组成国的公共机构、地方机构以及其他行使以上所提机构的职能的机构或组织,以及公共预算外基金、自然人对反垄断立法的遵守情况进行控制,并且从它们处获得必要的文件和信息以及书面或口头声明,依据俄罗斯联邦立法制定的适用于代理机构强制调查活动的程序。

(12) 依据俄罗斯联邦政府制定的程序,在特定商品价格标准的规定停止时,对市场确保贸易组织的经济实体,例如对电力市场的经济活动进行控制。

(13) 行使由本联邦法、其他联邦法律、俄罗斯联邦总统的命令、俄罗斯联邦政府的规章规定的其他权力。

2. 除了本条第1款规定的权力,反垄断当局还可以行使以下权力:

(1) 在依据本联邦法第32条规定的交易和(或)行为结束期间,批准向反垄断当局报送数据的形式。

(2) 批准信用组织服务的不合理高价和不合理低价的确定方法,对占有支配地位的信用组织提供其他金融组织没有的服务确定的价格,与俄罗斯联邦中央银行协调确定合理价格。

(3) 批准对竞争状况进行分析的程序,用以确定经济实体的支配地位,以及揭露其他防止、限制或排除竞争的情形(用以确定金融组织支配地位的,对竞争状况进行分析的程序由联邦反垄断当局与俄罗斯联邦中央银行协调批准)。

(4) 制定本联邦法规定的成文法案。

(5) 对有关反垄断立法适用的问题进行解释。

(6) 依据制定的规则,对于开征、改变、终止现行海关关税、开展特殊保障、反倾销和赔偿措施过程中,限制竞争指标的出现或不出现给出结论。

(7) 对发证机关有关因经济实体开展某些业务违反反垄断立法而取消、撤销或暂停其许可证发出建议。

(8) 与国际组织和外国国家机构合作,参与俄罗斯联邦订立和实施国际条约以及协调俄罗斯联邦国际合作的跨政府或跨部门工作,实施关于保护竞争问题的国际项目。

(9) 条件和分析反垄断立法的实践适用情况,对其适用进行建议。

(10) 每年向俄罗斯联邦汇报有关俄罗斯联邦的竞争状况,并在反垄断当局的网站公布。

《俄罗斯联邦有关保护竞争的联邦法》第24条

反垄断当局的雇员在监督检查反垄断立法时的权力。

反垄断当局的官员于反垄断当局在申请检查违反反垄断立法的案件、对违反反垄断立法的案件调查、对经济集中实行控制和确定竞争状况的案件中,依其权力出示证书和反垄断当局主任(副主任)的监察决定后,有权进入联邦行政机构、俄罗斯联邦各组成国的公共机构、地方机构以及其他行使以上所提机构的职能的机构或组织,以及公共预算外基金、商业或非商业组织,以获取所需的文件和信息。检查遵守反垄断立法的执行程序由联邦反垄断当局制定。

《韩国规制垄断与公平交易法》第50条

1. 为了施行本法,认为必要时,公平交易委员会可以根据总统令的规定作出以下处分:

(1) 要求当事人、利害关系人或者参考人出席并听取意见。

(2) 指定鉴定人并委托鉴定。

(3) 要求事业者、事业者团体或者其任员、职员汇报成本和经营状况,命令其提供其他必要资料或物品,或者扣留其提供的资料或物品。

2. 为了施行本法,认为必要时,公平交易委员会允许其所属的公务员(包括根据第65条规定接受委任的机关所属的公务员)可以出入事业者或者事业者团体的事务所或者事业场所,调查其业务、经营状况、账簿文件、电脑资料、声音录像资料、画像资料和其他总统令规定的资料或者物品,并可以在按照总统令规定指定的场所听取当事人、利害关系人或者参考人的陈述。

3. 依第2款规定进行调查的公务员,按照总统令的规定,可以命令事业者、事业者团体或者其任员、职员提供调查时必要的资料或者物品,或者可以扣留其提供的资料或者物品。

4. 依第2款规定进行调查的公务员,应当向关系人出示表示其权限的证明。

5. 公平交易委员会认为属于对具有违反第23条[不公平交易行为的禁止]第1款第7项规定之重大嫌疑的大规模企业集团系列公司的调查有关联的、非依金融交易关联信息和资料(以下称金融交易信息)无法确认资金的援助与否的情形,可以不拘于其他法律的规定,依据记载有以下事项的文书,要求金融机构长官提供金融交易信息,该金融机构长官应当提交。

(1) 交易人本身情况。

(2) 使用目的。

(3) 要求提供的金融交易信息的内容。(限于涉及被认定有不正当援助行为之嫌疑者的金融机构之间的不正当援助行为的金融交易信息)

《罗马尼亚竞争法》第41条

在履行本法规定的职责时,竞争事务调查官可以要求企业或企业团体提供必要的信息或文件,同时应说明法律根据及其目的。根据本法规定的制裁措施,竞争事务调查官可以设定提交相关信息和文件的期限。

《罗马尼亚竞争法》第42条

1. 为调查违反本法的行为,除初任的竞争事务调查官以外,有权进行调查,调查中可以行使如下权力:

（1）进入企业或企业团体所有的经营场所或交通工具；

（2）检查与企业或企业团体经营活动相关的文件、账簿、财务会计或商业资料以及其他证据，不论上述资料或文件存放何处；

（3）要求企业或企业团体的代表或雇员对有关事实或文件作出说明；

（4）以任何形式，发布命令或获取与企业或企业团体经营活动相关的文件、账簿、财务会计或商业资料以及其他证据的复印件或摘要；

（5）申请查封企业或企业团体的营业场所或查封与企业或企业团体经营活动相关的文件、账簿、财务会计或商业资料以及其他证据。

2. 根据前款的规定，竞争事务调查官有权进行检查，为履行其职责时对发现的文件或可以获得的信息，应当登记事实情况并制作目录清单。

3. 竞争事务调查官有权未经通知进行调查，同时也可为履行其职责，要求提供信息或辩护理由，无论是在现场或竞争委员会总部。

4. 检查权力的行使应当根据竞争委员会颁布的有关权力的设置、行使以及程序的法规。

《罗马尼亚竞争法》第43条

根据本法第44条规定的有关判断能力，竞争事务调查官可以对任何房产行使检查权，其中包括对属于被调查的企业或企业团体的经理、行政管理人员、执行人员或其他雇员的住宅、土地或交通工具的检查。

1. 属于企业的房产、土地以及专业的运输方式，如果有任何的征兆表明发现的信息或文件将有助于调查。

2. 被调查公司的行政领导、经理、董事的住所，以及负责财务、会计或市场营销的一般人员的住所，调查应当在罗马尼亚宪法第27条第3款规定的条件下进行。

《罗马尼亚竞争法》第44条

1. 竞争事务调查官可以根据第43条规定展开调查，如果此项调查是竞争委员会主席命令进行的调查的一部分，同时如果他们根据地区法院院长的命令对控制的住所有司法管辖权，或者由法院院长委托的法官签发。如果需要调查的住所分散在不同的法院管辖区域，需要同

第六章 对涉嫌垄断行为的调查　　第39条

时对其进行调查,则任何一个法院的院长都可以发布这唯一的裁决。

2. 为申请司法裁决,竞争委员会应当提供检查正当性有关的信息,如果申请是有理由的,法官有权进行审查。

3. 调查及相关行动应当在主管机关及签发裁决的法官的控制下进行。

4. 法官可以检查搜查过的场所,可以随时决定延缓或终止一项搜查。

5. 无论何种情况下,搜查必须在早八点到晚六点之间进行,房屋的所有者或其代表必须在场;只有竞争事务调查官、房屋所有权人或其代表可以对证据或文件的没收或返还做记录。

6. 财产目录和查封的申请应当根据刑事诉讼法的规定进行,原始的会议记录以及搜查的财产清单应当呈递给下达搜查命令的法官,在有关证据或文件不再需要确定其真实性时,应当返还被搜查的房屋所有权人。

7. 第1款规定的授权应当向布加勒斯特上诉法院提出申请,申请不可暂停执行。

8. 竞争委员会,或者在某些情况下是竞争办公室的负责人可以被告知立刻开始一项调查或采取其他措施。

9. 根据以上规定,在调查期间可以对程序提出抗辩。

《匈牙利禁止不正当竞争法》第65条

(1) 为了顺利履行法律职责,调查员和竞争理事会有权:

(a) 接触与经济活动相关的文件,纵使这些文件内载有商业秘密,或者要求提供可读的或者数据载体记录的能被复制的信息;

(b) 对当事人进行检查,进入其房屋,包括当事人用于生产经营的交通工具和土地,要求当事人、其代理人或前任代理人、雇员或前任雇员提供口头或书面的信息或解释,或者是在现场以任何方式搜集信息;

(c) 复制文件或作摘要,为此目的占有文件最长可至8日。

(2) 使用包含国家或行业秘密的文件由单独的法规进行规制。

(3) 为了澄清案件的事实,必要时可以向当事人以外的人或组织搜集信息,他们有义务提供此类信息并使得与调查事项的相关的文件能够被获取。

（4）调查员和竞争理事会对正在调查或审理的经济活动有权获取当事人和其他审理参与人的个人信息。

（5）在竞争监督程序中，应当通知当事人被怀疑违反法律以及要求查证的事实，以便当事人尽早说明其立场。

（6）提供有可能用于定罪的文件、数据、记录或其他信息不可以被拒绝，然而当事人或其他人没有义务在其声明中承认自己触犯了法律。

第65/A条规定：

（1）在依照职权对有关违反本法案第11条或第21条事件进行调查的过程中，调查员有权为了特定目的独自进入受调查企业以及与其相关企业的房屋或其他建筑物，包括用于生产经营活动的交通工具或土地进行搜查。

（2）在依照职权对有关违反本法案第11条或第21条事件进行调查的过程中，调查员有权为了特定目的独自进入受调查企业的管理人员或实际控制人用于私人目的或私人使用的房屋或其他建筑物，包括对交通工具或土地进行搜查。

（3）根据本条款实施的调查行为必须预先获得一个司法授权决定。此授权裁决可以通过经济竞争局向调查活动所属的辖区法院院长提交理由详尽的书面申请而获得。如果经济竞争局可以向多个法院进行申请，则获得其中任何一个法院的授权就视为满足本条款的规定。从提交申请至获得授权的这段时间将不应计入决定的最后期限。

（4）法院必须在收到申请的72小时之内作出是否给予授权的决定。如果法院只是给予部分授权，则法院必须在决定中明确特定的调查行为所针对的对象。根据法院授权，调查活动可以在获得授权之日起90天内进行。

（5）在下列条件下法院应该给予授权：申请人能够证明无法通过其他手段进行调查，并且有充足的理由认为某些特定的信息保存在申请中所指向的地点；或者有充足的理由认为某些特定的信息保存在申请中指向的地点，而且调查员无法通过其他手段获得，或者即使得到也无法使用。

(6) 在条件允许的情况下,根据本条款的规定进行的调查应该在当事人包括其代理人、代表或员工在场的情况下进行。而且在调查开始之前应该告知当事人法院的授权决定和调查的目的。

(7) 根据本条款的规定进行调查的过程中,经济竞争局可以寻求警察的协助。警察可以根据相关规定采取强制措施或手段。

(8) 经济竞争局不应为了达到本条款的目的而适用第65条第5款。

《匈牙利禁止不正当竞争法》第66条

(1) 如果怀疑有严重的违法事件发生,或者相关的文件有被篡改或者毁坏的危险,可以扣押或没收当事人任何文件的原始文本。

(2) 如果文件上的标记表明或有其他情况表明,显而易见的当事人所占有或保管的文件不归其所有,那么就不能被扣押或没收这些文件。

(3) 如果调查员或者提出审理的竞争委员会作出扣押或没收相关文件的决定,对此可以依据第82条寻求法律救济。

(4) 如果审理程序不再需要,则应该停止对相关文件的扣押或没收。

第四十条 反垄断执法机构调查涉嫌垄断行为,执法人员不得少于二人,并应当出示执法证件。

执法人员进行询问和调查,应当制作笔录,并由被询问人或者被调查人签字。

【说明及立法理由】

为了提高监管效能,本法赋予反垄断执法机构较大的权力,但是如果权力不加约束,就会导致滥用,严格的程序即是约束权力的有效方法。为此,本条规定了反垄断执法机构调查涉嫌垄断行为时应当遵守的程序。

1. 执法人员不得少于2人。这要求反垄断执法机构对涉嫌垄断行为调查时,实际到场进行调查的执法人员,至少应当有2人,这样规定的目的是为了使反垄断执法机构执法人员互相监督制约,保证其依法履行职责,防止1名执法人员在没有监督制约的情况下滥用权力甚至作出违法犯罪的行为。

2. 执法人员应当依法出示执法证件。执法证件是指证明反垄断执法机构的执法人员身份的证件,如工作证等。反垄断执法机构的执法人员依法履行职责,进行调查时,向被调查对象出示执法证件就是表明其是反垄断执法机构的执法人员,同时也使有关的单位和人员明悉调查人员的身份,表明这不是个人随意的行为,他有权对有关的单位和人员、有关的场所、有关的行为进行调查。依照本法第42条的规定,被调查的经营者、利害关系人或者其他有关单位和个人应当配合反垄断执法机构依法履行职责。

3. 执法人员应当依法制作笔录并由有关人员签字。询问和调查笔录是在询问调查过程中制作的,用以记载询问调查过程中提出的问题和回答,以及询问调查过程中所发生事项的重要文书。准确制作询问调查笔录,既有利于反垄断执法机构查明事实,正确处理案件,又有利于保护公开陈述和申辩的权利。为了保障询问调查笔录客观、准确地记载询问的内容,在询问调查笔录制作完毕后,经核对无误,应当由被询问人或者被调查人签字。这样既表明询问调查人、被询问调查人对记录内容负责的态度,又可以防止篡改、伪造询问笔录。

【相关规定】

《中华人民共和国反不正当竞争法》第18条

监督检查部门工作人员监督检查不正当竞争行为时,应当出示检查证件。

《德国反对限制竞争法》第57条

(1)卡特尔当局可以进行一切必要的调查,并获取一切必要的证据。

(2)对通过勘验、证人和鉴定人获取的证据,准用《民事诉讼法》第372条第1款、第376条、第377条、第378条、第380条至第387条、第390条、第395条至第397条、第398条第1款、第401条、第402条、第404条、第404a条、第406条至第409条、第411条至第414条的规定,不得为羁押。州高等法院对抗告作出判决。

(3) 证人证言应作成笔录,由进行调查工作的卡特尔当局成员签字;如有书记员在场,笔录还应由书记员签字。笔录应记载询问的地点和日期以及工作人员和当事人的姓名。

(4) 笔录应向证人宣读,或请证人亲自过目,以经其核准。证人已为核准的,应将此记录,并由证人签字。没有签字的,应说明原因。

(5) 在询问鉴定人时,准用第3款和第4款的规定。

(6) 如卡特尔当局认为,证人只有宣誓才能作出真实的证言,则可以请求初级法院让证人宣誓。证人是否必须宣誓,由法院裁定。

《日本禁止私人垄断及确保公正交易法》第46条

令职员进入检查时,应同时令其携带身份证明书并向关系人出示。

《日本禁止私人垄断及确保公正交易法》第47条

公正交易委员会就事件进行必要的调查时,应将其主要内容记入调查笔录;特别是在有前条规定的处分时,应明确记载处理结果。

第四十一条　反垄断执法机构及其工作人员对执法过程中知悉的商业秘密负有保密义务。

【说明及立法理由】

反垄断执法机构及其工作人员在执法过程中,有可能涉及、了解有关单位和个人的商业秘密,对其知悉的商业秘密予以保密是其从事反垄断执法的基本要求。

依照反不正当竞争法的规定,商业秘密,是指不为公众所知悉、能为权利人带来经济利益、具有实用性并经权利人采取保密措施的技术信息和经营信息。确定某一技术信息或者经营信息属于商业秘密,需要具备下列要件:

(1) 秘密性,即不为公众所知悉,一旦为公众所知悉即不属于商业秘密;

(2) 经济利益性,即这种信息能够为权利人带来经济利益,无法带来经济利益的信息不是商业秘密;

(3) 实用性,缺乏实用性的信息不是商业秘密;

(4) 保密性,即权利人没有采取保密措施,也不构成商业秘密。

企业的销售计划、销售网络、客户名单、进货渠道、贸易图、产品配方都有可能构成企业的商业秘密。商业秘密一旦被泄露,往往会给原拥有商业秘密的单位和个人的生产、经营活动带来不利的影响,造成经济损失。在反垄断执法过程中,反垄断执法机构及其工作人员容易接触到企业的商业秘密,其应当严格职业操守,对执行职务时知悉的商业秘密予以保密,否则将依照本法第 54 条的规定追究法律责任。

【相关规定】

《中华人民共和国价格法》第 36 条

政府部门价格工作人员不得将依法取得的资料或者了解的情况用于依法进行价格管理以外的任何其他目的,不得泄露当事人的商业秘密。

《欧共体理事会关于执行欧共体条约第 81 和 82 条竞争规则的 1/2003 号条例》第 28 条

1. 在遵守第 12 条和第 15 条的条件下,根据第 7 条至第 22 条的规定收集的信息只能被用于取得这些信息的目的。

2. 在遵守第 11 条、第 12 条、第 14 条和第 15 条以及第 27 条中关于交换与使用信息的规定的条件下,委员会和成员国竞争主管机构以及它们的官员、工作人员、接受这些机构监督的其他工作人员以及成员国其他机构的官员和工作人员,不得泄漏他们依据本条例而取得的或经交换所得的信息以及其他有保密义务的信息。该项义务也适用于依据第 14 条出席咨询委员会会议的所有成员国的代表和专家。

《欧共体合并条例》第 17 条

1. 作为本条例适用的结果而取得的信息应当仅为相关要求、调查或听证的目的而使用。

2. 在不违反第 4 条第 3 款、第 18 条、第 22 条的前提下,委员会和成员国(竞争)主管机构、其官员和其他服务人员,以及成员国其他主管机关的官员和服务人员不得泄漏在适用本条例时获得的保密义务所涵盖的信息。

3. 第 1 款和第 2 款的规定不影响公开发表不涉及企业或企业协会特定信息的一般性信息或者调查报告。

《日本禁止私人垄断及确保公正交易法》第39条

现任或曾任委员长、委员及公正交易委员会职员者,不得泄露、窃取因其职务而知晓的事业者的秘密。

《俄罗斯联邦有关保护竞争的联邦法》第26条

反垄断当局保护商业、官方及其他受法律保护的秘密的义务:

1. 对反垄断当局在行使其职权时获得的构成商业、官方及其他受法律保护的秘密信息不得披露,在联邦法律规定的情况下除外。

2. 反垄断当局的雇员如果披露了构成商业、官方及其他受法律保护的秘密信息,应承担民事、行政和刑事责任。

3. 自然人或法人由于反垄断当局或其雇员披露的构成商业、官方及其他受法律保护的秘密信息而受到的损害须由俄罗斯联邦国库进行赔偿。

《波兰反垄断法》第20条

反垄断局工作人员和经反垄断局授权的人员应对检查中获得的信息保密。

《罗马尼亚竞争法》第45条

1. 中央或地方行政机关以及其他公共机构应当允许竞争事务调查官使用文件、数据和信息,如果这些资料有助于完成竞争委员会委派的任务,同时应当对这些文件、数据和信息中涉及的国家秘密或商业秘密进行保密。

2. 竞争事务调查官在使用第1款规定的文件、数据和信息时应当严格地保守其涉及的国家秘密或商业秘密。

第四十二条　被调查的经营者、利害关系人或者其他有关单位或者个人应当配合反垄断执法机构依法履行职责,不得拒绝、阻碍反垄断执法机构的调查。

【说明及立法理由】

询问被调查的经营者、利害关系人或者其他有关单位或者个人,是反垄断执法机构在依法履行职责过程中有权采取的措施。为了保证反垄断执法机构依法履行职责,本条规定上述单位和个人负有配合调查的义务。在接受调查时,要为反垄断执法机构查明事实真相提供便利条件,提供真实的有关文件和资料。对反垄断执法机构要求配合的要求,上述单位和个人不得以任何借口拒绝,不得妨碍反垄断执法机构获得真实可靠的文件和资料等,更不得隐瞒、掩盖事实真相、藏匿、销毁证据。对拒不配合反垄断执法机构调查的单位和个人,应当依法追究其相应的法律责任。

【相关规定】

《中华人民共和国反不正当竞争法》第19条

监督检查部门在监督检查不正当竞争行为时,被检查的经营者、利害关系人和证明人应当如实提供有关资料或者情况。

《中华人民共和国价格法》第35条

经营者接受政府价格主管部门的监督检查时,应当如实提供价格监督检查所必需的账簿、单据、凭证、文件以及其他资料。

《俄罗斯联邦有关保护竞争的联邦法》第25条

向反垄断当局提供信息的义务

1. 在申请检查违反反垄断立法的案件、对违反反垄断立法的案件调查、对经济集中实行控制和确定竞争状况的案件中,商业组织和非商业组织(他们的管理层)、联邦行政机构(他们的官员)、俄罗斯联邦各组成国的公共机构(他们的官员)、地方机构(他们的官员)以及其他行使以上所提机构的职能的机构或组织(他们的官员),以及公共预算外基金(他们的官员),包括个人企业家在内的自然人,在反垄断当局要求时有义务提供文件、书面和口头解释和其他必需的信息(包括构成商业、官方及其他受法律保护的秘密信息)。

2. 在联邦反垄断机构通过信件进行询问的情况下,俄罗斯联邦中央银行有义务制定其标准法案或和其他信息,以分析信用组织服务市场的竞争状况并执行对该市场的控制,除非该信息构成银行秘密。

3. 构成商业、官方及其他受法律保护的官方秘密信息由反垄断当局依据联邦法律规定的要求进行制定。

第四十三条 被调查的经营者、利害关系人有权陈述意见。反垄断执法机构应当对被调查的经营者、利害关系人提出的事实、理由和证据进行核实。

【说明及立法理由】

一、被调查的经营者、利害关系人有陈述意见权

行政调查是行政主体行使职权的程序性行为,调查方法必须合法、合理。行政机关进行行政调查一方面是为了查明案件事实,另一方面通过调查程序为当事人提供主张权利和保护其合法权益的机会。行政机关行使行政权力作出行政决定之前,尤其是在作出不利于当事人和相关人的决定之前,应当听取他们的意见。本条规定就体现了这样的立法指导思想,即把被调查的经营者、利害关系人的陈述意见行为作为一项权利予以规定。

二、反垄断执法机构要听取意见、核实情况

反垄断执法机构对被调查的经营者、利害关系人陈述意见的要求不能拒绝,可以以听证会、座谈会等多种方式听取意见。陈述意见包括书面陈述和口头陈述等形式。听取意见是反垄断执法机构的程序性义务,陈述意见是行政相对人的程序性权利,对此权利必须予以保障。这种权利包括两个方面:一方面使行政相对人知道被指控的情况,另一方面使其得到一个适当的机会,表达自己对指控的看法。行政相对人要充分利用陈述主张、说明情况和当面质证等机会维护自己的合法权益。反垄断执法机构应当对被调查的经营者、利害关系人提出的事实、理由和证据进行核实,其目的是在对被调查的经营者、利害关系人权益作出有影响的决定时,能够正确认定事实,依法作出决定。其他国家也有这方面的规定,如《德国反限制竞争法》规定,卡特尔当局应当给当事人以发表意见的机会,并应一名当事人申请,传唤他们参加口头辩论。《韩国规制垄断与公平交易法》规定,对违反该法规定的事项,公平交易委员会在作出采取纠正措施或者命令其缴纳课征金之前,给予当事人或者利害关系人陈述意见的机会。当事人或者利害关系人出席公平交易委员会的会议,并可以陈述意见或者提交必要的资料。

【相关规定】

《欧共体合并条例》第 18 条

1. 在通过第 6 条第 3 款、第 7 条第 3 款、第 8 条第 2 款至 6 款和第 14 条、第 15 条所规定的任何决定之前,委员会应给予相关个人、企业和企业协会在直至征询顾问委员会意见之前的每一个阶段,表达他们对被控告的意见的机会。

2. 依据第 7 条第 3 款、第 8 条第 5 款的规定作出的决定,可以不按第 1 款的规定,在作出决定之前给予有关个人、企业或企业协会表达意见的机会,只要委员会在作出这一决定后尽快给予他们这种机会。

3. 委员会只能依据其指控做出决定,因为当事人能够对该项指控提出反驳意见。在调查过程中应当尊重当事方的抗辩权。在保护相关企业商业秘密的合法利益的前提下,应当允许至少与案件直接有关联的企业知悉案卷材料。

4. 在委员会和成员国主管机关认为必要的情况下,他们也可以听取其他自然人或法人的意见。具有充分利益的自然人或法人,尤其是作为相关企业行政或管理机构的成员或该相关企业雇员被认可的代表应当有权申请参加听证。

《德国反对限制竞争法》第 56 条

(1) 卡特尔当局应当给当事人以发表意见的机会,并应一名当事人申请,传唤他们参加口头辩论。

(2) 卡特尔当局可以在适当的情况下,给予程序有关的经济各界的代表发表意见的机会。

(3) 应当事人申请或依职权,卡特尔当局可以举行公开的口头辩论。辩论必须公开进行或者部分公开进行,前提是不能危及公共秩序,尤其是国家安全或者危及重要的业务或企业秘密。在第 42 条的情况下联邦经济和劳动部要举行公开的口头辩论,在当事人同意时可以不经口头辩论作出决定。

(4) 适用行政程序法第 45 条和第 46 条的规定。

《日本禁止私人垄断及确保公正交易法》第 42 条

公正交易委员会于执行职务有必要时,可召开听证会、广泛征求意见。

《日本禁止私人垄断及确保公正交易法》第52条

公正交易委员会不采用审查官、被审人或其代理人提交的证据时,应说明其理由。

《日本禁止私人垄断及确保公正交易法》第61条

相关的国家机关或公共团体为保护公共利益,可以向公正交易委员会陈述意见。

《韩国规制垄断与公平交易法》第52条

1. 对于违反本法规定的事项,公平交易委员会在作出采取纠正措施或者命令其缴纳课征金之前,给予当事人或者利害关系人陈述意见的机会。

2. 当事人或者利害关系人出席公平交易委员会的会议,并可以陈述自己意见或者提交必要的资料。

第四十四条 反垄断执法机构对涉嫌垄断行为调查核实后,认为构成垄断行为的,应当依法作出处理决定,并可以向社会公布。

【说明及立法理由】

本条是对反垄断执法机构对于垄断行为的处理和公布的规定。

对经营者的涉嫌垄断行为,反垄断执法机构应当依据本法第六章的程序性规定展开调查,并依据本法第二章至第四章规定的标准判断该行为是否构成垄断行为,认为构成垄断行为的,应当依照本法第七章的规定追究其法律责任。反垄断执法机构调查处理涉嫌垄断行为,应当依法作出处理决定,这是反垄断执法机构的法定职责,也是当事人对其行政行为不服时申请行政复议或者提起行政诉讼的重要基础。

对于反垄断案件的查处结果,反垄断执法机构可以向社会公布。行政行为公开是科学、规范行政的重要标志。这样做首先有利于保障社会公众的知情权,使得社会公众能够了解政府决策的背景、各项政策的实施效果等。其次,有利于充分发挥舆论监督的作用,使行政机关不敢乱作为、不作为,有利于规范行政行为,提高行政科学性和合理性。再次,有利于警示其他经营者,防止此类行为一再发生。此外,有利于消费者和其他经营者维护自身的合法权益：本法第50条规定了经营者实施垄断行为，给他人造成损失的，依法承担民事责任；根据其他国家和地区的经验，由于反垄断案件举证较为困难，反垄断执法机构的处理决定常常成为遭受损失的消费者和其他经营者追究违法经营者的民事责任的重要依据。最后，还有利于宣传反垄断法，培养全民族的反垄断意识，这在反垄断制度建立的初期尤其重要。

关于通过向社会公布反垄断案件处理结果来培养反垄断文化，还有必要再作强调。在市场经济成熟的国家，反垄断法律制度是规范经济秩序的基石，甚至被称为"经济宪章"；在行政机关查处的经济违法案件中，案值和影响最大的往往是反垄断案件。但是，中国目前的反垄断法律文化还近乎空白。就在反垄断法草案审议期间，还有企业联合召开了价格协调会，大张旗鼓地宣布奶制品、方便面集体涨价——这是典型的价格协议，反垄断法规制的重点之一。在发达市场经济国家，经营者即使达成了此类协议，也会极力掩盖，但我们的企业却仍不知其违法，甚至视为一种成就大力宣扬。同样需要提高反垄断意识的还有我们的行业主管部门、地方政府和行业协会，经营者的许多价格协议和滥用市场支配地位行为，都是在这些机构的牵头或者支持下进行的。有鉴于此，本法第五章规定了滥用行政权力排除、限制竞争的行为违法；第16条、第46条第3款规定，行业协会不得组织本行业的经营者达成垄断协议；否则反垄断执法机构可以处五十万元以下的罚款；情节严重的，社会团体登记管理机关可以依法撤销登记。但是，处罚不是目的，要改善市场竞争状况，避免不必要的损失，关键还在于这些机关和协会树立反垄断意识。

本条之所以规定反垄断执法机构对反垄断案件的处理结果"可以"而非"应当"向社会公布，主要出于两点考虑：一是在我国反垄断执法的初期，经营者涉嫌垄断行为的案件可能比较多，如果一概公告恐怕反垄断执法机构力有不逮，因此允许他们选择影响重大的、具有典型性的案件予以公告更为妥当；二是反垄断执法机构审查的一些案件中可能涉及国家秘密和商业秘密，能否公告还是个案确定为妥。

【相关规定】

《欧共体理事会关于执行欧共体条约第 81 和 82 条竞争规则的 1/2003 号条例》第 30 条

1. 委员会应公告其依据第 7—10 条以及第 23 条和第 24 条所做的决定。

2. 公告中应指出当事人的名称,决定的主要内容包括所给予的处罚。公告应考虑企业保护商业秘密的合法利益。

《欧盟(欧洲共同体)部长理事会关于控制企业集中的第 139/2004 号条例》(欧共体合并条例)第 20 条

1. 委员会应当在欧洲联盟官方公报上公布其根据第 8 条第 1 至 6 款、第 14 条和第 15 条作出的决定以及顾问委员会的意见,但根据第 18 条第 2 款作出的临时决定除外。

2. 公告应写明当事方的名称和决定的主要内容,同时顾及保护企业商业秘密的合法利益。

《德国反对限制竞争法》第 52 条

联邦经济部就依本法应作出或不应作出处分向联邦卡特尔局作一般性指示的,应将这些指示在联邦公报上公布。

《德国反对限制竞争法》第 61 条

(1) 卡特尔当局作出的处分应陈述理由,并应连同向当事人所作的其允许使用的法律救济手段的说明一起,依《行政送达法》的规定予以送达。对于住所设在本法适用范围以外的企业作出的处分,由卡特尔当局送达给该企业向联邦卡特尔局任命的送达代理人。该企业未任命送达代理人的,卡特尔当局通过在联邦公报上公布该处分的方式送达处分。

(2) 程序未以依第 1 款规定应予送达的处分终结的,应以书面形式通知当事人程序的结束。

《德国反对限制竞争法》第 62 条

卡特尔当局依据第 30 条第 3 款、第 32 条至第 32b 条、32d 条的规定在联邦公报或电子版的联邦公报上公布处分。依据第 32c 条的决议由卡特尔当局公布。

《法国关于价格和竞争自由的法律》第 13 条

竞争审议委员会可以命令将其裁决刊载于指定的新闻报纸或出版物,揭示于指定的场所,以及记载于企业经理人、董事会所制作的年度业务报告书。上述费用由当事人负担。

《日本禁止私人垄断及确保公正交易法》第 43 条

公正交易委员会为保证本法的正确实施,可公开发表事业者的秘密之外的其他必要事项。

《罗马尼亚竞争法》第 50 条

在听证会确定之后可能出现有关各方承认违法事实的情况,在审查有关各方对调查报告的意见以后,竞争委员会可以决定如下事项:

(一)在对违反第 5 条第 1 款的行为进行调查或根据第 6 条规定依职权或根据举报进行的调查中,可以命令有关当事方停止反竞争行为,正式提出劝告,附加特殊条件及其他义务,以及根据第六章的规定对企业处以罚款。

(二)根据第 5 条第 3 款的规定,对协议行为、企业团体的决定或者协调一致的行为的豁免作出批准或不批准的决定。

(三)根据第 5 条第 7 款的规定,对个别的协议行为、合伙决定以及协调行为是否属于豁免类别作出决定。

《罗马尼亚竞争法》第 51 条

1. 在收到经济集中申报 30 日内,竞争委员会应当:

(1)对申报的集中案件不属于本法管辖的范围的,作出不予干预的决定;

(2)虽然申报的集中案件属于本法管辖的范围,但其与通常的竞争环境是相容的,则发布准予进行集中的命令。

2. 竞争委员会如果对申报的集中与通常的竞争环境的兼容性存有疑义,则应当在收到申报后最多 5 个月内决定开展调查,竞争委员会应当:

(1)根据第 13 条的规定,如果通过集中会导致或加强市场支配地位,则应当发布禁止集中的命令;

(2)根据第 13 条的规定,如果通过集中不会导致或加强市场支配

地位,则应准予集中;

(3) 对集中附加义务和/或条件,如果竞争委员会认为这些附加义务或条件可以使集中与通常的竞争环境兼容。

3. 如果竞争委员会没有在第1款第2项规定的期限内作出决定,申报的集中可以进行。

4. 如果集中申报需要补充,则第1款和第2款规定的期限应当自申报各方向竞争委员会补充申报要求的信息之日起算。

5. 竞争委员会可以根据法规,确定适用简易分析程序的集中申报。

《罗马尼亚竞争法》第52条

1. 在根据第50条和第51条的规定作出决定前,竞争委员会可以通过谈判的方式,对当事企业采取必要的措施,以重建正常的竞争环境或为其他竞争者恢复竞争环境。

2. 暂停或禁止从事反竞争行为的命令,以及对企业发布禁令和要求其恢复原先的竞争状态等命令应当由竞争委员会根据本法第50条、51条的规定做出,除非发现的反竞争的违法行为明显地违反本法需要立即予以禁止,防止发生严重的或确定的损害。

3. 第1、2项规定的措施在适用时间和范围上有严格的限定,必须是为纠正明显的和无法容忍的对自由竞争的改变所必需的。

4. 竞争委员会根据第50条和51条规定作出的决定,应当立即送达有关各方,在送达之日起30日内,可以就此决定依行政诉讼程序向布加勒斯特上诉法院提起诉讼。法院可以根据请求就起诉的行政命令决定暂缓执行。

《比利时经济竞争保护法》第29条

1. 在适用本法第2条第3款时,竞争理事会可以在收到检查官的报告时宣布一项合理的决定,规定在个案基础上对本法第2条第1款禁止的协议、决议或者协同行为予以豁免。

2. 第1款规定的豁免可以附加条件或者义务;豁免应当具有特定期限,并可以在继续满足适用本法第2条第3款的条件时,依据申请进行续期。

在下列情况下,理事会可以撤销或者变更豁免:

(1) 做出决定所依据的基本事实已经发生改变；
(2) 利害关系方违反了决定所附加的条件或者义务；
(3) 决定基于错误信息或者欺诈作出；
(4) 利害关系方滥用被授予的豁免。

3. 理事会依据本法第2条第3款作出的决定应当规定决定的生效日期，该生效日不得早于通知日。

《比利时经济竞争保护法》第30条

在适用第6条时，理事会可以在收到检查官的报告时作出合理决定，宣布就其所知的因素没有采取行动的理由。

《比利时经济竞争保护法》第31条

理事会在收到检查官的报告时可以以合理的决定认定：

1. 存在限制性竞争行为，并且如果有必要可以根据其所制定的程序对该行为签发禁令。

2. 不存在限制性竞争行为。

《比利时经济竞争保护法》第32条

如果受调查的协议、决议或者协同行为属于《建立欧洲经济共同体条约》第85条第3款或者本法的豁免对象时，理事会应当对其进行记录并且终结案件。

《比利时经济竞争保护法》第33条

1. 如果调查与集中有关，则竞争理事会可以通过合理的决定，认定：

(1) 该集中属于本法的范围；
(2) 或者，该集中不属于本法的范围。

2.

(1) 如果集中属于本法的范围，则竞争理事会可以以合理的决定：

裁定应该宣布集中为可允许。在竞争理事会作出此项判决前，申报方可以修改其集中条款。在此情形下，对集中可允许性的裁决应当依修改后的文本作出。如果相关企业对相关市场的总控制不足25%的，则应当准予集中。

或者认定对集中的可允许性存在严重疑虑，并且决定依据本法第

34 条启动程序。

（2）前款所指的理事会的决定应当按照本法第 32 条（第 3 次）第 1 款的规定，在最长为 45 天的期限内发布。

检查官在最长为 1 个月的期间内提出其报告。该期间自收到申报时起算或者在申报提供的信息不完备时,自收到完备信息次日起算。

（3）竞争理事会于收到申报 45 日内未作出决定的,视为准予集中。

3. 国王与竞争理事会咨议后,可以修改本条第 2 款和第 34 条第 1 款提及的期间。

国王也可以决定所定期间中止的条件：

（1）如果申报不符合第 12 条第 3 条规定的条件；

（2）如果经证明需要翻译某些特定文件。

本条第 2 款所指的期间只有当事人作出明示的请求时才可以延长,并且延长不得超出当事人提议的时间。

《比利时经济竞争保护法》第 41 条

1. 一旦收到集中申报,竞争理事会应当将集中申报送达比利时官方公报,以摘要形式公布。该公布应当包括参与集中的企业的名称。

2. 竞争理事会及其主席的决定包括那些在本章第五节至第七节提到的决定,应当公布于比利时官方公报。并且由竞争理事会秘书处通知给行为受到调查的企业,如果有必要,还应当通知申诉人。

布鲁塞尔上诉法院的判决、部长理事会的决定以及国务理事会的决定应当在比利时官方公报上公布并且应当通知给相对方。

本法第 33 条第 2 款和第 34 条第 1 款提及的决定,包括本章第五节（第二次）至第七节提及的决定和判决,以及由于没有对集中作出决定而被视作授权的意见应当在比利时官方公报上公布并且应当通知给涉及集中的当事人。

以上各款所指的决定应当记载通知针对的当事人。

应当毫无迟延地将前述各款规定的决定以准备在比利时官方公报上公布的形式传达给竞争委员会。

公布和传达应当考虑企业的合法利益,不得泄露其商业秘密。

对竞争理事会或者竞争理事会主席的决定的通知和公布应当说明该决定自公布于比利时官方公报30日内可以向布鲁塞尔上诉法院提出上诉。

涉及集中的部长理事会的决定,应当说明如果是最终决定,自该决定公布于比利时官方公报30日内可以向国务理事会提起上诉。裁定集中属于本法范围和规定发起第34条提到的程序的决定据上诉程序的目的不视为最终决定。

依据案情,本法规定的通知由理事会秘书或者部长以附带确认回执的挂号信的方式通知当事人。

《匈牙利禁止不正当竞争法》第77条

(1) 在案件中提起程序的竞争理事会在其裁决中:

(a) 应就第67条第2款规定的申请作出裁决;

(b) 在依据第67条第3款提起的程序中,可批准企业集中或依据第25条延长一年的时限;

(c) 可依据第16/A条确立集体豁免申请的利益不适用于该协议;

(d) 可确定行为违法;

(e) 可命令消除违反本法的情形;

(f) 可禁止继续违反本法规定的情形;

(g) 如其判定存在违法行为,可强加义务,尤其是在判定不正当地拒绝建立或保持适于交易类型的商业关系[第21条(c)点]的情况下签订合同的义务;

(h) 可就可能具有欺骗性的先前信息命令发布纠正性的宣告;

(i) 可确定行为不违法;

(j) 可撤销或修改其早期裁决(本法第32和第76条,PAPA第114条)。

(2) 批准集中的裁决可附有前置或后置条件或义务。

《匈牙利禁止不正当竞争法》第80条

提起程序的竞争理事会应公布其裁决并可以公布其指令。其不受要求法院审查该裁决的申请的影响;但是在公布的时候,应说明法庭已经开始审查该裁决这一事实。如果命令开始调查的指令已经公布,则结束程序的裁决亦应公布。

《克罗地亚竞争法》第57条

在本法第35条第1款第2项规定下,竞争局应该作出决定,在决定中,竞争局特别的可以:

（1）审核协议是否符合本法的规定；

（2）根据本法第12条的规定对协议授予豁免；

（3）根据本法第15条和第16条的规定确定是否存在着滥用市场支配地位的情况；

（4）根据本法第26条的规定审核集中是否符合本法规定；

（5）根据本法第55条的规定施加临时措施；

（6）根据本法第14条和第27条的规定,通过作出一个单独的决定,来废除、取消或修改已经作出的命令；

（7）根据本法第28条的规定,在存在被禁止的集中的情况下,决定应采取的特定措施,以恢复有效竞争；

（8）作出其他的决定,也即根据本法规定作出程序性命令。

《克罗地亚竞争法》第59条

1. 应该把本法第57条第1款到第7款中规定的竞争局的决定公布在政府公报上。

2. 就本条第1款中规定的对于竞争局的决定提起的行政诉讼和行政法院作出的判决和决定也应该公布在政府公报上。

3. 本条第1款和第2款中规定的决定和判决,以及竞争局的其他立法文件,也可以公布在竞争局的政府公报上,即它的网站上。

4. 本法第51条规定的被认为是官方秘密的数据,不属于本条第1款、第2款和第3款中规定的应被公布的内容。

《印度尼西亚共和国禁止垄断活动和不公平商业竞争的法律》第43条

1. 委员会应该在第39条第1款中提到的深入调查开展后最多60天内完成深入调查。

2. 如果认为必要,则本条第1条第1款中所规定的深入调查的期限可以被延长最多30天。

3. 委员会应该在最多30天内决定是否有违反本法的行为。

4. 本条第3款中所提到的委员会的决定必须在向公众开放的会议上被宣布,并应立即通知给所涉企业。

《印度尼西亚共和国禁止垄断活动和不公平商业竞争的法律》第46条

1. 如果企业没有异议,则第43条第3款中所提到的委员会的决定将是终局性的,并产生法律效力。

2. 应向地区法院请求以执行本条第1款中所提到的委员会的决定。

第四十五条　对反垄断执法机构调查的涉嫌垄断行为,被调查的经营者承诺在反垄断执法机构认可的期限内采取具体措施消除该行为后果的,反垄断执法机构可以决定中止调查。中止调查的决定应当载明被调查的经营者承诺的具体内容。

反垄断执法机构决定中止调查的,应当对经营者履行承诺的情况进行监督。经营者履行承诺的,反垄断执法机构可以决定终止调查。

有下列情形之一的,反垄断执法机构应当恢复调查:

(一) 经营者未履行承诺的;

(二) 作出中止调查决定所依据的事实发生重大变化的;

(三) 中止调查的决定是基于经营者提供的不完整或者不真实的信息作出的。

【说明及立法理由】

本条是对承诺制度的规定。

一、承诺制度是反垄断执法机构与被调查的经营者和解的一种重要方式。

反垄断执法的目的不是为了处罚违法经营者,而是为了预防和制止垄断行为,保护市场竞争,维护消费者合法权益,促进经济健康发展。而且,对反垄断执法机构而言,垄断行为的调查取证比较困难,研究分析具有较大不确定性,是一项内容复杂、成本高昂的工作。对被调查的经营者而言,反垄断调查将损害经营者的声誉和正常经营活动;如果经营行为最终被认定违反反垄断法,面临的严厉处罚更会对经营者的生产经营活动造成不利影响。所以,经营者承诺在反垄断执法机构认可的期限内采取具体措施消除其后果,以换取反垄断执法机构的中止调查,将导致一个多赢的结果,应当予以鼓励。需要注意的是,经营者的承诺,虽然是由于经营者从事了被调查的涉嫌垄断行为,但是,该行为是否真的构成垄断,此时并无定论,因为该问题已被承诺双方搁置起来。因此,经营者的承诺不得作为反垄断执法机构证明经营者从事了垄断行为的证据。

承诺制度对被调查的经营者的要求是:在反垄断执法机构认可的期限内采取具体措施消除该行为的后果。首先,经营者承诺采取的措施应当是有效和切实可行的。消除涉嫌垄断行为后果的措施是经营者和反垄断执法机构协商的结果,反垄断执法机构一般会要求经营者停止该行为,然后视具体情况决定是否需要采取补救措施。其次,该措施应当能够在反垄断执法机构认可的合理期限内消除该行为的后果。反垄断执法机构接受承诺,很重要的一个考虑就是将涉嫌垄断行为对市场竞争状况的影响降到最低,这就要求在尽可能短的时间内消除阻碍竞争的因素;如果允许经营者以承诺为名,拖延对其涉嫌垄断行为的调查处理,承诺制度就失去了应有的价值。

如果反垄断执法机构接受经营者的承诺,就应当作出中止调查的决定,并在决定中载明承诺的具体内容。这里应当强调的是,对于经营者的承诺,反垄断执法机构没有必须接受的义务。因为根据其他国家和地区的执法经验,对于一些严重的垄断行为,经营者往往希望通过承诺来避免或者延缓处罚,其结果可能使反垄断执法结果大打折扣,因此,有些国家和地区还在立法中明确规定了某些严重的垄断行为不适用承诺制度。本条的规定是"反垄断执法机构可以决定中止调查",即将是否接受经营者的承诺交由反垄断执法机构自由裁量。

二、为了落实被调查的经营者的承诺,应当对经营者履行承诺的情况进行监督,视市场竞争状况是否得到改善采取进一步措施

如果经营者履行了承诺,并且切实消除了垄断行为的不良影响,改

善了市场竞争状况,维护了消费者的合法权益,反垄断执法机构可以决定终止调查。决定终止调查属于反垄断执法机构的自由裁量权,由反垄断执法机构根据承诺执行情况和实际效果决定。

三、如果反垄断执法机构发现存在下列情形之一,应当恢复调查

1. 经营者未履行承诺。"未履行"包括根本没有采取措施和未充分履行,后者的判断标准不仅应当考虑承诺规定的内容,还应当考虑执行承诺的实际效果。经营者未履行承诺,则不可能改善竞争状况、维护消费者合法权益,这与承诺制度设计的根本目的相背离,反垄断执法机构应当恢复调查。

2. 作出中止调查决定所依据的事实发生重大变化。行政决定的事实基础发生重大变化,则可能影响该行政决定的正确性,有必要根据变化了的实际情况重新考量。根据基础事实的不同,恢复调查后的处理结果也存在差异:可能重新达成和解,可能终止调查,也可能导致行政处罚。

3. 中止调查的决定是基于经营者提供的不完整或者不真实的信息作出的。这里所称的"不完整或者不真实的信息"是指经营者为了使反垄断执法机构接受其承诺而提供的、对反垄断执法机构作出中止调查决定产生重大影响的信息,并不是任何资料细节的错漏都会导致反垄断执法机构恢复调查。如果中止调查决定是经营者通过欺诈获得的,有悖于反垄断执法机构的原意,应当恢复调查。

【相关规定】

《欧共体理事会关于执行欧共体条约第81和82条竞争规则的1/2003号条例》第1条

1. 委员会准备做出要求终止违法行为的决定时,如果相关企业会做出的承诺可以解除委员会对之进行初步评估中所表明的担忧,委员会将做出决定使这些承诺对企业具有约束力。这些决定可适用于某特定期间,而且委员会在没有理由实施它们的情况下应当予以终止。

2. 委员会可基于请求或根据自己的调查,在下列情况下重新启动程序:

(1) 据以做出决定的事实有实质性的变化;

（2）企业违背其承诺，或者

（3）决定是基于当事人提供的不完整、错误或者误导性的信息而做出的。

《欧共体理事会关于执行欧共体条约第 81 和第 82 条竞争规则的 1/2003 号条例》第 29 条

1. 当委员会通过理事会条例如欧洲经济共同体第 19/65 号、第 2821/71 号、第 3976/87 号、第 1534/91 号或者第 479/92 号条例被授权可适用条约第 81 条之第 3 款时，如果它已经宣布条约第 81 条第 1 款不适用于某些类型的协议、企业协会的决定或者协调行为，它可以根据自己的动议或者他人的申诉，撤销那些条例所给予的豁免，其条件是它认为在个别案件中得到了豁免的协议、决定或协调行为产生了与条约第 81 条第 3 款不相协调的后果。

2. 在具体案件中，当第 1 款意义上的委员会条例可适用的协议、行业协会的决定以及协调行为在某个成员国的领土上或在其具有独立地域市场全部特征的一个部分，产生了与条约第 81 条第 3 款不相符合的效果时，该成员国的竞争主管机构可以撤销它们在这个相关地域内因条例而取得的豁免。

《日本禁止私人垄断及确保公正交易法》第 48 条

1. 公正交易委员会认为发生违反第 3 条〔私人独占或不正当交易限制的禁止〕、第 6 条〔特定的国际协定或契约的禁止、呈报义务〕、第 8 条〔事业者团体的禁止行为〕、第 9 条第 1 款、第 2 款、第 6 款或第 7 款、第 9 条之二第 1 款〔大型公司股份持有总额的限制〕、第 10 条〔公司持有股份的限制〕、第 11 条第 1 款〔金融公司持有股份的限制〕、第 13 条〔干部兼任的限制〕、第 14 条〔公司以外者持有股份的限制〕、第 15 条第 1 款〔合并的限制〕（含准用于第 16 条〔营业受让等的限制〕的情形）、第 17 条〔禁止规避法律行为〕或者第 19 条〔禁止不公正的交易方法〕的行为的情形，可以对实施违法行为者（该违法行为与第 8 条有关时，含该事业者团体的干部、管理人及其成员事业者）劝告其应采取适当的措施。

2. 公正交易委员会认为违反第 3 条〔私人垄断或者不正当交易限

制的禁止]、第 8 条第 1 款[事业者团体的禁止行为]第 1 项、第 4 项、第 5 项或者第 19 条[禁止不公正的交易方法]规定的行为已经消失时,如认为有特别必要,可以对实施该违法行为者(该违法行为与第 8 条第 1 款第 1 项、第 4 项或第 5 项有关时,含该事业人团体的干部、管理人及其成员事业者)劝告其应采取适当的措施。

3. 收到前两款规定的劝告的,应尽快通知公正交易委员会其是否应诺该劝告。

4. 收到第 1 款或第 2 款规定的劝告者应诺该劝告时,公正交易委员会可不经审判程序作出与该劝告内容相同的审决。

《韩国规制垄断与公平交易法》第 51 条

1. 发生违反本法规定的行为,公平交易委员会可以针对该事业者或事业者团体制订纠正方案,并劝告其执行。

2. 接到第 1 款规定之劝告者,自接到纠正劝告的通知之日起 10 日以内,应当就是否接受该劝告通知公平交易委员会。

3. 依第 1 款的规定接到劝告者接受该劝告时,视为采取本法规定的纠正措施。

《巴西反垄断法》第 53 条

经济防御管理委员会或经济法办公室(是否包括前者尚待进一步确定)可以在经过行政程序调查的情况下接受停止行为的承诺,但是该承诺不应当构成对所调查事项的承认或以下各项行为违法性的确认。

1. 承诺应当包括如下内容:

(1) 被告承诺停止依正当程序被调查的行为;

(2) 如本承诺未能履行依据本法第 25 条规定承担按日计算的罚款;以及

(3) 被告承诺就被告的市场成绩发布定期报告,并承诺使适当的主管机构知晓关于公司组织结构、控制情况、经营活动和地点的变化。

2. 若自愿停止承诺得到依法遵守该案件将停止调查,经过一段预先设定的时间后如果相关承诺规定的所有条件都得到良好遵守本案将被搁置。

3. 如经济防御管理委员会认为承诺描述的条件将给被告增加过重

的负担,可以修改承诺的条件,只要所有修改的内容不会对第三方或全体社会造成损害,且新条件不会构成对经济秩序的违反。

4. 自愿停止承诺是司法程序外的执行工具;因此,任何不履行本承诺或者监督履行受到阻碍的情况的执行应当被迅速提出。

《巴西反垄断法》第58条

对于任何依本法第54条提交审查的行为主体,经济防御管理委员会将对该类主体选择承担的履行承诺进行界定,以保证其与第1款所规定的条件保持一致。

1. 在相关因素中,履行承诺的审查应当考虑到某一产业的国际竞争及其对雇用水平产生的影响。

2. 履行承诺应当包括在预先设定的期限内所要达到的数量或质量目标,并由经济法办公室负责监督其遵守情况。

3. 没有正当理由不遵守履行承诺的行为将导致经济防御管理委员会的批准依本法第55条被撤销,随后行政程序作为可行的解决办法将被启动。

第七章 法律责任

第四十六条 经营者违反本法规定,达成并实施垄断协议的,由反垄断执法机构责令停止违法行为,没收违法所得,并处上一年度销售额百分之一以上百分之十以下的罚款;尚未实施所达成的垄断协议的,可以处五十万元以下的罚款。

经营者主动向反垄断执法机构报告达成垄断协议的有关情况并提供重要证据的,反垄断执法机构可以酌情减轻或者免除对该经营者的处罚。

行业协会违反本法规定,组织本行业的经营者达成垄断协议的,反垄断执法机构可以处五十万元以下的罚款;情节严重的,社会团体登记管理机关可以依法撤销登记。

【说明及立法理由】

本条是对经营者实施垄断协议的法律责任及其宽容条款的规定以及对行业协会违反本法规定,组织本行业的经营者达成垄断协议的法律责任的规定。

一、经营者实施垄断协议的法律责任

本条第1款所称"经营者违反本法规定",是指经营者既违反本法第13条关于禁止横向垄断协议的规定和第14条关于禁止纵向垄断协议的规定,又不能够证明所达成的协议满足本法第15条规定的豁免的情形。横向垄断协议具体包括固定价格、限制产量、分割市场、限制创新、联合抵制交易等;纵向垄断协议具体包括固定转售价格和限定向第三人转售商品的最低价格等。

经营者违反本法规定,达成并实施垄断协议的,反垄断执法机构应当责令其停止违法行为,不得继续实施垄断协议。同时,反垄断执法机构还应当没收其违法所得,并处以一定数额的罚款。本法将罚款数额定为上一年度销售额 1% 以上 10% 以下,尤其是最高可以处上一年度销售额 10% 的罚款,是一个比较严厉的规定,主要出于如下考虑:

(1) 由于垄断行为对市场经济的危害性极大,不设定较高的罚款,难以达到有效的惩戒效果;

(2) 垄断协议难以发现和取证,只有赋予反垄断执法机构足够大的处罚权,才能够对经营者起到有效的威慑作用,让他们不敢轻易制定和实施垄断协议;

(3) 设定一个较宽的处罚幅度,反垄断执法机构在查处垄断协议过程中拥有较大的自由裁量权,可以根据该协议对市场竞争状况的损害程度确定具体的处罚数额。

反垄断法不但要制止垄断行为,而且最好是防患于未然,在垄断行为损害市场竞争之前制止它,因此,本条规定,只要有证据证明经营者达成了垄断协议,即使尚未实施,反垄断执法机构也有权根据其违法情节处以 50 万元以下的罚款。

二、宽容条款

虽然垄断协议的形式包括协议、决定和其他协同行为,但是根据国外反垄断执法经验,由于面临严厉处罚,经营者往往采取极为隐蔽的方式制定和实施垄断协议,反垄断执法机构很难获取有效的书面证据,或者进一步调查取证的成本非常高昂。另外,反垄断执法机构的调查活动有损于经营者的声誉和正常生产经营活动,而且在具备一些初步证据的情况下,可能面临的巨额罚款也对经营者造成较大压力。为了更加有效地查处反垄断案件和节约社会资源,借鉴其他国家和地区的经验,本法引入了宽容条款,即经营者主动向反垄断执法机构报告达成垄断协议的有关情况并提供重要证据的,反垄断执法机构可以酌情减轻或者免除对该经营者的处罚。本款所称"经营者",是指参与了该垄断协议的经营者;所称"主动向反垄断执法机构报告达成垄断协议的有关情况",是指在反垄断执法机构对其开展反垄断调查之前和调查过程中,经营者向反垄断执法机构提供了有关垄断协议的详细而且准确的情报,一般包括参与的经营者,涉及的产品范围,达成协议的方式,协议的具体实施情况等。所称"经营者主动向反垄断执法机构……提供重要证据",是指经营者主动向反垄断执法机构提供对于查处反垄断案件有较大的证明力的证据。反垄断执法机构可以根据经营者所提供的情报的重要性以及所提供的证据的证明力大小,决定对该经营者减轻或者免除处罚的程度。宽容条款是基于垄断协议的隐蔽性而产生的制度,为查处反垄断协议所特有。

三、行业协会违反本法规定,组织本行业的经营者达成垄断协议的法律责任

本条第3款所称"行业协会违反本法规定",是指行业协会违反本法第16条规定,组织本行业的经营者达成垄断协议。行业协会不属于本法第12条定义的"经营者";但是,在中国的实际情况中,行业协会组织经营者达成垄断协议的情况却时有发生,其危害性往往比经营者自己达成的垄断协议更大。因此,本法专门对这种行为规定了法律责任,即行业协会组织本行业的经营者达成垄断协议的,反垄断执法机构可以对其处以50万元以下的罚款,情节严重的,社会团体登记管理机关可以依法撤销登记。需要注意的是,经营者参加行业协会组织的垄断协议的,同样要按照本条第1款、第2款的规定承担相应的法律责任,不能以行业协会的组织行为为理由要求减轻或者免除处罚。

【相关规定】

《美国谢尔曼法》第1条

法人违法时处以1亿美元以下的罚款,个人违法时,处以100万美元以下的罚款或者是判处10年以下徒刑,或者是并处以上两项惩罚。具体的罚款金额是根据违法行为所获得的利益,或者是违法行为所造成的具体损失金额的2倍。除了刑事诉讼以外,对于类似的违法行为还可以通过司法部的民事诉讼(请求停止损害的诉讼),由联邦贸易委员会下达排除妨碍的命令,或者由被害人提起停止损害的诉讼。

《英国竞争法》第36条

1. 在做出协议违反第一章的禁令的裁决之后,局长得要求协议当事方之一的经营者向其缴纳对该违法协议的罚款。

2. 在做出行为违反第二章的禁令的裁决之后,局长得要求当事经

营者向其缴纳对该违法行为的罚款。

3. 只要局长确信经营者出于故意或过失实施了违反禁令的行为，均得对其处以第1条或第2条项下的罚款。

4. 本节第1条规定受第39节规定的限制，如果局长相信，经营者确有合理原因认为第39节规定对其协议授予免责的，则不适用本节第1条规定。

5. 本节第2条规定受第40节规定的限制，如果局长相信，经营者确有合理原因认为第40节规定对其行为授予免责的，则不适用本节第2条规定。

6. 本节规定的处罚通知必须：

（1）采用书面形式；并且

（2）要求必须在指定日期前缴纳罚款。

7. 指定日期必须在第46节中规定的可对通知提起上诉的期间届满之前。

8. 局长确定的本节规定项下的罚款金额不得超过经营者营业额的10%（根据国务大臣在命令中指定的条款决定）。

9. 局长根据本节规定收缴的任何款项均将存入统一基金。

《英国竞争法》第38条

1. 局长必须拟定并公布关于本部分法令项下的任何罚款的适当金额的指导；

2. 局长得在任何时候对该指导做出修改；

3. 局长修改指导后，必须公布修改后的文本；

4. 未经国务大臣批准，本节规定项下的任何指导均不得公布；

5. 局长在与国务大臣协商后，可选择公布指导的方式；

6. 局长在拟定或修改本节规定项下指导的过程中，必须与他认为适当的人员协商；

7. 如果将要做出的指导或对指导的修改涉及某监管主体拥有共同管辖权的问题，协商对象中必须包括该监管主体；

8. 在确定本部分法令项下的罚款金额的时候，局长必须注意尚在有效期内的本节规定项下的指导；

9. 如果委员会或另一成员国的法院或其他机关已对协议或行为判处罚款或罚金,局长,上诉裁决机关,或有权法院在根据本部分法令确定对该协议或行为的罚款或罚金额度的时候,必须考虑上述罚款或罚金的数额;

10. 在第9条规定中,"有权法院"的含义如下:
(a) 对英格兰和威尔士地区而言,指上诉法院;
(b) 对苏格兰地区而言,指最高民事法院;
(c) 对北爱尔兰地区而言,指北爱尔兰上诉法院;
(d) 国会上议院。

《欧共体理事会规则第2003年第1号》第7条

欧洲委员会可以对违反第81条第1项的企业下达排除违法行为的命令。

《欧共体理事会规则第2003年第1号》第15条

欧洲委员会还可以对违法的企业法人处以违法行为前一年度总销售额10%以下的制裁性罚款。

《欧共体理事会规则第2003年第1号》第23条

欧洲委员会还可以对在欧洲委员会进行调查时提供虚假信息的企业法人处以违法行为前一年度总销售额1%以下的制裁性罚款。

《欧共体理事会规则第2003年第1号》第24条

当企业不执行排除命令时,每延迟1天,欧洲委员会可以对违法企业处以违法行为前一年度日销售额5%以下的制裁性罚款。

《欧共体理事会关于执行欧共体条约第81和82条竞争规则的1/2003号条例》第23条

1. 在存在下列故意或过失的情况下,委员会可通过决定处以企业或企业协会不超过上一营业年度总销售额1%的罚款:
(a) 对依据第17条或第18条第2款所提的请求,提供不正确或误导性的信息;
(b) 对依据第17条或第18条第3款所做的决定的请求,提供不正确、不完整或误导性的信息,或没有按照规定的期限提供信息;
(c) 在依据第20条进行的检查中,提供不完整的商业账册或记

录,或者拒绝服从依据第20(4)条所作决定中的检查令;

（d）回答根据第20条第2款(e)所提出的问题时,他们

——给予不正确或误导性的答复;

——未能在委员会规定的期限内纠正由其成员提供的不正确、不完整或误导性的答复;

——就与依据第20条第4款所作决定进行的检查的对象和目的相关的事实,未能提供或拒绝提供完整的答复;

（e）委员会授权的官员及其他人员依据第20条第2款(d)项的规定所作的密封被开启。

2. 委员会可通过决定对存在下列故意或过失的企业或企业协会处以罚款:

（a）违反条约第81条或第82条;或者

（b）违反根据第8条所作决定中的临时措施;或者

（c）未能遵守依第9条所作决定使其具有约束力的承诺。

对参与违法行为的各企业或企业协会,罚款不得超过上一营业年度总销售额的10%。

企业协会的违法行为与其成员的活动相关时,罚款不得超过协会的违法行为而受损市场上活动的各成员企业总销售额的10%。

3. 罚款数额应视违法行为的严重程度和持续期间而定。

4. 根据成员企业的销售额对企业协会征收罚款时,如果企业协会无偿付能力,它有义务要求其成员企业分担这个罚款。

如果这个罚款未能在委员会设定的期限内分摊完毕,委员会可要求其代表是相关企业协会决策机构的成员的企业直接缴纳罚款。

委员会依上述第2项提出支付罚款的要求后,为了确保缴纳罚款的情况下,也可要求在违法行为发生的市场上进行活动的任何成员企业缴纳罚款的差额。

但是,委员会不得要求那些在委员会调查案件前没有执行企业协会的违法决定,或者不知道该决定的存在,或者积极规避该决定的成员企业支付上述第2项或第3项规定的罚款。

与支付上述罚款相关的成员企业的财政责任,不超过其上一营业

年度总销售额的 10%。

5. 根据第 1 款和第 2 款所做的决定,不具有刑法的性质。

《欧共体理事会关于执行欧共体条约第 81 和 82 条竞争规则的 1/2003 号条例》第 31 条

法院在审查委员关于处以罚款或日罚款的决定方面享有不受限制的权力。法院可以撤销、减少或者增加对企业所征收的罚款或日罚款。

《德国反对限制竞争法》第 81 条

1. 故意或过失为下列行为者,违反 2002 年 12 月 24 日公布的欧洲共同体条约文本(ABl. EG Nr. C 325 S. 33)的规定,违反社会秩序:

(1) 违反第 81 条第 1 款达成协议、决议或联合一致的行为,或者

(2) 违反第 82 条第 1 句滥用市场支配地位。

2. 故意或过失为下列行为,违反社会秩序

(1) 违反第 1 条、第 19 条第 1 款、第 20 条第 1 款——结合第 2 款第 1 句亦然——、第 20 条第 3 款第 1 句——结合第 2 句亦然——、第 20 条第 4 款第 1 句或第 6 款、第 21 条第 3 款或第 4 款或第 41 条第 1 款第 1 句等条款中有关禁止法律所称的协议、决议、联合一致的行为,禁止滥用市场支配地位、市场地位或处于优势的市场权力,禁止不适当地阻碍或歧视企业、禁止拒绝接收企业,禁止强迫行为,禁止遭受经济不利或实施合并的规定;

(2) 违反

(a) 依第 30 条第 3 款,第 32 条第 1 款,第 32a 条第 1 款,第 32b 条第 1 款第 1 句或第 41 条第 4 款第 2 项——结合第 40 条第 3a 款第 2 句,并结合第 41 条第 2 款第 3 句或第 42 条第 2 款第 2 句或第 60 条亦然——或

(b) 依第 39 条第 5 款为可执行的命令;

(3) 违反第 39 条第 1 款的规定,将协议和决议作不正确的申请登记、作不完整的申请登记;

(4) 违反第 39 条第 6 款的规定,怠于作报告、作不正确的报告、作不完整的报告或不及时作报告;

(5) 违反某项依第 40 条第 3 款第 1 句或第 42 条第 2 款第 1 句为

可执行的负担;

(6) 违反第59条第2款规定,怠于提供、未正确提供、未完整提供或未及时提供情况,怠于提交、未完整提交或未及时提交资料,怠于出示、未完整出示或未及时出示业务资料供查阅和审核,或不接受对这些业务资料的审核,拒绝他人进入营业场所和营业用地。

3. 为以下行为,为违反社会秩序的行为

(1) 违反第21条第1款的规定,要求封锁供货或封锁采购,

(2) 违反第21条第2款的规定,以非利益来胁迫或加害其他企业,或向其他企业允诺或提供好处,或

(3) 违反第24条第4款第3句或第39条第3款第5句的规定作出陈述或使用。

4. 对于第1款、第2款第1项、第2项a则和第5项、第3款情形的违反社会秩序行为,可以科处100万欧元以下的罚金。在这种情形下对1个企业或1个企业联合组织处以罚金,参与违反社会秩序的每个企业或每个企业联合组织的罚金数额超过第1句的规定并以其前一经营年度获得的总销售额的10%为限。其他情况下,罚金的最高额为10万欧元。在确定罚金的数额时,既要考虑违法行为的严重程度,也要考虑其持续时间。

5. 衡量罚金时适用《违反社会秩序法》第17条第4款的规定,即由违反社会秩序的行为获得的经济利益依第4款的规定通过罚金的形式收缴。单处罚金时在衡量数额时相应地要考虑这些。

6. 在罚金通知中规定的针对法人或法人联合组织的罚金要计算利息;自罚金通知单送达两周后开始。相应适用民法典第288条第1款第2句和第289条第1句的规定。

7. 联邦卡特尔局可以为与国外竞争主管机关合作而制定关于确定罚金数额的管理原则。

8. 对第1款至第3款所列违反社会秩序行为的追诉时效,以《违反社会秩序法》的规定为准,在以扩散印刷品的方式实施行为时,亦然。对第1款、第2款第1项和第3款所列违反社会秩序行为的追诉时效为5年。

9. 欧洲共同体委员会或者欧洲共同体其他成员国的竞争主管机关

基于一项申诉或由于受卡特尔局委托而因公违反《欧洲共同体条约》第81条或第82条针对同一协议、决议或联合一致的行为，时效因第1款违反社会秩序行为的规定并通过适用本法第33条第1款关于违反社会秩序行为本竞争主管机关采取相应的措施而中断。

10.《违反社会秩序法》第36条第1款第1项意义上的行政机关，是指依据第48条，结合第49条第3款或第4款亦然，或第50条的主管机关。

《比利时经济竞争保护法》第36条

1. 在适用第31条第1款时，竞争理事会可以对每一个涉案企业处以不超过营业额10%的罚款。营业额依据第46条规定的标准计算。竞争理事会还可以同时决定对每一个不遵守决定的企业处以以日计算的惩罚性支付，但最高额限于25万比利时法郎。就第5条第1款所指的行为，不得处以适用第31条第1款规定的情形的罚款。

2. 在适用第29条第2款b、c和d项以及不遵守第33条和第34条的决定时，也可同样处以此罚款和惩罚性支付。

《瑞典竞争法》第23条

瑞典竞争局可以要求企业停止违反第6条（垄断协议）和第19条（滥用市场支配地位）规定的禁止的行为。

如果瑞典竞争局就某一案决定不采取上述措施，经受违反禁止的行为影响的企业的请求，商事法院可以决定采取上述措施。

《瑞典竞争法》第26条

对企业违反第6条或第19条的行为，应瑞典竞争局的要求，斯德哥尔摩法院可以要求企业支付行政罚款。

《瑞典竞争法》第27条

罚款应当不低于5000瑞典克朗，不超过5百万瑞典克朗，或虽超过5百万瑞典克朗但不超过企业前一个营业年度营业额的10%。

《法国关于价格和自由竞争的法律》第13条

1. 竞争审议委员会可以命令当事人在限定期间停止反竞争行为或课赋个别条件。

2. 委员会可以科处直接或不履行禁止命令的罚款。

3. 对企业的最高罚款金额,为该企业上一会计年度在法国境内未税营业额的 5%。对非企业的最高罚款金额为 1000 万法郎。

《罗马尼亚竞争法》第 54 条

任何涉及违反本法第 5 条、第 6 条规定的反竞争行为的协议、协定或合同条款无效,不论是明示的或默示的,公开的或秘密的。

《罗马尼亚竞争法》第 55 条

1. 下列行为构成犯罪并可处以实施下列行为前一财政年度销售总额 10% 的罚款:

(1) 违反本法第 5 条第 1 款、第 6 或第 13 条规定的行为;

……

(4) 未能遵守依据本法规定赋予企业的义务或条件。

2. 关于前款的适用除外,竞争委员会应当通过指南的形式,确立适用可免除经济处罚的宽大政策的条款、条件和标准。

《匈牙利禁止不正当竞争法》第 75 条

1. 在依职权提起的竞争监督程序过程中,如果当事人承诺以特定方式保证其行为遵守本法或《共同体条约》第 81 条和 82 条的规定,并且该等方式能够有效保护公共利益,则在案件中提起程序的竞争理事会可发出指令使当事人受该承诺的约束,同时结束程序,并且其在指令中无须得出违反本法的行为是否曾经发生或仍然持续的结论。对于该指令,可寻求独立法律救济(第 82 条)。

2. 承诺指令不影响匈牙利竞争局在情形发生重大变化或指令所依据的对于做出裁决有重大意义的信息具有误导性的情况下提起新的竞争监督程序的权力。在新的竞争监督程序过程中,应对依据第 1 款发出的指令做出裁决。

《匈牙利禁止不正当竞争法》第 76 条

(1) 调查员应进行后续调查,检验

(a) 对第 75 条项下的指令规定的承诺的遵守情况,或者

(b) 裁决规定的前置或后置条件的履行情况,或者

(c) 裁决规定的义务的履行情况。

(2) 对于在案件中提起程序的竞争理事会做出裁决并结束的案

件,调查员可进行后续调查。

(3) 后续调查应适用竞争监督程序的规定,并做适当修改。

(4) 依据调查员提交的报告,在案件中提起程序的竞争理事会应

(a) 在当事人未能遵守承诺的情况下依据第(1)款(a)点发出指令适用罚金,除非依据情形的变化,承诺遵守执行是不正当的;在这种情况下以及承诺已被履行的案件中,其应发出指令终止后续调查;

(b) 依据第(1)款(b)点发出指令确定前置或后置条件是否已经被满足;

(c) 依据第(1)款(c)点,在义务已经履行或撤销的情况下发出指令终止后续调查或者在义务未履行或者履行义务为不正当的情况下以裁决修改先前的裁决;

(d) 依据第(2)款,在自愿遵守判决的情况下,发出指令终止后续调查,在不遵守的情况下,命令执行裁决。

(5) 对于第(4)款(a)点项下适用罚金的指令,可寻求独立法律救济(第82条)。

《匈牙利禁止不正当竞争法》第77条

(1) 在案件中提起程序的竞争理事会在其裁决中

(k) 应就第67(2)款规定的申请做出裁决,

(l) 在依据第67(3)款提起的程序中,可批准企业集中或依据第25条延长一年的时限,

(m) 可依据第16/A条确立集体豁免申请的利益不适用于该协议,

(n) 可确定行为违法,

(o) 可命令消除违反本法的情形,

(p) 可禁止继续违反本法规定的情形,

(q) 如其判定存在违法行为,可强加义务,尤其是在判定不正当地拒绝建立或保持适于交易类型的商业关系(第21条(c)点)的情况下签订合同的义务,

(r) 可就可能具有欺骗性的先前信息命令发布纠正性的宣告;

(s) 可确定行为不违法,

(t) 可撤销或修改其早期裁决(本法第32条和76条，PAPA第114条)。

(2) 批准集中的裁决可附有前置或后置条件或义务。

《匈牙利禁止不正当竞争法》第78条

1. 提起程序的竞争理事会可对违反本法规定的人适用罚金。罚金最高为在裁决做出的上一商业年度净营业额的10%，或者如果企业是裁决中说明的企业集团的成员，则为该集团的商业年度净营业额的10%。对企业的社会组织、公共公司、协会或其他相似组织适用的罚金不得超过其成员在上一商业年度净营业额总额的10%。

2. 在判定最高罚金额时，如果无法获得可视为真实的第1款规定的企业或企业集团在判定违法行为的裁决做出的上一商业年度的净营业额，则应考虑可视为真实的最后一个商业年度的净营业额。

3. 判定罚金数额的时候应考虑所有相关因素，尤其是违法的严重性、违法情形存在的期间、违法行为获得的利益、违法的当事方的市场地位、行为的可归罪性、企业在程序过程中的有效合作以及违法行为的重复性。确定违法的严重性尤其应依据其对经济竞争的威胁和损害消费者利益的范围和程度。

4. 对广播公司适用的罚金应支付至广播基金。

5. 如果实施违法行为的企业集团的一个成员未自愿支付罚金并且执行失败，在案件中提起程序的竞争理事会应发出单独指令要求裁决中确定的相关企业集团的所有成员对未支付罚金的全部或部分承担连带责任。

6. 如果企业的社会组织、公共公司、协会或其他类似组织未自愿支付罚金，并且执行失败，则在案件中提起程序的竞争理事会应发出单独指令要求参与做出违法裁决并在裁决中指明的企业承担支付罚金的连带责任。

7. 对于依据第5或6款发出的指令，可依据第82条第3款寻求独立法理救济。

8. 为了有效发现违反第11条的秘密协议，匈牙利竞争局可制定宽大政策，一方面规定在判定其拟适用罚金的数额时考虑违法企业在发现违法行为的过程中的有效合作的方法应遵循的原则,另一方面规定其可考虑该等合作的范围。适用宽大政策的条件应在第36条第6款项下的通知中规定。

《克罗地亚竞争法》第60条

根据竞争局的决定,在违反本法规定的情形下,竞争局应该向轻罪法院提起诉讼,以对相关企业和各企业的负责人提起轻度违法行为程序。

《克罗地亚竞争法》第61条

1. 在一企业做出了违法行为的情况下,应该对此企业,不管此企业是法人主体还是非法人主体,处以实施违法行为前一会计年度的年营业额最多10%的罚金,如果此企业:

(1) 缔结了被禁止的协议,或以任何其他形式参加了本法第9条规定下会导致阻碍、限制或扭曲竞争后果的协议;

(2) 滥用本法第16条规定的市场支配地位;

(3) 参加了本法第18条规定的被禁止的企业集中;

(4) 未能依照竞争局作出的决定(第57条第1款至第7款)行事。

2. 关于本条第1款中规定的违法行为,所涉法人性质企业的负责人也应该被处以5万到20万库纳的罚金。

《荷兰竞争法》第56条

1. 对于违反第6条第1款或第24条第1款的行为,局长可以对实施该行为的自然人或法人:

a. 处以罚金;

b. 责令其缴纳定期罚款。

2. 罚金和缴纳定期罚款的处罚令可以同时适用。

3. 如果造成该违法状态自然人或法人有合理的理由证明其对该行为不承担责任,局长不应对其处以罚金。

4. 法人的管理者不应视为第1款中规定的自然人。

《荷兰竞争法》第57条

1. 第56条第1款a项中规定的罚金,不得超过450,000欧元,或经营者在受到处罚之前的那个财政年度的营业额(如果违法行为是经营者协会实施的,上述营业额应计为该团体成员的营业额的总和)的10%(以两者中数额高者为上限)。

2. 在确定罚金额度的过程中,局长在任何情况下都应考虑该违法行为的严重程度和持续时间。

3. 第1款中规定的营业额,应当根据《民法典》第2卷第377条第6款的规定进行确定。

《荷兰竞争法》第58条

1. 第56条第1款b项规定的缴纳定期罚款的处罚令,应当有助于消除该违法状态或进一步的违法行为,或者有助于阻止该行为的再次发生。缴纳定期罚款的处罚令中,可以附加有关向局长提供信息的条件。

2. 该处罚令的适用期间由局长确定,但不得超过两年。

3. 此处适用《普通行政法》第5:32条第4款和第5款,第5:33条,第5:34条第1款及第5:35条的规定。

《韩国规制垄断与公平交易法》第21条

发生违反第19条规定的不正当的共同行为时,公平交易委员会可以命令该事业者中止该行为,公布违法事实或者采取其他必要的纠正措施。

《韩国规制垄断与公平交易法》第22条

对于违反第19条规定,实施不正当的共同行为的事业者,公平交易委员会可以命令其缴纳不超过总统令规定的销售额5%的范围内的课征金。但是,对于无销售额的情形,可以命令其缴纳不超过10亿韩元范围内的课征金。

《韩国规制垄断与公平交易法》第22条之二

1. 对于符合以下各项规定之一者,可以减轻或者免除第21条规定的纠正措施和第22条规定的课征金。申报不正当的共同行为的事业者;以提供证据的方法协助进行依第50条[违反行为的调查与意见听取]的调查者。

2. 第1款规定的对于减轻或者免除者的范围和减轻或者免除者的基准、程度等必要事项,由总统令规定。

《韩国规制垄断与公平交易法》第66条

对违反第19条[不正当的共同行为的禁止]第1款各项的规定实施事业者团体的禁止行为者,处以3年以下徒刑或者2亿韩元以下罚金。

《日本禁止私人垄断及确保公正交易法》第90条

对属于下列各项之一者,处以2年以下的徒刑或300万日元以下的罚金。

(1)违反第6条或第8条第1款第2号的规定,签订有属于不正当交易限制事项内容的国际协定或国际合同的;

(2)违反第8条第1款第3项或第4项的规定的;

(3)排除措施命令或第65条或第67条第1款的审决确定后而不遵从的。

《日本禁止私人垄断及确保公正交易法》第92条

对犯有第89条至第91条的罪行者,可以根据情节并处徒刑和罚金。

《日本禁止私人垄断及确保公正交易法》第95条

1.法人代表、法人或自然人的代理人、雇工及其他从业人员,就该法人或自然人的业务或财产,实施以下各项所列违反规定的行为的,除对行为人进行处罚外,对该法人或自然人也处以下列各项规定的罚金刑。

(1)第89条5亿日元以下的罚金刑;

(2)第90条第3项[违反第7条第1款或第8条之二第1款或第3款的规定的命令(限于责令停止违反第3条或第8条第1款第1项规定的行为)的除外]3亿日元以下的罚金刑;

(3)第90条第1项、第2项或第3项[限于违反第7条第1款或第8条之二第1款或第3款规定的命令(限于责令停止违反第3条或第8条第1款第1项的规定的行为)]、第91条(第3项除外)、第91条之二或第94条各本条的罚金刑。

2.对非法人的团体的代表人、管理人、代理人、雇工及其他从业人员,就该团体的业务或财产,实施以下各项所列违反行为的,除对行为

第七章　法律责任　　　　　　　　　　　　　　　　　　第46条

人进行处罚外,对该团体也处以下列各项规定的罚金刑。

（1）第89条5亿日元以下的罚金刑；

（2）第90条第3项[违反第7条第1款或第8条之二第1款或第3款规定的命令(限于责令停止违反第3条或第8条第1款第1项的规定的行为)的除外]3亿日元以下的罚金刑；

（3）第90条第1项、第2项或第3项[限于违反第7条第1款或第8条之二第1款或第3款规定的命令(限于责令停止违反第3条或第8条第1款第1项的规定的行为)]、第91条第4项或第5项(限于与第4项有关的部分)、第91条之二第1项或第94条各本条的罚金刑。

3. 前款规定,代表人或管理人除就其诉讼行为代表其团体外,准用法人为被告人或嫌疑人时有关诉讼行为的刑事诉讼法的规定。

《日本禁止私人垄断及确保公正交易法》第95条之二

当发生违反第89条第1款第1项、第90条第1项或第3项及第91条(第3项除外)的行为时,对明知其违法的计划而没有采取必要的防止措施的,或者对明知其违法行为而没有采取必要的纠正措施的该法人(违反第90条第1项或第3项的情况中,该法人为事业者团体的除外)代表,亦处以各条规定的罚金刑。

《日本禁止私人垄断及确保公正交易法》第95条之三

1. 当发生违反第89条第1款第2项及第90条的行为时,对明知其违法的计划而没有采取必要的防止措施的,或者对明知其违法行为而没有采取必要的纠正措施的该事业者团体的理事、其他干部或管理人及其成员事业者(为事业者的利益而实施行为的干部、代理人及其他人是成员事业者时、含该事业者),亦分别处以各条规定的罚金刑。

2. 前款规定,当同款所列事业者团体的理事、其他干部或管理人及其成员事业者为法人及其他团体的,适用于该团体的理事、其他干部或管理人。

《日本禁止私人垄断及确保公正交易法》第95条之四

1. 法院在认为有足够的理由时,在作出第89条第1款第2项或第90条规定的刑罚判决的同时,可以宣告事业者团体解散。

2. 依前款规定被宣告解散时,不受其他法令的规定或章程等规定的限制,事业者团体依该宣告而解散。

《日本禁止私人垄断及确保公正交易法》第96条

1. 第89条至第91条的犯罪,待公正交易委员会的检举,方可对此处罚。

2. 前款的检举,应以文书形式进行。

3. 公正交易委员会在进行第1款的检举时,就有关该检举的犯罪,认为进行前条第1款或第100条第1款第1项的宣告妥当时,可以将有关情况记载于前款文书中。

4. 第1款的检举在提起公诉后,不能撤销。

《印度尼西亚共和国禁止垄断活动和不公平商业竞争的法律》第47条

1. 委员会被授权对违反了本法规定的企业施加行政制裁。

2. 本条第1款中所提到的行政制裁如下:

(1) 废除第4条到第13条及第15条中所提到的合同;和/或

(2) 命令企业终止第14条中所提到的纵向集中行为;和/或

(3) 命令企业停止被证明已经导致垄断活动和/或不公平商业竞争和/或损害公众利益的活动;和/或

(4) 命令企业终止滥用独占地位的行为;和/或

(5) 对企业造成的危害规定赔偿金;和/或

(6) 处以罚金,这种罚金最低为10亿印尼卢比,最高为250亿印尼卢比。

《印度尼西亚共和国禁止垄断活动和不公平商业竞争的法律》第48条

1. 对违反本法第4条、第9条至第14条、第16条至第19条、第25条、第27条以及第28条规定的行为,处以刑事罚金,这种罚金的数额最低为250亿印尼卢比,最高为1000亿印尼卢比,或施加最多6个月的监禁。

2. 对违反本法第5条至第8条、第15条、第20条至第24条以及第26条规定的行为,处以最低为50亿印尼卢比,最高为250亿印尼卢比的罚金,或最多5个月的监禁。

3. 对违反本法第 41 条的行为，处以最低为 10 亿印尼卢比，最高为 50 亿卢比的刑事罚金，或最高 3 个月的监禁。

《印度尼西亚共和国禁止垄断活动和不公平商业竞争的法律》第 49 条

关于第 48 条所提到的犯罪，依据《刑事法典》第 10 条的规定，可以处以下形式的额外刑事惩罚：

1. 撤销营业执照；或
2. 禁止被证明违反本法规定的企业家在最少 2 年内，最多 5 年内担任董事或委员；或
3. 终止对其他各方造成了损害的特定活动或行为。

《印度竞争法》第 42 条

（1）在不损害本法规定的前提下，任何人，如果在没有任何合适理由的情况下，违反了委员会的任何命令或者某项条件或限制——如果此条件或限制是依据本法发出、给予、做出或同意与某一事项有关的许可、制裁、指示或豁免的前提的话，或者是未能支付依据本法做出的罚款时，就可以被投入民事监狱服刑不超过 1 年，除非在此期间被委员会予以释放，同时，他还可以被科以不超过 100 万卢比的罚金。

（2）在依据本法做出命令的同时，为了完成或执行此命令，委员会在其认为必要或值得的情况下，可以不依据本法而向任何人或机构发出指示，而任何违背或未能遵守这样的指示中赋予他的义务的人，就可以被委员会指令投入民事监狱服刑不超过 1 年，除非在此期间被委员会予以释放，同时，他还可以被科以不超过 100 万卢比的罚金。

《印度竞争法》第 46 条

如果确信某一家参与了某一项违反第 3 条的卡特尔的生产商、销售商、分销商、贸易商或服务提供商对其行为进行了完整真实，同时也是至关重要的披露，那么委员会认为合适的话，可以对这样的生产商、销售商、分销商、贸易商或服务提供商征收少于本法或其他规则或规章所定数额的罚款。

但此种较低数额的罚款不能被委员会施行于在做出这样的披露之前，针对违反本法的规定或者其他法规或规章的行为的诉讼已经被提

起，或者某一依据第 26 条进行的调查已经被指令启动的案件中。

同时，此种较低数额的罚款只能被委员会施行于卷入卡特尔的生产商、销售商、分销商、贸易商或服务提供商中首先对其行为进行了本条所指的完整真实，同时也是至关重要的披露的那一个。

另外，如果确信卷入卡特尔的此生产商、销售商、分销商、贸易商或服务提供商在诉讼进行过程中：

（a）没有遵守委员会给予此种较低数额的罚款的条件；
（b）作伪证；
（c）披露并非至关重要信息，

并且此生产商、销售商、分销商、贸易商或服务提供商可以因此过错而就其接受的较低数额的罚款受到审判，也应该承担其本应被处以的罚款的话，委员会可以取消此较低数额的罚款。

《印度竞争法》第 48 条

（1）当违反本法或者任何依据本法制定或发布的法规、规章或命令的规定的是一家公司时，所有在违法行为发生当时，掌管并对公司的经营负责的人，均应同公司本身一样被视为从事了此违法行为，并应因此而接受审判和受到相应的惩罚。

但本款所含任何内容均不适用于能够证明其对违法行为不知情或者已尽其全部必要的努力来阻止违法行为发生的人。

（2）尽管存在第 1 款的规定，当违反本法或者任何依据本法制定或发布的法规、规章或命令的规定的人是一家公司，并且能够证明违法行为的发生得到了某一董事、经理、秘书或公司的其他官员的同意、默许或者是可以归因于其过失时，那么，这样的董事、经理、秘书或公司的其他官员均应同公司本身一样被看做从事了此违法行为，并应因此而接受审判和相应的惩罚。

《巴西反垄断法》第 23 条

对违反经济秩序的行为应当实行以下反垄断罚则：

1. 对于公司：最近一财政年度税前总收益的 1% 到 30% 的罚金，该罚金不得少于公司违反经济秩序行为所得的利益，在后者可估算的前提下；

2. 对于直接或间接对公司的违法行为负有责任的经理人员：上述公司罚金的 10% 到 50% 的罚金，由经理个人独立承担；以及

3. 对于其他公众或私人法律实体，以及事实上或法律上成立的实体或个人组织，包括暂时成立的，拥有或没有合法身份的组织，在不能进行商业活动的情况下，不便计算总销售收益的，处以 6,000 到 60,000 联邦政府公债指数的罚款或以其他指数计算的罚款；

独立款　对屡次违反经济秩序的行为应当处以双倍的罚金处罚。

第四十七条　经营者违反本法规定，滥用市场支配地位的，由反垄断执法机构责令停止违法行为，没收违法所得，并处上一年度销售额百分之一以上百分之十以下的罚款。

【说明及立法理由】

本条是对经营者滥用市场支配地位的法律责任的规定。

本条所称"经营者违反本法规定"，是指根据本法第 17 条第 2 款、第 18 条、第 19 条的规定被认定为具有市场支配地位的经营者，滥用其市场支配地位，从事本法第 17 条第 1 款规定的垄断行为，具体包括低买高卖、掠夺性定价、拒绝交易、强制交易或者限定交易对象、搭售、差别待遇等。

反垄断法并不禁止经营者通过合法经营、公平竞争获取市场支配地位；同时，由于具有市场支配地位的经营者的经营行为对市场竞争状况和消费者利益会产生重大影响，出于对资本过度逐利的警惕，法律给予其更多关注，要求其规范经营，尤其是不得滥用自己的支配地位，从事损害消费者和其他经营者的合法权益的行为。

经营者违反本法规定滥用市场支配地位的，反垄断执法机构应当首先责令其停止违法行为；经营者有可以查清的违法所得的，反垄断执法机构应当没收其违法所得；此外，还应当对经营者处以较高数额的罚款。

各国的反垄断立法实践中，对于处罚数额的规定主要有三种模式：

1. 欧盟模式，以经营者上一营业年度全球销售额的一定比例为罚款上限。《欧盟理事会关于执行欧共体条约第 81 条和第 82 条竞争规

则的 1/2003 号条例》规定,对经营者滥用市场支配地位的行为,可以处以企业上一营业年度总销售额的 10% 以下的罚款。德国、罗马尼亚等国家也有类似规定。

2. 美国模式,规定具体数额标准。《美国谢尔曼法》规定,任何人垄断或企图垄断,或与他人联合、共谋垄断州际间或与外国间的商业和贸易,是严重犯罪。如果参与人是公司,将处以 1000 万美元以下罚款;如果参与人是个人,将处以 100 万美元以下的罚款,或 3 年以下监禁,也可由法院酌情并用两种处罚。但据美国司法部和联邦贸易委员会官员的介绍,目前美国司法实践中对滥用市场支配地位的行为只是以法院禁令的形式予以禁止,而不对其进行处罚。

3. 日韩模式,即鉴于违法所得难以计算而作为替代的课征金制度。《日本禁止私人垄断及确保公正交易法》和《韩国规制垄断与公平交易法》都规定,对于经营者滥用市场支配地位的行为,处以一定数额的课征金,该数额由政令或者总统令规定处罚基数的具体计算方法,由法律规定具体的处罚比例。同时,日本还可以对经营者处以 500 万日元以下的罚金,韩国还可以对经营者处以 3 年以下徒刑或者 2 亿韩元以下的罚金。

经过研究,欧盟模式应用较为普遍,既能考虑到具体情况的差异又便于操作;同时,根据我国的立法习惯,对于必须处以罚款的案件,应当同时规定罚款额度的上下限,本法将该下限定为上一年度销售额 1%。因此,对经营者违反本法规定滥用市场支配地位的行为,规定对其处以上一年度销售额 1% 以上 10% 以下的罚款;在实际处罚时,具体数额由反垄断执法机构根据具体情形在这个范围内自由裁量。

【相关规定】

《欧共体理事会关于执行欧共体条约第 81 和 82 条竞争规则的 1/2003 号条例》第 23 条

1. 在存在下列故意或过失的情况下,委员会可通过决定处以企业或企业协会不超过上一营业年度总销售额 1% 的罚款:

(a) 对依据第 17 条或第 18 条第 2 款所提的请求,提供不正确或误导性的信息;

(b) 对依据第17条或第18条第3款所做的决定的请求,提供不正确、不完整或误导性的信息,或没有按照规定的期限提供信息;

(c) 在依据第20条进行的检查中,提供不完整的商业账册或记录,或者拒绝服从依据第20(4)条所作决定中的检查令;

(d) 回答根据第20条第2款(e)所提出的问题时,他们

——给予不正确或误导性的答复;

——未能在委员会规定的期限内纠正由其成员提供的不正确、不完整或误导性的答复;

——就与依据第20条第4款所作决定进行的检查的对象和目的相关的事实,未能提供或拒绝提供完整的答复;

(e) 委员会授权的官员及其他人员依据第20条第2款(d)项的规定所作的密封被开启。

2. 委员会可通过决定对存在下列故意或过失的企业或企业协会处以罚款:

(a) 违反条约第81条或第82条;或者

(b) 违反根据第8条所作决定中的临时措施;或者

(c) 未能遵守依第9条所作决定使其具有约束力的承诺。

对参与违法行为的各企业或企业协会,罚款不得超过上一营业年度总销售额的10%。

企业协会的违法行为与其成员的活动相关时,罚款不得超过协会的违法行为而受损市场上活动的各成员企业总销售额的10%。

3. 罚款数额应视违法行为的严重程度和持续期间而定。

4. 根据成员企业的销售额对企业协会征收罚款时,如果企业协会无偿付能力,它有义务要求其成员企业分担这个罚款。

如果这个罚款未能在委员会设定的期限内分摊完毕,委员会可要求其代表是相关企业协会决策机构的成员的企业直接缴纳罚款。

委员会依上述第2项提出支付罚款的要求后,为了确保缴纳罚款的情况下,也可要求在违法行为发生的市场上进行活动的任何成员企业缴纳罚款的差额。

但是,委员会不得要求那些在委员会调查案件前没有执行企业协

会的违法决定,或者不知道该决定的存在,或者积极规避该决定的成员企业支付上述第2项或第3项规定的罚款。

与支付上述罚款相关的成员企业的财政责任,不超过其上一营业年度总销售额的10%。

5. 根据第1款和第2款所做的决定,不具有刑法的性质。

《欧共体理事会关于执行欧共体条约第81和82条竞争规则的1/2003号条例》第31条

法院在审查委员关于处以罚款或日罚款的决定方面享有不受限制的权力。法院可以撤销、减少或者增加对企业所征收的罚款或日罚款。

《美国谢尔曼法》第2条

任何人垄断或企图垄断,或与他人联合、共谋垄断州际间或与外国间的商业和贸易,是严重犯罪。如果参与人是公司,将处以1000万美元以下罚款;如果参与人是个人,将处以100万美元以下的罚款,或3年以下监禁。也可由法院酌情并用两种处罚。

《比利时经济竞争保护法》第36条

1. 在适用第31条第1款时,竞争理事会可以对每一个涉案企业处以不超过营业额10%的罚款。营业额依据第46条规定的标准计算。竞争理事会还可以同时决定对每一个不遵守决定的企业处以以日计算的惩罚性支付,但最高额限于25万比利时法郎。就第5条第1款所指的行为,不得处以适用第31条第1款规定的情形的罚款。

2. 在适用第29条第2款b、c和d项以及不遵守第33条和第34条的决定时,也可同样处以此罚款和惩罚性支付。

《德国反对限制竞争法》第81条

1. 故意或过失为下列行为者,违反2002年12月24日公布的欧洲共同体条约文本(ABl. EG Nr. C 325 S. 33)的规定,违反社会秩序:

(1) 违反第81条第1款达成协议、决议或联合一致的行为,或者

(2) 违反第82条第1句滥用市场支配地位。

2. 故意或过失为下列行为,违反社会秩序

(1) 违反第1条、第19条第1款、第20条第1款——结合第2款第1句亦然——、第20条第3款第1句——结合第2句亦然——、第

20条第4款第1句或第6款、第21条第3款或第4款或第41条第1款第1句等条款中有关禁止法律所称的协议、决议、联合一致的行为,禁止滥用市场支配地位、市场地位或处于优势的市场权力,禁止不适当地阻碍或歧视企业、禁止拒绝接收企业,禁止强迫行为,禁止遭受经济不利或实施合并的规定;

(2) 违反

(a) 依第30条第3款,第32条第1款,第32a条第1款,第32b条第1款第1句或第41条第4款第2项——结合第40条第3a款第2句,并结合第41条第2款第3句或第42条第2款第2句或第60条亦然——或

(b) 依第39条第5款为可执行的命令。

(3) 违反第39条第1款的规定,将协议和决议作不正确的申请登记、作不完整的申请登记;

(4) 违反第39条第6款的规定,怠于作报告、作不正确的报告、作不完整的报告或不及时作报告;

(5) 违反某项依第40条第3款第1句或第42条第2款第1句为可执行的负担;

(6) 违反第59条第2款规定,怠于提供、未正确提供、未完整提供或未及时提供情况,怠于提交、未完整提交或未及时提交资料,怠于出示、未完整出示或未及时出示业务资料供查阅和审核,或不接受对这些业务资料的审核,拒绝他人进入营业场所和营业用地。

3. 为以下行为,为违反社会秩序的行为

(1) 违反第21条第1款的规定,要求封锁供货或封锁采购,

(2) 违反第21条第2款的规定,以非利益来胁迫或加害其他企业,或向其他企业允诺或提供好处,或

(3) 违反第24条第4款第3句或第39条第3款第5句的规定作出陈述或使用。

4. 对于第1款、第2款第1项、第2项a则和第5项、第3款情形的违反社会秩序行为,可以科处100万欧元以下的罚金。在这种情形下对1个企业或1个企业联合组织处以罚金,参与违反社会秩序的每个

企业或每个企业联合组织的罚金数额超过第 1 句的规定并以其前一经营年度获得的总销售额的 10% 为限。其他情况下,罚金的最高额为 10 万欧元。在确定罚金的数额时,既要考虑违法行为的严重程度,也要考虑其持续时间。

5. 衡量罚金时适用《违反社会秩序法》第 17 条第 4 款的规定,即由违反社会秩序的行为获得的经济利益依第 4 款的规定通过罚金的形式收缴。单处罚金时在衡量数额时相应地要考虑这些。

6. 在罚金通知中规定的针对法人或法人联合组织的罚金要计算利息;自罚金通知单送达 2 周后开始。相应适用民法典第 288 条第 1 款第 2 句和第 289 条第 1 句的规定。

7. 联邦卡特尔当局可以为与国外竞争主管机关合作而制定关于确定罚金数额的管理原则。

8. 对第 1 款至第 3 款所列违反社会秩序行为的追诉时效,以《违反社会秩序法》的规定为准,在以扩散印刷品的方式实施行为时,亦然。对第 1 款、第 2 款第 1 项和第 3 款所列违反社会秩序行为的追诉时效为 5 年。

9. 欧洲共同体委员会或者欧洲共同体其他成员国的竞争主管机关基于一项申诉或由于受卡特尔局委托而因公违反《欧洲共同体条约》第 81 条或第 82 条针对同一协议、决议或联合一致的行为,时效因第 1 款违反社会秩序行为的规定并通过适用本法第 33 条第 1 款关于违反社会秩序行为本竞争主管机关采取相应的措施而中断。

10.《违反社会秩序法》第 36 条第 1 款第 1 项意义上的行政机关,是指依据第 48 条,结合第 49 条第 3 款或第 4 款亦然,或第 50 条的主管机关。

《瑞典竞争法》第 23 条

瑞典竞争局可以要求企业停止违反第 6 条(垄断协议)和第 19 条(滥用市场支配地位)规定的禁止的行为。

如果瑞典竞争局就某一案决定不采取上述措施,经受违反禁止的行为影响的企业的请求,商事法院可以决定采取上述措施。

《瑞典竞争法》第 26 条

对企业违反第 6 条或第 19 条的行为,应瑞典竞争局的要求,斯德哥尔摩法院可以要求企业支付行政罚款。

《瑞典竞争法》第 27 条

罚款应当不低于 5000 瑞典克朗,不超过 5 百万瑞典克朗,或虽超过 5 百万瑞典克朗但不超过企业前一个营业年度营业额的 10%。

《法国关于价格和自由竞争的法律》第 13 条

1. 竞争审议委员会可以命令当事人在限定期间停止反竞争行为或课赋个别条件。

2. 委员会可以科处直接或不履行禁止命令的罚款。

3. 对企业的最高罚款金额,为该企业上一会计年度在法国境内未税营业额的 5%。对非企业的最高罚款金额为 1,000 万法郎。

《罗马尼亚竞争法》第 54 条

任何涉及违反本法第 5 条、第 6 条规定的反竞争行为的协议、协定或合同条款无效,不论是明示的或默示的,公开的或秘密的。

《罗马尼亚竞争法》第 55 条

1. 下列行为构成犯罪并可处以实施下列行为前一财政年度销售总额 10% 的罚款:

(1) 违反本法第 5 条第 1 款、第 6 条或第 13 条规定的行为;

……

(4) 未能遵守依据本法规定赋予企业的义务或条件。

2. 关于前款的适用除外,竞争委员会应当通过指南的形式,确立适用可免除经济处罚的宽大政策的条款、条件和标准。

《匈牙利禁止不正当竞争法》第 77 条

(1) 在案件中提起程序的竞争理事会在其裁决中:

(u) 应就第 67 条第 2 款规定的申请做出裁决,

(v) 在依据第 67 条第 3 款提起的程序中,可批准企业集中或依据第 25 条延长一年的时限,

(w) 可依据第 16/A 条确立集体豁免申请的利益不适用于该协议,

(x) 可确定行为违法,

（y）可命令消除违反本法的情形，

（z）可禁止继续违反本法规定的情形，

（aa）如其判定存在违法行为，可强加义务，尤其是在判定不正当地拒绝建立或保持适于交易类型的商业关系（第21条（c）点）的情况下签订合同的义务，

（bb）可就可能具有欺骗性的先前信息命令发布纠正性的宣告；

（cc）可确定行为不违法，

（dd）可撤销或修改其早期裁决（本法第32和76条，PAPA第114条）。

（2）批准集中的裁决可附有前置或后置条件或义务。

《匈牙利禁止不正当竞争法》第78条

1. 提起程序的竞争理事会可对违反本法规定的人适用罚金。罚金最高为在裁决做出的上一商业年度净营业额的10%，或者如果企业是裁决中说明的企业集团的成员，则为该集团的该净营业额的10%。对企业的社会组织、公共公司、协会或其他相似组织适用的罚金不得超过其成员在上一商业年度净营业额总额的10%。

2. 在判定最高罚金额时，如果无法获得可视为真实的第1款规定的企业或企业集团在判定违法行为的裁决做出的上一商业年度的净营业额，则应考虑可视为真实的最后一个商业年度的该净营业额。

3. 判定罚金数额的时候应考虑所有相关因素，尤其是违法的严重性、违法情形存在的期间、违法行为获得的利益、违法的当事方的市场地位、行为的可归罪性、企业在程序过程中的有效合作以及违法行为的重复性。确定违法的严重性尤其应依据其对经济竞争的威胁和损害消费者利益的范围和程度。

4. 对广播公司适用的罚金应支付至广播基金。

5. 如果实施违法行为的企业集团的一个成员未自愿支付罚金并且执行失败，在案件中提起程序的竞争理事会应发出单独指令要求裁决中确定的相关企业集团的所有成员对未支付罚金的全部或部分承担连带责任。

6. 如果企业的社会组织、公共公司、协会或其他类似组织未自愿支

第七章 法律责任   第47条

付罚金,并且执行失败,则在案件中提起程序的竞争理事会应发出单独指令要求参与做出违法裁决并在裁决中指明的企业承担支付罚金的连带责任。

7. 对于依据第5款或第6款发出的指令,可依据第82条第3款寻求独立法理救济。

8. 为了有效发现违反第11条的秘密协议,匈牙利竞争局可制定宽大政策,一方面规定在判定其拟适用罚金的数额时考虑违法企业在发现违法行为的过程中的有效合作的方法应遵循的原则,另一方面规定其可考虑该等合作的范围。适用宽大政策的条件应在第36条第6款项下的通知中规定。

《克罗地亚竞争法》第60条

根据竞争局的决定,在违反本法规定的情形下,竞争局应该向轻罪法院提起诉讼,以对相关企业和各企业的负责人提起轻度违法行为程序。

《克罗地亚竞争法》第61条

1. 在一企业做出了违法行为的情况下,应该对此企业,不管此企业是法人主体还是非法人主体,处以实施违法行为前一会计年度的年营业额最多10%的罚金,如果此企业:

(1) 缔结了被禁止的协议,或以任何其他形式参加了本法第9条规定下会导致阻碍、限制或扭曲竞争后果的协议;

(2) 滥用本法第16条规定的市场支配地位;

(3) 参加了本法第18条规定的被禁止的企业集中;

(4) 未能依照竞争局作出的决定(第57条第1款至第7款)行事。

2. 关于本条第1款中规定的违法行为,所涉法人性质企业的负责人也应该被处以5万到20万库纳的罚金。

《荷兰竞争法》第56条

1. 对于违反第6条第1款或第24条第1款的行为,局长可以对实施该行为的自然人或法人:

a. 处以罚金;

b. 责令其缴纳定期罚款。

2. 罚金和缴纳定期罚款的处罚令可以同时适用。

3. 如果造成该违法状态自然人或法人有合理的理由证明其对该行为不承担责任,局长不应对其处以罚金。

4. 法人的管理者不应视为第1款中规定的自然人。

《荷兰竞争法》第57条

1. 第56条第1款a项中规定的罚金,不得超过450,000欧元,或经营者在受到处罚之前的那个财政年度的营业额(如果违法行为是经营者协会实施的,上述营业额应计为该团体成员的营业额的总和)的10%(以两者中数额高者为上限)。

2. 在确定罚金额度的过程中,局长在任何情况下都应考虑该违法行为的严重程度和持续时间。

3. 第1款中规定的营业额,应当根据《民法典》第二卷第377条第6款的规定进行确定。

《荷兰竞争法》第58条

1. 第56条第1款b项规定的缴纳定期罚款的处罚令,应当有助于消除该违法状态或进一步的违法行为,或者有助于阻止该行为的再次发生。缴纳定期罚款的处罚令中,可以附加有关向局长提供信息的条件。

2. 该处罚令的适用期间由局长确定,但不得超过2年。

3. 此处适用《普通行政法》第5:32条第4款和第5款,第5:33条,第5:34条第1款及第5:35条的规定。

《英国竞争法》第36条

1. 在做出协议违反第一章的禁令的裁决之后,局长得要求协议当事方之一的经营者向其缴纳对该违法协议的罚款。

2. 在做出行为违反第二章的禁令的裁决之后,局长得要求当事经营者向其缴纳对该违法行为的罚款。

3. 只要局长确信经营者出于故意或过失实施了违反禁令的行为,均得对其处以第1条或第2条项下的罚款。

4. 本节第1条规定受第39节规定的限制,如果局长相信,经营者确有合理原因认为第39节规定对其协议授予免责的,则不适用本节第

1条规定。

5. 本节第2条规定受第40节规定的限制,如果局长相信,经营者确有合理原因认为第40节规定对其行为授予免责的,则不适用本节第2条规定。

6. 本节规定的处罚通知必须:
(a) 采用书面形式;并且
(b) 要求必须在指定日期前缴纳罚款。

7. 指定日期必须在第46节中规定的可对通知提起上诉的期间届满之前。

8. 局长确定的本节规定项下的罚款金额不得超过经营者营业额的10%(根据国务大臣在命令中指定的条款决定)。

9. 局长根据本节规定收缴的任何款项均将存入统一基金。

《英国竞争法》第37条

1. 如果处罚通知中指定的日期已过,并且:
(a) 对处罚决定或罚款金额提起上诉的期间已届满,当事人未提起上诉,或者
(b) 当事人提出上诉并已经得到判决,

局长得以行使民事债权的方式,对处罚通知项下所有欠缴金额进行收缴。

2. 在本节规定中:
"处罚通知"指第36节规定项下的通知;
"指定日期"指该处罚通知中指定的日期。

《英国竞争法》第38条

1. 局长必须拟定并公布关于本部分法令项下的任何罚款的适当金额的指导;

2. 局长得在任何时候对该指导做出修改;

3. 局长修改指导后,必须公布修改后的文本;

4. 未经国务大臣批准,本节规定项下的任何指导均不得公布;

5. 局长在与国务大臣协商后,可选择公布指导的方式;

6. 局长在拟定或修改本节规定项下指导的过程中,必须与他认为

适当的人员协商；

7. 如果将要做出的指导或对指导的修改涉及某监管主体拥有共同管辖权的问题，协商对象中必须包括该监管主体。

8. 在确定本部分法令项下的罚款金额的时候，局长必须注意尚在有效期内的本节规定项下的指导。

9. 如果委员会或另一成员国的法院或其他机关已对协议或行为判处罚款或罚金，局长，上诉裁决机关，或有权法院在根据本部分法令确定对该协议或行为的罚款或罚金额度的时候，必须考虑上述罚款或罚金的数额。

10. 在第(9)条规定中，"有权法院"的含义如下：
(a) 对英格兰和威尔士地区而言，指上诉法院；
(b) 对苏格兰地区而言，指最高民事法院；
(c) 对北爱尔兰地区而言，指北爱尔兰上诉法院；
(d) 国会上议院。

《韩国规制垄断与公平交易法》第 5 条

发生违反第 3 条之二[禁止滥用市场支配地位]规定时，公平交易委员会可以命令该市场支配的事业者采取降低价格、中止该行为、公布违法事实以及为了纠正其他违反这些规定的行为而采取必要的纠正措施。

《韩国规制垄断与公平交易法》第 6 条

市场支配的事业者实施滥用行为时，公平交易委员会可以命令该事业者缴纳不超过总统令规定的销售额 3% 的范围内的课征金。但是，对于依总统令规定的、无销售额或者销售额难以计算的情形(以下称"无销售额的情形")，可以命令其缴纳不超过 10 亿韩元范围内的课征金。

《韩国规制垄断与公平交易法》第 66 条

对违反第 3 条之二[禁止滥用市场支配地位]规定行使滥用行为者，处以 3 年以下徒刑或者 2 亿韩元以下罚金。

《日本禁止私人垄断及确保公正交易法》第 7 条之二

事业者将不正当交易限制或属于不正当交易限制的事项作为国际

协定或国际合同的内容,实施以下所列各项行为时,公正交易委员会应按照第八章第二节所规定的程序,责令该事业者,就实施该行为的事业活动开始之日起到实施该行为的事业活动结束之日的期间(若该期间超过3年,以该行为的事业活动结束之日起向前追溯3年计算。以下称为"实行期间"),依政令就该商品或劳务所规定的方法计算出的销售额(该行为是与接受商品或者劳务的提供相关时,指依政令就该商品或劳务所规定的方法计算出的购入额)乘以10%(零售业为3%、批发业为2%)得出金额的相应数额作为课征金,上缴国库。但该数额不足100万日元时,不得责令其缴纳。

(1)与商品或者劳务的对价有关的事项。

(2)关于商品或者劳务,对以下任何一项进行实质性限制时,将对对价产生影响。

① 供应量或者需求量;

② 市场占有率;

③ 交易的相对方。

《日本禁止私人垄断及确保公正交易法》第89条

1. 对属于下列各项之一者,处以3年以下的徒刑或500万日元以下的罚金:

(1)违反第3条的规定,实施私人垄断或不正当交易限制的;

(2)违反第8条第1款第1项的规定,在一定的交易领域实质性地限制竞争的。

2. 对前款的未遂罪亦进行处罚。

《日本禁止私人垄断及确保公正交易法》第92条

对犯有第89条至第91条的罪行者,可以根据情节并处徒刑和罚金。

《日本禁止私人垄断及确保公正交易法》第95条

1. 法人代表、法人或自然人的代理人、雇工及其他从业人员,就该法人或自然人的业务或财产,实施以下各项所列违反规定的行为的,除对行为人进行处罚外,对该法人或自然人也处以下列各项规定的罚金刑。

(1) 第89条:5亿日元以下的罚金刑;

(2) 第90条第3项[违反第7条第1款或第8条之二第1款或第3款的规定的命令(限于责令停止违反第3条或第8条第1款第1项规定的行为)的除外]:3亿日元以下的罚金刑;

(3) 第90条第1项、第2项或第3项[限于违反第7条第1款或第8条之2第1款或第3款规定的命令(限于责令停止违反第3条或第8条第1款第1项的规定的行为)]、第91条(第3项除外)、第91条之二或第94条:各本条的罚金刑。

2. 对非法人的团体的代表人、管理人、代理人、雇工及其他从业人员,就该团体的业务或财产,实施以下各项所列违反行为的,除对行为人进行处罚外,对该团体也处以下列各项规定的罚金刑。

(1) 第89条:5亿日元以下的罚金刑;

(2) 第90条第3项[违反第7条第1款或第8条之二第1款或第3款规定的命令(限于责令停止违反第3条或第8条第1款第1项的规定的行为)的除外]:3亿日元以下的罚金刑;

(3) 第90条第1项、第2项或第3项[限于违反第7条第1款或第8条之2第1款或第3款规定的命令(限于责令停止违反第3条或第8条第1款第1项的规定的行为)]、第91条第4项或第5项(限于与第4项有关的部分)、第91条之二第1项或第94条:各本条的罚金刑。

3. 前款规定,代表人或管理人除就其诉讼行为代表其团体外,准用法人为被告人或嫌疑人时有关诉讼行为的刑事诉讼法的规定。

《日本禁止私人垄断及确保公正交易法》第95条之二

当发生违反第89条第1款第1项、第90条第1项或第3项及第91条(第3项除外)的行为时,对明知其违法的计划而没有采取必要的防止措施的,或者对明知其违法行为而没有采取必要的纠正措施的该法人(违反第90条第1项或第3项的情况中,该法人为事业者团体的除外)代表,亦处以各条规定的罚金刑。

《日本禁止私人垄断及确保公正交易法》第95条之三

1. 当发生违反第89条第1款第2项及第90条的行为时,对明知其违法的计划而没有采取必要的防止措施的,或者对明知其违法行为而没有采取必要的纠正措施的该事业者团体的理事、其他干部或管理人及其成员事业者(为事业者的利益而实施行为的干部、代理人及其他人是成员事业者时含该事业者),亦分别处以各条规定的罚金刑。

2. 前款规定,当同款所列事业者团体的理事、其他干部或管理人及其成员事业者为法人及其他团体的,适用于该团体的理事、其他干部或管理人。

《日本禁止私人垄断及确保公正交易法》第95条之四

1. 法院在认为有足够的理由时,在作出第89条第1款第2项或第90条规定的刑罚判决的同时,可以宣告该事业者团体解散。

2. 依前款规定被宣告解散时,不受其他法令的规定或章程等规定的限制,事业者团体依该宣告而解散。

《日本禁止私人垄断及确保公正交易法》第96条

1. 第89条至第91条的犯罪,待公正交易委员会的检举,方可对此处罚。

2. 前款的检举,应以文书形式进行。

3. 公正交易委员会在进行第1款的检举时,就有关该检举的犯罪,认为进行前条第1款或第100条第1款第1项的宣告妥当时,可以将有关情况记载于前款文书中。

4. 第1款的检举在提起公诉后,不能撤销。

《印度尼西亚共和国禁止垄断活动和不公平商业竞争的法律》第47条

1. 委员会被授权对违反了本法规定的企业施加行政制裁。

2. 本条第1款中所提到的行政制裁如下:

(1) 废除第4条到第13条及第15条中所提到的合同;和/或

(2) 命令企业终止第14条中所提到的纵向集中行为;和/或

(3) 命令企业停止被证明已经导致垄断活动和/或不公平商业竞争和/或损害公众利益的活动;和/或

(4) 命令企业终止滥用独占地位的行为;和/或

(5) 对企业造成的危害规定赔偿金;和/或

(6) 处以罚金,这种罚金最低为10亿印尼卢比,最高为250亿印尼卢比。

《印度尼西亚共和国禁止垄断活动和不公平商业竞争的法律》第48条

1. 对违反本法第4条、第9条至第14条、第16条至第19条、第25条、第27条以及第28条规定的行为,处以刑事罚金,这种罚金的数额最低为250亿印尼卢比,最高为1000亿印尼卢比,或施加最多6个月的监禁。

2. 对违反本法第5条至第8条、第15条、第20条至第24条以及第26条规定的行为,处以最低为50亿印尼卢比,最高为250亿印尼卢比的罚金,或最多5个月的监禁。

3. 对违反本法第41条的行为,处以最低为10亿印尼卢比,最高为50亿卢比的刑事罚金,或最高3个月的监禁。

《印度尼西亚共和国禁止垄断活动和不公平商业竞争的法律》第49条

关于第48条所提到的犯罪,依据《刑事法典》第10条的规定,可以处以以下形式的额外刑事惩罚:

1. 撤销营业执照;或

2. 禁止被证明违反本法规定的企业家在最少2年内,最多5年内担任董事或委员;或

3. 终止对其他各方造成了损害的特定活动或行为。

《印度竞争法》第42条

1. 在不损害本法规定的前提下,任何人,如果在没有任何合适理由的情况下,违反了委员会的任何命令或者某项条件或限制——如果此条件或限制是依据本法发出、给予、做出或同意与某一事项有关的许可、制裁、指示或豁免的前提的话,或者是未能支付依据本法做出的罚款时,就可以被投入民事监狱服刑不超过1年,除非在此期间被委员会予以释放,同时,他还可以被科以不超过100万卢比的罚金。

2. 在依据本法做出命令的同时,为了完成或执行此命令,委员会在其认为必要或值得的情况下,可以不依据本法而向任何人或机构发出指示,而任何违背或未能遵守这样的指示中赋予他的义务的人,就可以

被委员会指令投入民事监狱服刑不超过1年,除非在此期间被委员会予以释放,同时,他还可以被科以不超过100万卢比的罚金。

《印度竞争法》第48条

1. 当违反本法或者任何依据本法制定或发布的法规、规章或命令的规定的是一家公司时,所有在违法行为发生当时,掌管并对公司的经营负责的人,均应同公司本身一样被视为从事了此违法行为,并应因此而接受审判和受到相应的惩罚。

但本款所含任何内容均不适用于能够证明其对违法行为不知情或者已尽其全部必要的努力来阻止违法行为发生的人。

2. 尽管存在第1款的规定,当违反本法或者任何依据本法制定或发布的法规、规章或命令的规定的人是一家公司,并且能够证明违法行为的发生得到了某一董事、经理、秘书或公司的其他官员的同意、默许或者是可以归因于其过失时,那么,这样的董事、经理、秘书或公司的其他官员均应同公司本身一样被看做从事了此违法行为,并应因此而接受审判和相应的惩罚。

《巴西反垄断法》第23条

对违反经济秩序的行为应当实行以下反垄断罚则:

1. 对于公司:最近一财政年度税前总收益的1%到30%的罚金,该罚金不得少于公司违反经济秩序行为所得的利益,在后者可估算的前提下;

2. 对于直接或间接对公司的违法行为负有责任的经理人员:上述公司罚金的10%到50%的罚金,由经理个人独立承担;以及

3. 对于其他公众或私人法律实体,以及事实上或法律上成立的实体或个人组织,包括暂时成立的,拥有或没有合法身份的组织,在不能进行商业活动的情况下,不便计算总销售收益的,处以6000到60000联邦政府公债指数的罚款或以其他指数计算的罚款。

独立款 对屡次违反经济秩序的行为应当处以双倍的罚金处罚。

第四十八条 经营者违反本法规定实施集中的,由国务院反垄断执法机构责令停止实施集中、限期处分股份或者资产、限期转让

营业以及采取其他必要措施恢复到集中前的状态,可以处五十万元以下的罚款。

【说明及立法理由】

依照本法规定,经营者达到国务院规定的申报标准,应当向国务院反垄断执法机构申报,没有申报的,不得实施集中。经营者向国务院反垄断执法机构申报集中,应当提交具有法定内容的申报书、集中对相关市场竞争状况影响的说明、集中协议、参与集中的经营者经会计师事务所审计的上一会计年度财务会计报告、国务院反垄断执法机构规定的其他文件和资料。经营者提交的上述文件、资料不完备的,又未在国务院反垄断执法机构规定的期限内补交的,视为没有申报。该申报未申报的,不得实施集中。国务院反垄断执法机构在对经营者申报进行审查期间,经营者不得实施集中。国务院反垄断执法机构审查后作出禁止集中的决定的,经营者不得实施集中。对外资并购国内企业或者以其他方式参与经营者集中,涉及国家安全的,还应当按照国家规定进行国家安全审查。经营者不依照本法规定进行集中,应当依据本条规定,由国务院反垄断执法机构责令停止实施集中或者责令限期处分股份、资产,转让营业以及采取其他必要措施恢复到集中前的状态,可以处50万元以下的罚款。具体如下:

1. 经营者违反本法规定实施集中,还没有完成的,由国务院反垄断执法机构责令停止继续实施集中;已经完成了集中,或者部分已经完成集中的,由国务院反垄断执法机构依据经营者集中采取的具体方式,责令经营者限期处分股份、资产、转让营业。

2. 国务院反垄断执法机构采取上述措施仍不能恢复到集中前的状态的,可以采取其认为可以采取的其他必要措施恢复到集中前的状态。

3. 国务院反垄断执法机构可以对违反本法规定实施集中的经营者处50万以下的罚款;具体数额,由国务院反垄断执法机构依据经营者违反本法规定实施集中的性质、程度和持续时间等因素决定。

【相关规定】

《美国克莱顿法》第7A条

任何企业或其管理人员、董事、合伙人等,若不遵守本规定,对其违反该法的每天罚以1万美元以下的民事处罚,该处罚可以由民事诉讼的方式获得。任何企业或其管理人员、董事、合伙人等,若不遵守本法有关合并申报规定,或不遵守有关等待期内提供特定信息和文件性材料的要求,以及在该法规定的延长等待期后存在违反行为的,美国区法院在联邦贸易委员会或司法部主力申请是可以:

(1) 命令违法企业服从法律规定;

(2) 延长等待期;

(3) 其他方式的救济。

《罗马尼亚竞争法》第55条

下列行为构成犯罪并可处以实施下列行为前一财政年度销售总额1%的罚款:

1. 未能根据第16条的规定进行经济集中申报的;

2. 根据第5条第(3)款或第16条的规定进行的通知或申报,提交了不准确或不完整的信息。

《日本禁止私人垄断及确保公正交易法》第17条之二

(1) 发生违反第9条第5款或第6款、第10条、第11条第1款、第15条第1款、第15条之二第1款、第16条第1款及前条规定的行为时,公正交易委员会可以依据第八章第二节所规定的程序,责令事业者提交报告书或呈报,或者处理全部或部分股份、转让部分营业以及采取其他对排除违反上述规定的行为所必要的措施。

(2) 发生违反第9条第1款、第2款、第13条、第14条及前条规定的行为时,公正交易委员会可以依据第八章第二节所规定的程序,责令该违法者提交报告书或呈报,处分全部或部分股份、辞退公司干部,以及采取其他对排除违反这些规定的行为必要的措施。

《日本禁止私人垄断及确保公正交易法》第91条之二

属于下列各项之一的,处以200万日元以下的罚金:

(1) 违反第8条第2款至第4款〔事业者团体的呈报〕的规定,不呈报或者提交有虚假记载呈报书的;

(2) 违反第9条第6款的规定,不呈报或者提交有虚假记载呈报书的;

(3)违反第9条第7款的规定,不呈报或者提交有虚假记载呈报书的;

(4)违反第14条第2款〔公司以外者持有股份的报告〕的规定,不提交报告书或者提交有虚假记载报告书的;

(5)违反第15条第2款〔合并的呈报〕(含准用于第16条〔营业受让等的呈报〕的情形)的规定,不呈报或者提交有虚假记载呈报书的;

(6)违反第15条第3款〔合并的禁止期间〕的规定,进行合并的设立登记或变更登记的;

(7)违反第16条〔营业受让等的限制〕准用第15条第3款〔营业受让等的禁止期间〕的规定,实施属于第16条各项之一行为的。

《韩国规制垄断与公平交易法》第16条

1. 发生违反或者将要违反第7条〔企业结合的限制〕第1款与第3款、第8条之二〔控制公司的行为限制〕第1款和第3款、第8条之三〔对债务保证进行限制的大规模企业集团的控股公司一般设立限制〕、第9条〔相互出资的禁止〕、第10条〔出资总额的限制〕第1款、第10条之二〔对于系列公司的新规定的债务保证的禁止〕第1款、第11条〔金融公司与保险公司的表决权限制〕和第15条〔脱法行为的禁止〕等规定的情形,对于该事业者或者违反行为者,公平交易委员会可以命令其采取以下各项规定的纠正措施。该情形中,若接到第12条〔企业结合的限制〕第4款但书规定的申报,应当适用第12条第5款关于期间的规定。

(1)中止该行为。

(2)处分全部或者部分股份。

(3)任员之辞职。

(4)转让营业。

(5)取消债务保证。

(6)公布违法事实。

(7)采取能够对因企业结合而限制竞争的弊病进行防止的营业方式,限制营业范围。

(8)其他纠正违法状态的必要措施。

第四十九条 对本法第四十六条、第四十七条、第四十八条规定的罚款,反垄断执法机构确定具体罚款数额时,应当考虑违法行为的性质、程度和持续的时间等因素。

【说明及立法理由】

本法第46条规定,经营者违反本法规定达成并实施垄断协议的,反垄断执法机构处以上一年度销售额1%以上,10%以下的罚款,没有实施所达成的垄断协议,反垄断执法机构处以50万元以下的罚款;经营者主动向反垄断执法机构报告达成垄断协议的有关情况,并提供重要证据,反垄断执法机构可以酌情减轻或者免除对该经营者的处罚。第47规定,经营者违反本法规定,滥用市场支配地位,反垄断执法机构处以上一年度销售额1%以上,10%以下的罚款。第48条规定,经营者违反本法规定实施集中,国务院反垄断执法机构可以处50万元以下的罚款。这三条规定的处罚跨度较大,给予反垄断执法机构很大的自由裁量权,容易导致反垄断执法机构滥用职权,损害被处罚的经营者的利益,也容易使被处罚的经营者难以理解反垄断执法机构罚款的依据。为了规范反垄断执法机构的罚款行为,维护其权威性,有必要对反垄断执法机构在确定对违法经营者的处罚数额时应遵循的原则作出规定。经营者实施的不同性质的垄断行为,不同程度的垄断行为、不同持续时间的垄断行为,其结果不同,对竞争秩序造成的损害也不同,反垄断执法机构应当依据经营者实施的垄断行为的性质、程度、持续时间等来确定具体应当给予违法的经营者的罚款数额。本法规定了三种垄断行为,其中固定或者变更商品价格、限制商品的生产数量或者销售数量和分割采购、销售市场的行为和串通投标行为,一般被认为是严重限制市场竞争,属于性质恶劣的垄断行为。对这类行为,应予严惩。垄断行为的程度应根据垄断行为造成的后果加以确定,有的垄断行为如行业协会组织全行业的经营者统一价格的行为,造成全行业普遍涨价,导致排除竞争并严重损害消费者的利益,应认定其损害程度大,给予较严厉的处罚。此外,持续时间长,给竞争造成持续性损害的,也应严厉处罚。对于其他一般性质的垄断行为,特别是垄断行为发生后能够及时采取措施停止该行为,消除行为所产生的影响的,反垄断执法机构应当在法律规定的罚款幅度内给予较低的罚款或者依法不予罚款。

【相关规定】

《罗马尼亚竞争法》第57条

对违反第55条和56条规定的违法行为的处以的制裁措施,应当考虑行为的严重程度、持续时间及对竞争的影响。竞争委员会应当通过指南的形式公布制裁措施的范围。

《巴西反垄断法》第27条

本法所提供的处罚办法应当参考如下因素实施:

(1) 违法行为的严重性;

(2) 违法者的善意程度;

(3) 违法者实际取得或预想取得的利益多少;

(4) 违法行为的实际发生或发生的威胁的程度;

(5) 违法行为对公开竞争、巴西经济、消费者或第三方的损害或损害威胁的程度;

(6) 对市场产生的负面经济效果;

(7) 违法者的经济状况;

(8) 重复发生的情况。

《欧共体合并条例》第14条3

在确定罚款数额时,应考虑违法行为的性质、严重程度和持续的期间。

第五十条 经营者实施垄断行为,给他人造成损失的,依法承担民事责任。

【说明及立法理由】

市场经济是法治经济,也是自由竞争经济,市场中的任何一个经营者都享有参与竞争的权利,任何其他经营者都不得剥夺。但是,任何经营者应当依法参与竞争,不得实施垄断行为,排除、限制竞争。任何经营者实施垄断行为,排除、限制竞争,给他人造成损害的,都应当承担相应的民事责任。民事责任是民事法律关系人不履行民事法律义务所应当承担的法律后果。民事责任具有以下特点:

(1) 以财产责任为主;
(2) 以等价、补偿为主;
(3) 向特定的权利人或者受害人承担责任。

《中华人民共和国民法通则》规定承担民事责任的方式有10种:停止侵害;排除妨碍;消除危险;返还财产;恢复原状;修理、重作、更换;赔偿损失;支付违约金;消除影响、恢复名誉;赔礼道歉。经营者实施垄断行为对他人造成损失具体承担何种民事责任,依据具体情况和有利于受损失人的原则确定。《最高人民法院关于确定民事侵权精神损害赔偿责任若干问题的解释》第5条规定,法人或者其他组织以人格权利遭受侵害为由,向人民法院起诉请求赔偿精神损害的,人民法院不予受理。因此,经营者实施垄断行为对法人或者其他组织造成损失,应当承担的赔偿责任中不包括精神损害的赔偿。

【相关规定】

《中华人民共和国民法通则》第106条

公民、法人违反合同或者不履行其他义务的,应当承担民事责任。公民、法人由于过错侵害国家的、集体的财产,侵害他人财产、人身的,应当承担民事责任。没有过错,但法律规定应当承担民事责任的,应当承担民事责任。

《中华人民共和国民法通则》第134条

承担民事责任的方式主要有:(一)停止侵害;(二)排除妨碍;(三)消除危险;(四)返还财产;(五)恢复原状;(六)修理、重作、更换;(七)赔偿损失;(八)支付违约金;(九)消除影响、恢复名誉;(十)赔礼道歉。以上承担民事责任的方式,可以单独适用,也可以合并适用。人民法院审理民事案件,除适用上述规定外,还可以予以训诫、责令具结悔过、收缴进行非法活动的财物和非法所得,并可以依照法律规定处以罚款、拘留。

《中华人民共和国价格法》第41条

经营者因价格违法行为致使消费者或者其他经营者多付价款的,应当退还多付部分;造成损害的,应当依法承担赔偿责任。

《德国反对限制竞争法》第33条

（1）违反本法规定，违反《欧洲共同体条约》第81条或第82条或卡特尔局的处分决定，当事人有义务排除并在有重犯危险时停止违法行为。某种违法行为即将发生就会产生停止请求权。相关人是指竞争者或其他受违法行为影响的市场参与者。

（2）第1款的请求权也可以由有权利能力的工商或单个职业者利益促进协会主张之，只要它们拥有大量企业，这些企业的同类或近似种类商品或服务在同一市场销售，尤其是它们基于人力、物力和财力有能力履行符合章程规定的经营项目，追求工商或独立职业的利益并且违法行为是针对竞争者的利益作出。

（3）故意或过失违反第1款的规定，有义务赔偿由此产生的损失。若某件商品或某项服务以较高价格获得，则不能因为商品或服务被转让而排除损害赔偿。在依据《民事诉讼法》第287条对损害赔偿范围作出裁定时要着重考虑企业因违法行为得到的收益。企业依据第1句承担的金钱赔偿自损害发生时起计算利息。《民法典》第288条和第289条第1款有相应规定。

（4）因违反本法或《欧洲共同体条约》第81条或第82条而产生损害赔偿责任由违法行为发生地的法院管辖，正如它们在卡特尔局、欧洲共同体委员会或者竞争主管机关或在欧洲共同体其他成员国的裁决中规定的一样。同样的规定适用于法院裁决中相应的对依据第1句提出的裁决异议的认定。法令（EG）Nr.1/2003第16条第1款第4句规定的责任同样适用《欧洲共同体条约》第234条权利和义务的规定。

（5）若卡特尔局因第1款的违法行为或欧洲共同体委员会或欧洲共同体某个其他的成员国的竞争主管机关因违反《欧洲共同体条约》第81条或第82条而提起诉讼，第2款的损害赔偿请求权将延缓失效。《民法典》第204条第2款同样适用。

《美国谢尔曼法》第7条

任何因反托拉斯法所禁止的事项而遭受财产或营业损害的人，可在被告居住的、被发现或有代理机构的区向美国区法院提起诉讼，不论损害大小，一律给予其损害额的3倍赔偿及诉讼费和合理的律师费。

第七章　法律责任　　　　　　　　　　　　　　　　　　　第 50 条

无论何时,美国因反托拉斯法所禁止的事项而遭受财产及事业的损害时,美国可在被靠居住的、被发现的、或有其代理机构的地区,向美国区法院起诉,不论损害数额大小,一律予以赔偿其遭受的实际损失和诉讼费。

《日本禁止私人垄断及确保公正交易法》第 25 条

① 实施私人垄断或者不正当交易限制或者使用不公正的交易方法的事业者,对受害人承担损害赔偿责任。

② 事业者证明其无故意或过失的,亦不能免除前款规定的责任。

《日本禁止私人垄断及确保公正交易法》第 26 条

① 前条规定的损害赔偿请求权,非于第 48 条第 4 款〔劝告审决〕、第 53 条之 3〔同意审决〕或者第 54 条〔审判审决〕规定的审决确定后,或者在没有根据这些规定做出审决的情形下,非于第 54 条之 2 第 1 款〔责令缴纳课征金的审决〕规定的审决确定后,不能对此主张诉讼上的权利。

② 前款的请求权,自同款的审决确定之日起满 3 年的,因时效而消灭。

《韩国规制垄断与公平交易法》第 56 条

1. 事业者或者事业者团体因违反本法规定而使他人受到损害的,对受害者承担损害赔偿的责任。

2. 依第 1 款的规定承担损害赔偿责任的事业者或者事业者团体,即使对受害者无故意或无过失,亦不得免责。

《韩国规制垄断与公平交易法》第 56 条之二

提起依第 56 条〔损害赔偿责任〕规定的损害赔偿请求之诉时,法院若认为必要,可以要求公平交易委员会寄送该事件的记录(包括对事件关系人、参考人或者鉴定人的审问笔录及速记笔录以及其他作为审判证据的一切材料)。

《韩国规制垄断与公平交易法》第 57 条

1. 对依据第 56 条〔损害赔偿责任〕规定的损害赔偿请求权,若不是在本法规定的纠正措施之后,不得在审判中主张之。

2. 第 1 款规定的损害赔偿请求权,自能够行使该权利之日起经过

3年的,依时效而消灭。

《罗马尼亚竞争法》第63条

除了本法规定的制裁措施,个人和/或法人保留对违反本法的反竞争行为提起损害赔偿诉讼的权利。

《巴西反垄断法》第29条

受损害的主体可以依据1990年9月11日第8078号法令第82条代表自己或其他利害关系人在法庭上进行辩护或区分利益,通过反垄断措施或要求偿还因违法行为所遭受的损失和损害,法庭上不知晓的行政程序的启动不影响案件的程序推进。

《匈牙利禁止不正当竞争法》第86条

(1)针对违反本法案第2至第7条的行为的诉讼属于法院的管辖范围。

(2)在诉讼中,利害关系人可以要求:

(a)要求确认违法;

(b)要求终止违法行为并且不得继续违法行为;

(c)要求承认违法或者以其他适当进行赔礼道歉,必要时可要求违法者或由违法者承担费用公布违法事实;

(d)终止违法状态,恢复原状,剥夺生产或销售的违法产品,或者如果以上措施难以奏效,那么可以销毁这些产品并且销毁任何用于生产此类产品的机器设备;

(e)要求依民事责任规范赔偿损失;

(f)在不适当的拒绝形成适合于第21条c项交易类型的商业关系的情况下,要求签署协议;以及

(g)要求违法者提供有关违法生产和销售参与人的信息以及与此类产品销售过程中建立的商业关系相关的信息。

(3)如果当事人依据第2款第f项有权提起诉讼,法院应向经济竞争局提出请求以确认不适当的拒绝形成适合于第21条c项交易类型的商业关系的事实。经济竞争局应当按照法院的请求继续审理。

第五十一条 行政机关和法律、法规授权的具有管理公共事务职能的组织滥用行政权力,实施排除、限制竞争行为的,由上级机关责令改正;对直接负责的主管人员和其他直接责任人员依法给予处分。反垄断执法机构可以向有关上级机关提出依法处理的建议。

法律、行政法规对行政机关和法律、法规授权的具有管理公共事务职能的组织滥用行政权力实施排除、限制竞争行为的处理另有规定的,依照其规定。

【说明及立法理由】

制定反垄断法的目的,就是要保护市场竞争,预防和制止排除、限制竞争的行为,维护社会主义统一的大市场。任何人包括单位、组织不得利用其手中的权力,损害竞争,破坏市场机制。因此,本法规定了行政机关和法律、法规授权的具有管理公共事务职能的组织不得滥用行政权力,实施排除、限制竞争行为。具体包括:限定或者变相限定单位或者个人经营、购买、使用其指定的经营者提供的商品;妨碍商品在地区之间自由流通;设定歧视性资质要求、评审标准或者不依法发布信息等方式,排斥或者限制外地经营者参加本地的招投标活动;采取与本地经营者不平等待遇等方式,排斥或者限制外地经营者在本地投资或者设立分支机构;强制经营者从事本法规定的垄断行为;制定含有排除、限制竞争内容的规定。对上述行为,应当采取措施,加以纠正,有关的责任人应承担相应的法律责任。本条第 1 款规定,行政机关和法律、法规授权的具有管理公共事务职能的组织滥用行政权力,实施排除、限制竞争行为的,由上级机关责令改正;对直接负责的主管人员和其他直接责任人员依法给予处分。根据本款的规定,行政机关和法律、法规授权的具有管理公共事务职能的组织滥用行政权力,排除、限制竞争,该行政机关和法律、法规授权的具有管理公共事务职能的组织的上级机关应当责令改正,该行政机关和公共组织应当依法改正。反垄断执法机构也可以向上级机关提出依法处理的建议,对直接负责的主管人员和其他直接责任人员,依法给予警告、记过、记大过、降级、撤职、开除等行政处分。

我国在经济体制改革的过程中,一直存在着行政机关滥用行政权力限制竞争的行为,表现较为突出的是地区封锁问题。对此,国务院早已明确规定予以禁止，并于 2001 年 4 月专门发布了《关于禁止在市场经济活动中实行地区封锁的规定》。其中，列举了若干地方政府及其所属部门排除、限制竞争的行为，针对每一种行为规定了处罚措施，并对处罚机关做了具体的分工。这些规定在反垄断法实施后仍然有效，应予遵守。行政性限制竞争行为属于行政权力的不当使用，解决这一问题，一方面要严格执行现行法律、法规的有关规定，对该行为按照组织程序及时纠正，追究直接责任人员的法律责任，同时，也要在行政体制内通过加强行政监督，实行严格的行政责任追究制来解决。应进一步深化经济体制改革和行政管理体制改革，转变政府职能，综合治理行政性排除、限制竞争行为。这样，应当对行政机关和法律、法规授权的具有管理公共事务职能的组织滥用行政权力实施排除、限制竞争行为的处理可以适用法律、行政法规的特别规定的规定，为综合治理行政性限制竞争行为预留了空间。因此，本条第 2 款规定，法律、行政法规对行政机关和公共组织滥用行政权力排除、限制竞争行为处理另有规定，依照其规定。也就是说，其他法律、行政法规对行政机关和法律、法规授权的具有管理公共事务职能的组织滥用行政权力实施排除、限制竞争行为的处理作出特别规定的，不依照本法第 50 条第 1 款的规定追究法律责任，而是依照其他法律、行政法规的规定追究法律责任。

【相关规定】

《关于禁止在市场经济活动中实行地区封锁的规定》第 6 条

地方各级人民政府所属部门的规定属于实行地区封锁或者含有地区封锁内容的，由本级人民政府改变或者撤销；本级人民政府不予改变或者撤销的，由上一级人民政府改变或者撤销。

《关于禁止在市场经济活动中实行地区封锁的规定》第 7 条

省、自治区、直辖市以下地方各级人民政府的规定属于实行地区封锁或者含有地区封锁内容的，由上一级人民政府改变或者撤销；上一级人民政府不予改变或者撤销的，由省、自治区、直辖市人民政府改变或者撤销。

《关于禁止在市场经济活动中实行地区封锁的规定》第 8 条

省、自治区、直辖市人民政府的规定属于实行地区封锁或者含有地区封锁内容的,由国务院改变或者撤销。

《关于禁止在市场经济活动中实行地区封锁的规定》第9条

地方各级人民政府或者其所属部门设置地区封锁的规定或者含有地区封锁内容的规定,是以国务院所属部门不适当规定为依据的,由国务院改变或者撤销该部门不适当的规定。

《关于禁止在市场经济活动中实行地区封锁的规定》第19条

地区封锁行为属于依据地方人民政府或者其所属部门的规定实行的,除依照本规定第10条至第17条的规定查处、消除地区封锁外,并应当依照本规定第6条至第9条的规定,对有关规定予以改变或者撤销。

《罗马尼亚竞争法》第65条

任何人使用或披露在履行工作或与工作相关的职责过程中知晓的包含商业秘密的文件或信息,用于本法规定以外的其他用途的将被追究刑事责任,并负有损害赔偿责任。

第五十二条　对反垄断执法机构依法实施的审查和调查,拒绝提供有关材料、信息,或者提供虚假材料、信息,或者隐匿、销毁、转移证据,或者有其他拒绝、阻碍调查行为的,由反垄断执法机构责令改正,对个人可以处二万元以下的罚款,对单位可以处二十万元以下的罚款;情节严重的,对个人处二万元以上十万元以下的罚款,对单位处二十万元以上一百万元以下的罚款;构成犯罪的,依法追究刑事责任。

【说明及立法理由】

反垄断执法机构进行审查和调查,并做出行政决定,需要真实、准确、完整的材料、信息。所谓真实,是指材料、信息等反映了真实的情况,没有弄虚作假;所谓准确,是指材料、信息等与实际情况符合,或者合乎逻辑的推定,没有误导性陈述;所谓完整,是指材料、信息等没有遗漏。如果没有真实、准确、完整的材料、信息,将影响反垄断执法机构作出的行政决定的公正性和客观性。本法在经营者集中一章中规定了申报集中的经营者应当向反垄断执法机构提交有关申请书、集中对相关市场竞争状况影响的说明、集中协议、参与集中的经营者经会计师事务所审计的财务会计报告等文件、资料；在对涉嫌垄断行为的调查一章中规定了反垄断执法机构在调查涉嫌垄断行为时可以要求被调查者、利害关系人或者其他有关单位和个人提供有关的单证、协议、会计账簿、业务函电、电子数据等文件、资料。为了保证反垄断执法机构获得上述真实、准确、完整的材料、信息，任何单位和个人都不得拒绝提供有关材料、信息或者提供虚假材料、信息，或者隐匿、销毁、转移证据，或者有其他拒绝、阻碍调查的行为。所谓拒绝提供有关材料、信息，是指拒不提供全部或者部分材料、信息；所谓提供虚假材料、信息，是指以假充真，不提供真实的材料、信息；所谓隐匿、销毁、转移证据，是指藏匿、消灭证据；所谓其他拒绝、阻碍调查的行为，是指除上述影响审查和调查行为以外的其他拒不接受调查的行为。依据本条规定，对反垄断执法机构依法实施的审查和调查，拒绝提供有关材料、信息或者提供虚假材料、信息，或者隐匿、销毁、转移证据，或者有其他拒绝、阻碍调查行为的，由反垄断执法机构责令改正，违法行为人是个人的，对个人可以处2万元以下的罚款，情节严重的，处2万元以上10万元以下的罚款；违法行为人是单位的，对单位可以处20万元以下的罚款，情节严重的，对单位处20万元以上100万元以下的罚款。构成犯罪的，比如构成伪证罪，或者暴力拒绝提供有关材料、信息构成暴力阻碍执行公务罪等，应当依照刑法的规定，追究刑事责任。

【相关规定】

《中华人民共和国反不正当竞争法》第28条

经营者有违反被责令暂停销售，不得转移、隐匿、销毁与不正当竞争行为有关的财物的行为的，监督检查部门可以根据情节处以被销售、转移、隐匿、销毁财物的价款的1倍以上3倍以下的罚款。

《中华人民共和国价格法》第43条

经营者被责令暂停相关营业而不停止的，或者转移、隐匿、销毁依法登记保存的财物的，处相关营业所得或者转移、隐匿、销毁的财物价值1倍以上3倍以下的罚款。

《中华人民共和国价格法》第44条

拒绝按照规定提供监督检查所需资料或者提供虚假资料的,责令改正,予以警告;逾期不改正的,可以处以罚款。

《欧共体理事会关于执行欧共体条约第81和82条竞争规则的1/2003号条例》第23条

1. 在存在下列故意或过失的情况下,委员会可通过决定处以企业或企业协会不超过上一营业年度总销售额1%的罚款:

(a) 对依据第17条或第18条第2款所提的请求,提供不正确或误导性的信息;

(b) 对依据第17条或第18条第3款所做的决定的请求,提供不正确、不完整或误导性的信息,或没有按照规定的期限提供信息;

(c) 在依据第20条进行的检查中,提供不完整的商业账册或记录,或者拒绝服从依据第20(4)条所作决定中的检查令;

(d) 回答根据第20条第2款(e)所提出的问题时,他们

——给予不正确或误导性的答复;

——未能在委员会规定的期限内纠正由其成员提供的不正确、不完整或误导性的答复;

——就与依据第20条第4款所作决定进行的检查的对象和目的相关的事实,未能提供或拒绝提供完整的答复;

(e) 委员会授权的官员及其他人员依据第20条第2款(d)项的规定所作的密封被开启。

《欧共体合并条例》第14条

1. 委员会可以做出决定对故意或过失实施下列行为的第3条第1款b项规定的个人、企业或企业协会处以不超过第5条规定的其合计营业额1%的罚款:

(a) 他们在根据第4条、第10条第5款和第22条第3款的规定提交、证明、申报或补充中提供了不正确或误导性的信息;

(b) 他们按第11条第2款规定要求提供的信息不正确或是误导性的;

(c) 作为对依据第11条第3款作出的决定所提出的要求的回应,

它们提供了不正确、不完整或误导性的信息，或者没有在规定时限内提供信息；

（d）在按第 13 条进行的调查中，它们提供了不完全的账目和商业凭证，或者拒绝服从依据第 13 条第 4 款进行的调查。

（e）作为对按照第 13 条第 2 款第 e 项所要求问题的回应

——他们作出了不正确的或误导性的回答；

——他们未能在委员会设定的时限内改正由其工作人员作出的不正确、不完整或误导性的回答；

——他们未能或拒绝提供有关按照第 13 条第 4 款通过的决定所要求调查内容相关事实的完整回答；

（f）委员会授权的官员或其他随从人员根据第 13 条第 2 款第 4 项所作出的查封已被开启。

2. 委员会可以对因故意或过失而实施了下列行为的第 3 条第 1 款 b 项规定的有关个人或企业，处以不超过按第 5 条规定计算的总营业额 10% 的罚款

（a）未能在一项合并实施前根据第 4 条或第 22 条第 3 款申报该项集中，除非他们根据第 7 条第 2 款或第 3 款的决定被明示授权；

（b）违反第 7 条的规定而实施一项集中；

（c）实施一项根据第 8 条第 3 款的决定被宣布为和共同市场不相一致的集中或未遵守根据第 8 条第 4 款或第 5 款的决定所命令的任何措施；

（d）未能遵守根据第 6 条第 1 款第 b 项、第 7 条第 3 款或第 8 条第 2 款第 2 项的决定所施加的条件或义务。

3. 在确定罚款数额时，应考虑违法行为的性质、严重程度和持续的期间。

4. 根据第 1 款、第 2 款和第 3 款作出的决定不具有刑事法律的性质。

《日本禁止私人垄断及确保公正交易法》第 92 条

根据第 53 条之 2〔参考人、鉴定人的资格、证言等的拒绝权、宣誓等〕的规定，已宣誓的参考人或鉴定人进行虚假的陈述或鉴定时，处以 3

个月以上 10 年以下徒刑。

《日本禁止私人垄断及确保公正交易法》第 94 条
抗拒、妨碍或逃避第 46 条第 1 款第 4 项〔委员会的进入检查〕、第二款〔审查官作出的处分〕或第 51 条之二〔审判官作出的处分〕规定的检查的,处 6 个月以下徒刑或者 20 万日元以下罚金。

《日本禁止私人垄断及确保公正交易法》第 94 条之二
属于下列各项之一的,处 20 万日元以下的罚金:

1. 违反第 40 条〔旨在调查的强制权限〕规定的处分,不出面接受调查,不提交报告、情报或资料,或者提供虚假报告、情报或资料的;

2. 违反第 46 条第 1 款〔委员会对事件关系人或参考人的讯问等〕、第 2 款〔审查官作出的处分〕或第 51 条之二〔审判官作出的处分〕规定的对事件关系人或参考人的处分,不出面接受调查、不陈述或者做虚假陈述、不报告或者做虚假报告的;

3. 违反第 46 条第 1 款第 2 项〔委员会作出的鉴定命令等〕、第 2 款或第 51 条之二规定的对鉴定人的处分,不出面接受调查、不鉴定或者做虚假鉴定的;

4. 违反第 46 条第 1 款第 3 项〔委员会作出的物品提交命令〕、第 2 款或第 51 条之二规定的对物品持有人的处分,不提交物品的;

5. 违反第 53 条之二〔参考人、鉴定人的宣誓等〕准用的刑事诉讼法第 154 条〔证人的宣誓〕或第 156 条〔鉴定人的宣誓〕规定的对参考人、鉴定人的命令,而不宣誓的。

《罗马尼亚竞争法》第 16 条
竞争委员会可以自发布制裁措施命令之日起,对当事企业或企业团体处以处罚前一财政年度平均日销售额 5% 的每日惩罚性罚款,以敦促他们:

1. 遵守第 5 条第(1)款、第 6 条及第 13 条的规定;

2. 执行根据第 50 条第(1)、(2)款,第 51 条第(2)款第(3)项以及第 52 条第(1)、(2)款规定做出的有关改善措施的命令;

3. 根据第 41 条的规定,提交完整和准确的信息;

4. 根据第 42 至第 44 条的规定,接受调查。

《巴西反垄断法》第 26 条

如果对经济防御管理委员会、经济法办公室、财政部经济政策秘书处或其他公共实体依据本法要求提供的数据或文件拒绝提供、进行隐匿、擅自修改或延期拒不提供，将构成对本法的违反，应处以每日 5000 联邦政府公债指数的罚款，该罚款可以根据违法行为的严重性和违法者的经济地位增加到 20 倍。

《巴西反垄断法》第 54 条第 5 款

不按前款所订最终期限提交文件的将被处以每日 6000 到 600 万联邦政府公债指数的罚款，罚款由经济防御管理委员会负责执行，无论是否已按第 32 条的规定启动行政程序。

《匈牙利禁止不正当竞争法》第 61 条

1. 如果当事人或是参与程序的人实施了某种旨在阻碍审理、查明事实的行为或有此效果的行为，那么可以对他课以训诫罚金。

2. 扰乱审判秩序的人可以由审判长制止。对于屡禁不止、情节恶劣者，可以逐出法庭，并课以训诫罚金。

3. 第 1 款和第 2 款规定的训诫罚金的最低数额为 5 万福林，最高数额为企业在审理的上一年度净营业额的 1%，对非企业的自然人最高额为 50 万福林。对于超过了规定期限履行程序性义务的罚金，最高额为企业上一营业年度日净营业额的 1%，对于非企业的自然人为 5 万福林。对于课以罚金的裁决，当事人可以依第 82 条寻求法律救济。申请救济有暂停执行的效果，调查员或竞争理事会可以修改关于课以罚金的裁决。

第五十三条 对反垄断执法机构依据本法第二十八条、第二十九条作出的决定不服的，可以先依法申请行政复议；对行政复议决定不服的，可以依法提起行政诉讼。

对反垄断执法机构作出的前款规定以外的决定不服的，可以依法申请行政复议或者提起行政诉讼。

【说明及立法理由】

本条是对行政相对人对反垄断执法机构的行政决定不服的行政救

济途径的规定。

反垄断执法机构对经营者的垄断行为做出处理决定后,经营者应当执行。但是,如果经营者认为该决定与事实不符或者适用法律不当,本法也赋予他们充分的救济途径。根据《行政复议法》和《行政诉讼法》的规定,公民、法人或者其他组织认为具体行政行为侵犯其合法权益的,有权向行政机关提出行政复议申请,也有权向人民法院提起行政诉讼。反垄断执法机构依据本法作出的决定属于具体行政行为,行政相对人(包括行政决定的对象和利害关系人)对反垄断执法机构的行政决定不服的,本条区分两种情形分别规定了行政复议前置以及行政复议和行政诉讼并行的法律救济途经。

在行政程序法理论中,行政复议和行政诉讼并行是基本原则,除了由于专业性很强而不适宜由法院直接审判的案件外,应当得到普遍适用。在反垄断执法中,垄断协议和滥用市场支配地位直接损害消费者或者其他经营者的利益,危害性显而易见,法院一般能够做出准确判断。因此,根据本条第 2 款的规定,对于反垄断执法机构对经营者达成或者实施垄断协议、滥用市场支配地位的行为作出的审查处理决定,以及在反垄断审查中作出的除有关经营者集中以外的其他决定,经营者既可以先依法申请行政复议,对行政复议决定不服的再提起行政诉讼;也可以直接提起行政诉讼。

行政复议前置是行政程序法的特殊规定,一般用于专业性比较强的领域,如纳税争议等。与垄断协议和滥用市场支配地位相比,经营者集中的专业性比较强,涉及的因素更为复杂。由于集中的结果一方面有利于形成规模经济,提高经营者的生产效率和市场竞争力,从而为消费者提供更加物美价廉的商品;另一方面又可能产生或者加强经营者的市场支配地位,抑制市场竞争,进而抬高价格,限制开发新技术,损害消费者利益。因此,判断是否允许经营者实施集中,必须首先依据本法第 27 条所列举的因素分析市场竞争状况,再根据第 28 条的规定决定能否给予豁免,操作起来十分复杂。根据国外的经验,对市场竞争状况的分析一般需要通过经济学分析才能确定,直接交由法院判断难度太大;而能否给予豁免则主要基于对国家经济状况的判断,属于行政机关自由裁量权的范围,法院也不宜过多干预。此外,即使经营者集中产生或者加强了经营者的市场支配地位,直接影响的是市场结构,其对消费者福利和其他经营者的不利影响在合并当时并不显现,因此具有较强的隐蔽性,法院很难判断反垄断执法机构是否应当对其加以规制。因此,根据本条第一款的规定,行政相对人对反垄断执法机构依据本法第28条、第29条规定,作出的禁止经营者实施集中、同意经营者实施集中或者附条件同意经营者实施集中的决定不服的,应当先依法申请行政复议,对行政复议决定不服的,可以再依法提起行政诉讼。

【相关规定】

《欧盟部长理事会关于控制企业集中的第139/2004号条例》(欧共体合并条例)第16条

欧洲法院根据共同体条约第229条对于委员会做出的罚款和定期罚款的决定拥有最终的司法审查管辖权,它可以撤销、减少或增加罚款和定期罚款的数额。

《德国反对限制竞争法》第63条

(1)不服卡特尔当局的处分的,可以提起抗告。抗告也可以以新的事实和证据为依据。

(2)在卡特尔当局进行的程序的当事人(第54条第2款和第3款),有权提起抗告。

(3)申请人声称享有要求作出某项处分的权利,并向卡特尔当局申请为该项处分的,如卡特尔当局未为该项处分,也可就此提起抗告。卡特尔当局无充分理由,未在适当期间内对要求作出处分的申请给予答复的,也视作未为处分。该未为处分,视同于驳回。

(4)在卡特尔当局所在地有管辖权的州高等法院,排他性地对抗告作出判决;在第35条至第42条情形,在联邦卡特尔局所在地有管辖权的州高等法院排他性地对抗告作出判决,因不服联邦经济部长作出的处分而提起抗告的亦然。准用《民事诉讼法》第36条规定。

《法国关于价格和竞争自由的法律》第15条

本章所规定的竞争审议委员会裁决送达于当事人及经济部长。当事人及经济部长可以在裁决送达后1个月内上诉于巴黎上诉法院,请求撤销或变更裁决。

《克罗地亚竞争法》第58条

对于本法第57条中规定的竞争局的决定,不得提起上诉。但是受损害方可以向克罗地亚共和国行政法院提起行政诉讼。

《比利时经济竞争保护法》第42条

1. 如果争议的解决取决于一项竞争行为在本法涵义内的合法性,则受案法院,最高法院除外,应当中止裁决并将该问题提交布鲁塞尔上诉法院。

2. 然而,如果诉讼出于程序原因不可接受时,法庭没有义务根据自身并不构成提请先行裁决对象的标准提起先行裁决。

以下情形,法庭也没有义务提请先决裁决:

(1) 就同一主题的问题或者上诉,上诉法院已经作出裁决的;

(2) 法庭认为回答由先行裁决解决的问题对于作出决定没有必要;

(3) 竞争行为在本法涵义内明显合法。

对是否将一项问题提请先行裁决的决定不得上诉。

3. 布鲁塞尔上诉法院的登记官应当毫不迟延地将提请先行裁决的问题告知当事人并且邀请他们在1个月内做出任何书面意见。

4. 竞争理事会、检查官以及部长可以向布鲁塞尔上诉法院提出各自的书面意见。他们可以到现场查阅案卷。

法庭可以对提请先行裁决的问题重新评估。法庭应当作出一项合理决定,对该决定不得上诉。法庭应当像在临时救济程序的过程中一样裁决。

5. 除最高法院外,对问题提请先行裁决的法院以及考虑同样事项的任何法院解决争议时应当遵守布鲁塞尔上诉法院对提请先行裁决的问题的判决。

6. 适格法院的登记官应当毫不迟延地将一个法庭或者仲裁庭对竞争行为在本法范围内的合法性这一有争议问题作出的判决或者签发的命令于8日内告知给竞争办公室和竞争理事会。

对前款所指的判决或者命令不服,提出上诉的,登记官还应当毫不迟延地将上诉告知给竞争办公室和竞争理事会。

《比利时经济竞争保护法》第43条(第二次)

1. 对竞争理事会把问题交给检查官处理的决定和竞争理事会主席移除案卷中有关文件的决定不得单独提起上诉。

2. 第43条规定的上诉可以由理事会上的相关当事人、申诉人或者被理事会要求听审的任何有利害关系的人提出。部长也可以提起上诉而不必证明其存在任何利害关系。

应当于就决定的通知作出30日内,向布鲁塞尔上诉法院登记官办公室递交一份签名的申请书提起上诉;对第三人而言,应于决定公布起30日内提起上诉,违反者以上诉自动不被允许论处。

申请书应当包括以下内容,违反者上诉不被允许:

(1) 日、月、年;

(2) 申请人为自然人的,其姓氏、名、职业以及住所;申请人为法人的,其名称、组织形式、注册办公地以及其代表机关;部长提出申请的,其代表的部门的名称和地址;

(3) 提及上诉针对的决定;

(4) 总结争议点;

(5) 上诉法院登记官安排的出庭地点、日期和时间;

(6) 除了申请书外,向登记官提交的书面证据和证明文件的详细目录。

提交申请书后的5日内,申请人应当将申请书副本以附带确认回执的挂号信的方式发送给有争议的决定所通知的当事人,并且如第40条(第二次)提及的通知函一样,通知给竞争理事会和部长,如果后者不是申请人的话。

可以提起附带上诉。于收到前款所指信件1个月内提起附带上诉的,方被允许。

当独立起诉或者附带起诉可能影响出席竞争理事会的当事人的权利或者义务时,布鲁塞尔上诉法院可以自主地并且在任何时间对其进行暗示。

布鲁塞尔上诉法院应当确定当事人交换其书面意见以及向登记官

第七章 法律责任　　　　　　　　　　　　　　　　第53条

办公室提交副本的期间。它也应该确定诉讼程序日期。

竞争理事会和部长可以各自向布鲁塞尔上诉法院的登记官办公室提交他们的书面意见,并且在登记官办公室现场查阅案件。布鲁塞尔上诉法院应当确定提交此书面意见的期间。书面意见应当由登记官办公室告知当事人。

3. 布鲁塞尔上诉法院的登记官办公室应当在案件登入表单5日内,要求竞争理事会秘书处发送与程序相关的案卷。后者应当在收到要求5日内传送案卷。部长应该决定传送案卷的方式。

4. 上诉并不中止理事会或者理事会主席的决定。

依据相关当事人请求或者中间裁决,上诉法院可以中止付罚款或者惩罚性支付的义务,直至宣布判决。如为适宜,上诉法院可以命令返还罚款和向相关当事人作出的惩罚性支付;如果决定是根据案件的事实做出的,上诉法院也可以不立即决定返还惩罚性支付或者已付罚款。

《比利时经济竞争保护法》第43条(第三次)

1. 部长理事会就集中的决定可以在国务理事会成为无效之诉的对象。

上诉应该在第41条第2款第3项提及的通知或者在比利时官方公报公布后的30日内以申请书方式向国务理事会的登记官办公室提出。

2. 申请书应当包括以下内容,违反则无效:

(1) 日、月、年;

(2) 涉及自然人的,其姓氏、名、职业和住所,如为适当,以及其商业或者行业注册序号;

(3) 涉及法人的,其名称、组织形式、注册办公地以及其代表人或者代表机关的名称和职位,并且如为适当,其商业注册序号;

(4) 提及上诉针对的决定;

(5) 如为适当,通知决定的当事人的姓氏、名、住所或者如果没有住所的,其居所地,或者其名称、组织形式以及注册办公地;

(6) 提及反对意见;

(7) 申请人或者其律师的签名。

3. 上诉不中止有争议的决定。

部长可以代表部长理事会向国务理事会提交他的书面意见。他可以在理事会的注册官办公室现场查阅案卷。

国务理事会应当推迟审理其他案件并且应当就集中事宜作出决定。

就集中事宜,国务理事会应当判断上诉所针对的决定的合法性。

在有争议的决定无效时,部长理事会应该获得另一期间做出决定。该期间应当与第 34 条(第二次)规定的期间相同。该期间从国务理事会做出判决无效的通知起算。

国务理事会行政部分的程序规则适用于其他案件。国王可以以部长理事会上仔细讨论后的敕令改变程序规则。

《匈牙利禁止不正当竞争法》第 83 条

1. 如果为了使法庭审查竞争监督程序中做出的裁决而提起诉讼,则必须在该裁决做出后 30 日内向竞争理事会提交起诉书或将该起诉书通过挂号信寄出。

2. 在案件中提起程序的竞争理事会应在收到起诉书后 30 日内向法院提交该起诉书、案件文件及其对起诉书内容的评价。如果起诉书中包含中止执行的申请,则应在收到起诉书后 15 日内将其递交法院。

3. 经竞争理事会成员主席批准,提起程序的竞争理事会亦可在行政诉讼中代表匈牙利竞争局。

4. 法院可推翻竞争理事会的裁决。

5. 如果在案件中提起程序的竞争理事会做出的裁决违反了法定形式,从而使得一方当事人有权请求退回罚金,则被退回罚金的数额应适用争议期间中央银行最优惠利率的两倍。

《匈牙利禁止不正当竞争法》第 84 条

在依据针对竞争理事会裁决的诉讼提起的法庭程序中,应适用 1952 年《民事诉讼法典法 III》第二十章,本法第 83 条的规定除外。

《英国竞争法》第 46 条

1. 局长已对协议做出裁决的,协议的任何一方当事人均可向竞争委员会提起针对或关于裁决的上诉。

2. 局长已对行为做出裁决的,任何行为人均可向竞争委员会提起针对或关于裁决的上诉。

3. 在本节规定中,"裁决"指的是局长就下列问题做出的裁决
(a) 协议是否违反了第一章的禁令,
(b) 行为是否违反了第二章的禁令,
(c) 是否授予个案豁免,
(d) 对于个案豁免
(i) 是否设定第4节第(3)条(a)款或第5节第(1)条(c)款项下的义务,
(ii) 决定设定条件或义务的,条件或义务的具体内容,
(ii) 第4节第(3)条(a)款项下的具体期间,
(iii) 第5节第(1)条项下的具体日期,
(e) 关于
(i) 是否延长个案豁免的有效期限,或
(ii) 延长的期限,
(f) 撤销豁免,
(g) 如何实施第36节规定项下的罚款,或该罚款的具体数额,
(h) 当事人提出第47节第(1)条项下的申请后,撤销或变更对(a)至(f)项的裁决,也包括第32、第33节或第35节项下的指令和按有关规定做出的其他裁决。

4. 除了当事人对罚款裁决或罚款金额提出上诉的情形外,提起本节规定的上诉并不中止上诉所涉裁决的效力。

5. 附则8第一部分中对上诉问题有进一步规定。

《英国竞争法》第47条

1. 第46节第(1)条或第(2)条规定以外的人可以向局长提出申请,要求撤销或变更第46节第(3)条(a)项到(f)项内的裁决("相关裁决")或规定的其他裁决。

2. 该申请必须
(a) 采用书面形式,在局长在第51节项下的规则中指定的期间内提出;并且

(b) 说明申请人认为应当撤销或（根据案情）修改相关裁决的理由。

3. 如果局长裁决

(a) 申请人在相关裁决结果中无充分利害关系，

(b) 申请人声称其代表利害关系人，但实际上并不代表，或者

(c) 申请人所代表的人不具有这种利害关系，他必须向申请人通知该裁决结果。

4. 局长对申请进行裁量之后，认定其中没有说明撤销或（根据案情）修改相关裁决的充分理由的，必须向申请人通知该裁决结果。

5. 在其他情况下，局长必须按照第51节项下的规则中规定的程序处理该裁决。

6. 申请人可针对第(3)条或第(4)条项下的局长裁决向竞争委员会提起上诉。

7. 提起申请不能中止相关裁决的效力。

《英国竞争法》第48条

1. 根据第46节或第47节规定向竞争委员会提起的上诉必须由上诉法庭裁决。

2. 在与竞争委员会上诉庭庭长和局长认为适当的其他人员协商以后，国务大臣可制定有关上诉和上诉裁决机关的规则。

3. 该规则中可对上诉庭庭长授予职能。

4. 附则8第二部分对本节规定项下的规则问题有进一步规定，该条款不应被理解为对本节规定项下的国务大臣权力的限制。

《英国竞争法》第49条

1. 上诉可以基于下列问题

(a) 上诉裁决机关裁决中的法律问题，或

(b) 上诉裁决机关裁决中的罚款数额。

2. 本节规定项下的上诉必须

(a) 向适当的法院提出；

(b) 获得许可；并

(c) 由当事人或在该问题上有充分利害关系的人请求提出。

3. 第 48 节项下的规则中可制定条款规范或规定任何本节上诉的附带或间接后果问题。

4. 在第(2)条规定中

"适当法院"含义如下

（a）对于向英格兰和威尔士地区的裁判机关提起的诉讼而言,指上诉法院;

（b）对于向苏格兰地区的裁判机关提起的诉讼而言,指最高民事法院;

（c）对于向北爱尔兰地区的裁判机关提起的诉讼而言,指北爱尔兰上诉法院。

"许可"指应的裁判机关或有权法院的许可;

裁决的"当事人"指通过诉讼程序获得该裁决结果的当事人。

《印度尼西亚共和国禁止垄断活动和不公平商业竞争的法律》第44条

1. 在企业收到第 43 条第 4 款中提到的委员会的决定之日起 30 日内,企业应该执行此委员会决定,并向委员会提交执行报告。

2. 企业自收到委员会决定通知之日起最多 14 天内可以向地区法院提交异议申请。

3. 未在本条第 2 款中所规定的期限内提交异议申请的企业应该被认为是接受了委员会的决定。

4. 如果企业并没有执行本条第 1 款和第 2 款中的规定,委员会应该把决定委托给调查员,调查员可以根据现行法展开调查。

5. 第 43 条第 4 款中提到的委员会的决定构成了调查员展开调查的充分的初步证据。

《印度竞争法》第40条

任何不满委员会的某项决定或命令的人,均可以在委员会的决定或命令对其送达 60 日内,依据《1908 年民事诉讼法典》(1908 年第 5 号法案)第 100 条所开列的理由中的一项或几项,向最高法院提起上诉。

同时,如果确信上诉人有充分理由不能在上述期间内上诉的话,最高法院可以允许诉状在一个不超过 60 天的进一步的期间内被递交。

另外,不得针对委员会根据各方同意而做出的决定或命令提起上诉。

《韩国规制垄断与公平交易法》第 55 条
依第 54 条规定的不服之诉,由公平交易委员会所在地的汉城高等法院专属管辖。

《日本禁止私人垄断及确保公正交易法》第 85 条
有关公正交易委员会的诉讼,属于东京高等法院。

第五十四条 反垄断执法机构工作人员滥用职权、玩忽职守、徇私舞弊或者泄露执法过程中知悉的商业秘密,构成犯罪的,依法追究刑事责任;尚不构成犯罪的,依法给予处分。

【说明及立法理由】

反垄断执法机构工作人员应当依法执法和文明执法,不得滥用职权、玩忽职守、徇私舞弊。滥用职权,是指反垄断执法机构工作人员超出法律、行政法规赋予的职权,决定或者处理无权处理的事项,或者行使职权时假公济私、以权谋私,致使公共财产、国家和个人利益遭受损失的行为。玩忽职守,是指反垄断执法机构工作人员怠于履行法定职责,或者不认真履行法定职责,致使公共财产、国家和个人利益遭受损失的行为。徇私舞弊,是指反垄断执法机构工作人员在执法过程中,为私情、私利等,故意违背事实和法律,该为不为,或者不该为而为之,或者枉法作出处理,致使公共财产、国家或者个人利益遭受损失的行为。

商业秘密是指不为公众所熟悉,具有商业价值,能为拥有者带来经济利益或者竞争优势的技术信息和经营信息。技术信息和经营信息包括设计、程序、产品配方、制作工艺、制作方法、管理诀窍、客户名单、货源情报、产销策略、招投标中的标底以及标书内容等信息。商业秘密是经营者的一项重要无形财产,具有特定的价值和使用价值,受法律的保护,任何单位和个人不得侵犯经营者的商业秘密。反垄断执法机构工作人员在执法过程中因为工作的需要可以知悉经营者的商业秘密,但是,不得泄露经营者的商业秘密。

本条规定,反垄断执法机构工作人员滥用职权、玩忽职守、徇私舞弊或者泄露执法过程中知悉的商业秘密,构成犯罪的,依法追究刑事责任;尚不构成犯罪的,依法给予处分。反垄断执法机构工作人员滥用职权、玩忽职守致使公共财产、国家和个人利益遭受重大损失的,处3年以下有期徒刑或者拘役;情节特别严重的,处3年以上7年以下有期徒刑。反垄断执法机构工作人员徇私舞弊构成犯罪,致使公共财产、国家和个人利益遭受重大损失的处5年以下有期徒刑或者拘役;情节特别严重的,处5年以上10年以下有期徒刑。反垄断执法机构工作人员泄露执法过程中知悉的经营者的商业秘密,给商业秘密的权利人造成重大损失的,处3年以下有期徒刑或者拘役,并处或者单处罚金;造成特别严重后果的,处3年以上7年以下有期徒刑,并处罚金。反垄断执法机构工作人员有上述行为,依照法律规定,情节轻微,不构成犯罪的,依法给予行政处分。行政处分是指国家机关根据法律、行政法规的规定,按照行政隶属关系,对犯有轻微违法行为或者违反内部纪律人员给予的一种制裁。行政处分包括警告、记过、记大过、降级、撤职、开除等六种;警告为6个月,记过为12个月,记大过为18个月,降级和撤职为24个月。

【相关规定】

《中华人民共和国反不正当竞争法》第30条

政府及其所属部门违反本法第7条规定,限定他人购买其指定的经营者的商品、限制其他经营者正当的经营活动,或者限制商品在地区之间正常流通的,由上级机关责令其改正;情节严重的,由同级或者上级机关对直接责任人员给予行政处分。

《中华人民共和国价格法》第45条

地方各级人民政府或者各级人民政府有关部门违反本法规定,超越定价权限和范围擅自制定、调整价格或者不执行法定的价格干预措施、紧急措施的,责令改正,并可以通报批评;对直接负责的主管人员和其他直接责任人员,依法给予行政处分。

《中华人民共和国招标投标法》第63条

对招标投标活动依法负有行政监督职责的国家机关工作人员徇私舞弊、滥用职权或者玩忽职守,构成犯罪的,依法追究刑事责任;不构成犯罪的,依法给予行政处分。

《关于禁止在市场经济活动中实行地区封锁的规定》第 23 条

接到检举地区封锁行为的政府或者有关部门,不在规定期限内进行调查、处理或者泄露检举人情况的,对直接负责的主管人员和其他直接责任人员,按照法定程序,根据情节轻重,给予降级、撤职直至开除公职的行政处分。

第八章 附 则

第五十五条 经营者依照有关知识产权的法律、行政法规规定行使知识产权的行为,不适用本法;但是,经营者滥用知识产权,排除、限制竞争的行为,适用本法。

【说明及立法理由】

知识产权是一种无形财产权,包括专利权、商标权、著作权、专有技术等。知识产权具有专有性或排他性,即法律赋予知识产权权利人对特定客体如专利、商标等的独占权,权利人可以在法律授权的范围内排他性地享有或者行使其权利。基于此,权利人可以在一定时间和一定领域内就某种产品的生产或者销售取得市场优势地位甚至是市场支配地位,这对竞争会造成一定的影响;同时,知识产权权利人还有权许可他人使用其知识产权,如果知识产权权利人在许可协议中附加一定的限制性条件,也会在一定程度上排除和限制竞争。但是,行使知识产权对竞争的限制,是法律对各种利益关系进行权衡利弊后所允许的,即为了促进技术创新、提高竞争力而不得不对竞争产生一定的限制。因此,因知识产权而形成的垄断地位以及因知识产权的行使而对竞争的限制,是基于法律的授权,是合法的。各国一般将依法行使知识产权的行为作为反垄断法的适用除外情形。

另一方面,如果知识产权的权利人超出法律对其专有权规定的范围而滥用其权利,以谋取或加强其垄断地位,这种权利是不受保护的,这种行为如果排除、限制了竞争,应当受反垄断法的调整。

从理论界以及各国实践看,知识产权保护与反垄断的关系是:

1. 只要知识产权的获得和行使是合法的,没有超出权利自身的范围,即使因行使知识产权的行为而排除或者限制竞争,也不适用反垄断法。

2. 知识产权属于民事财产权,同其他民事财产权一样,也存在着超出其权利自身的范围而被滥用的情形。例如,专利权人在许可他人使用其专利时附加不合理的限制条件(如以搭售某种商品作为实施许可的条件),就超出了其权利的范围,构成知识产权的滥用。知识产权的滥用行为应为法律所禁止。

3. 知识产权的滥用行为有多种形式,有的行为构成排除、限制竞争,有的则不构成。滥用知识产权,构成排除、限制竞争的行为应当受反垄断法调整。

4. 滥用知识产权排除、限制竞争不是一种独立的垄断行为类型,根据其具体表现形式,分别属于垄断协议或者滥用市场支配地位的行为。

对于知识产权滥用所包括的具体行为,世界贸易组织《与贸易有关的知识产权协议》有所涉及,其第40条第2款规定,各成员方可以在与该协议的其他规定相一致的情况下,根据该成员的有关法律和规章,采取适当的措施制止或者控制那些可能构成对知识产权的滥用、在市场上对竞争产生不利影响的订立许可合同的做法或者条件。例如:独占性回授(要求被许可人对许可的知识产权有所改良时有义务反馈给许可人,或者被许可人在使用许可的知识产权过程中所获得的新知识产权必须给予许可人独占或者独家许可)、禁止对知识产权有效性提出质疑以及强迫一揽子许可(要求被许可人在接受其所需要的知识产权时,必须同时接受其他知识产权的使用许可)。

国外在反垄断法中处理滥用知识产权问题,主要有两种做法:

1. 在反垄断法中原则规定依法行使知识产权的行为不适用反垄断法,并在相关条例或执法指南中对知识产权许可协议中的限制性条款能否豁免适用反垄断法作出具体规定。

2. 在反垄断法律中不涉及知识产权内容,而是在条例或执法指南中作出具体规定。如欧盟的反垄断法律中并没有涉及知识产权的内容,但以指令的形式对技术转让协议能否豁免适用反垄断法进行了规定。

(1)欧盟。欧盟1996年颁布了《对技术转让协议适用欧共体条约

第 81 条第 3 款的条例》(以下简称 1996 年条例),以列举的形式对技术转让协议中的限制性条款应受反垄断法禁止、不予禁止和可以得到豁免的条件和范围进行了规定,对评判知识产权权利人行使其权利是否违反反垄断法提供了具体的判断标准。其中列举了七种可能对竞争产生严重影响而不能得到豁免的许可合同条款,主要包括:价格约束(限制被许可人确定许可产品价格、价格组成或者折扣)、禁止竞争(禁止一方当事人在欧盟市场上与另一方或与其相关的企业在竞争产品的研究、开发、生产和销售方面进行竞争)、限制用户(互为竞争对手的生产商之间订立的许可合同,限制一方在相同的技术领域或相同的产品市场上只能与特定的顾客交易、或限定销售方式、或为分配顾客禁止对该产品采用特殊包装)、限制数量以及强迫被许可人将其在使用许可技术中获得的,改进的或新的使用方法,全部或者部分地转让给许可人等。

2001 年底,欧盟委员会发布了一个关于 1996 年条例实施情况的调查报告。报告认为 1996 年条例过于复杂和拘于形式,没有更好地考虑到市场的实际需要。建议不再采用列举的方式,而是通过制定一个"宽泛的、伞状的"豁免条例及详尽的"指南",对技术转让协议中的限制性条款进行规定。据此,欧盟于 2004 年 5 月 1 日开始实施《技术转让协议集体适用欧共体条约第 81 条第 3 款的 772/2004 号条例》(以下简称 2004 年条例)以及配套指南,1996 年条例被废除。2004 年条例将技术转让协议分为竞争者之间的协议和非竞争者之间的协议,协议双方为竞争者的,各自的市场份额总额不超过 20%,其行为可以得到豁免;协议双方为非竞争者的,各自的市场份额不超过 30%,其行为可以得到豁免。对协议双方的市场份额超过上述标准的,应采取"合理原则"进行分析,判断其协议是否排除、限制了竞争,进而决定其能否得到豁免。同时,2004 年条例对不能豁免的条款作了列举:对于竞争者之间的协议,不能豁免的条款包括固定价格、限制产量、划分市场、限制销售对象等;对于非竞争者之间的协议,不能豁免的条款包括独占性回授、禁止对权利的有效性提出质疑、限制技术研发等。对于上述情况,无需考虑当事人的市场份额。

(2) 美国。《美国克莱顿法》第 3 条规定:商人在其商业过程中,不管商品是否授予专利,商品是为了在美国内、准州内、哥伦比亚区及美国司法管辖权下的属地及其他地域内使用、消费或零售、出租、销售,是以承租人、买方不使用其竞争者的商品作为条件,予以固定价格、给予回扣、折扣,如果该行为实质上减少竞争或旨在形成商业垄断,是非法的。

20世纪70年代,美国联邦司法部对知识产权许可行为的审查是以"九不"原则为基础的,即知识产权许可行为中不得有下列9种限制竞争条款,否则就按照本身违法原则适用反垄断法:

① 要求被许可人从许可人处购买与知识产权无关的材料;
② 要求被许可人向许可人转让许可协议生效后取得的所有专利;
③ 限制知识产权产品销售的买方;
④ 限制被许可人就知识产权之外的产品或者服务的交易自由;
⑤ 未经被许可人同意,许可人不得向其他任何人授予许可;
⑥ 要求被许可人订立一揽子许可协议;
⑦ 要求被许可人对所有产品的销售,包括与知识产权无关的产品销售支付转让费;
⑧ 限制方法专利被许可人销售由这种方法生产的产品;
⑨ 要求被许可人按照固定价格或者最低价格销售相关产品。

但到了80年代以后,司法部逐渐放弃了"九不"原则,对知识产权协议主要根据合理原则即根据协议对市场竞争的影响来判断其是否构成垄断行为。

1995年美国司法部和联邦贸易委员会联合发布《知识产权许可的反托拉斯指南》。该指南包含三个基本原则:

① 承认知识产权许可行为一般是有利于竞争的;
② 知识产权作为垄断权本身并不能导致其权利人具有市场支配地位的结论;
③ 在确认是否违反反托拉斯法时,将知识产权与其他财产权利同等对待。该指南指出,如果一项与知识产权有关的许可合同有可能对现有的或者潜在的商品或者服务的价格、质量、数量、多样性产生不利影响,就存在是否违反反垄断法的问题,会受到美国反托拉斯部门的关

注。该指南还指明了反托拉斯部门在运用合理分析原则对知识产权许可合同进行分析、评估时的一般原则。

(3) 日本、韩国

日本和韩国反垄断法均规定,该法不适用于被依法认为是行使著作权法、商标法、专利法、实用新型法、外观设计法所规定的权利的行为。即知识产权权利人不"依法"行使其权利,仍然要受到反垄断法的约束。

1989年日本公正交易委员会颁布了《关于管制专利和技术秘密许可协议中的不公正交易方法的指导方针》,将许可协议中的限制性条款分为豁免适用反垄断法的条款、不能豁免适用反垄断法的条款以及需要根据合理分析原则进行判断是否适用反垄断法的条款。1999年日本公正交易委员会颁布了新的《关于管制专利和技术秘密许可协议中的不公正交易方法的指导方针》,其将许可协议中的限制性条款分为四类:

① 关于许可范围的限制;

② 关于许可协议附随的限制和义务;

③ 关于制造专利产品的限制和义务;

④ 关于专利产品销售的限制和义务。

新指导方针指出,许可人限制被许可人产品的转售价格或销售价格的,原则上属于不公正交易方法,受反垄断法调整;专利许可协议中的其他限制不属于专利权人依专利法的规定行使权利,将依照其对市场竞争的影响程度个案确定是否违反反垄断法。对技术秘密许可协议中的限制,同样将依照其对市场竞争的影响程度个案确定是否违反反垄断法。

(4) 德国

《德国反对限制竞争法》第30条规定,该法关于横向垄断协议(卡特尔)和纵向垄断协议的规定,不适用于设立受《关于行使著作权及邻接权的法律》监督的著作权保护协会,不适用于此类著作权保护协会订立的合同和作出的决议,但以该类合同或决议为行使《关于行使著作权及邻接权的法律》规定的著作权及邻接权所必需,而且已经向监督机关申报为限。

(5) 我国台湾地区

我国台湾地区"公平交易法"第45条规定,依照著作权法、商标法、专利法行使权利的正当行为,不适用该法的规定。同时,2001年我国台湾地区"公平交易委员会"制定了"审理技术授权协议案件处理原则"。参考欧盟1996年《对技术转让协议适用欧共体条约第81条第3款的条例》的规定,将技术授权协议内容区分为不违反公平交易法、违反公平交易法和可能违反公平交易法三种类型;同时,为防止挂一漏万,明确对不属于该原则所列举的技术授权协议,仍然可以按照公平交易法的相关规定,个案判断其是否违反公平交易法。

本法借鉴了国外的有益经验,在本条对知识产权与反垄断法的关系作出了同国外普遍做法相一致的规定。依据本条规定,经营者行使知识产权的行为,不论是自己行使还是通过许可的方式授权他人行使,不论是否对市场竞争造成了排除、限制性的影响,只要是依照有关知识产权的法律、行政法规的规定进行的,将不会受到反垄断法的规制,不会被认为是垄断行为而受到处罚;但是,如果经营者滥用其知识产权,排除、限制竞争,将受到反垄断法的禁止。对于什么样的行为构成滥用知识产权的行为,法律并没有作出明确的规定,将由反垄断执法部门根据其行为的性质、对竞争的影响等因素来具体判断;反垄断执法部门也可以以指南或者条例的形式对实践中比较典型的滥用知识产权,排除、限制竞争的行为予以明确。

【相关规定】

《中华人民共和国专利法》第11条

发明和实用新型专利权被授予后,除本法另有规定的以外,任何单位或者个人未经专利权人许可,都不得实施其专利,即不得为生产经营目的制造、使用、许诺销售、销售、进口其专利产品,或者使用其专利方法以及使用、许诺销售、销售、进口依照该专利方法直接获得的产品。

外观设计专利权被授予后,任何单位或者个人未经专利权人许可,都不得实施其专利,即不得为生产经营目的制造、销售、进口其外观设计专利产品。

《中华人民共和国专利法》第 12 条

任何单位或者个人实施他人专利的,应当与专利权人订立书面实施许可合同,向专利权人支付专利使用费。被许可人无权允许合同规定以外的任何单位或者个人实施该专利。

《中华人民共和国商标法》第 3 条

经商标局核准注册的商标为注册商标,包括商品商标、服务商标和集体商标、证明商标;商标注册人享有商标专用权,受法律保护。

本法所称集体商标,是指以团体、协会或者其他组织名义注册,供该组织成员在商事活动中使用,以表明使用者在该组织中的成员资格的标志。

本法所称证明商标,是指由对某种商品或者服务具有监督能力的组织所控制,而由该组织以外的单位或者个人使用于其商品或者服务,用以证明该商品或者服务的原产地、原料、制造方法、质量或者其他特定品质的标志。

《中华人民共和国著作权法》第 2 条

中国公民、法人或者其他组织的作品,不论是否发表,依照本法享有著作权。

外国人、无国籍人的作品根据其作者所属国或者经常居住地国同中国签订的协议或者共同参加的国际条约享有的著作权,受本法保护。

外国人、无国籍人的作品首先在中国境内出版的,依照本法享有著作权。

未与中国签订协议或者共同参加国际条约的国家的作者以及无国籍人的作品首次在中国参加的国际条约的成员国出版的,或者在成员国和非成员国同时出版的,受本法保护。

《中华人民共和国著作权法》第 10 条

著作权包括下列人身权和财产权:

(一)发表权,即决定作品是否公之于众的权利;

(二)署名权,即表明作者身份,在作品上署名的权利;

(三)修改权,即修改或者授权他人修改作品的权利;

(四)保护作品完整权,即保护作品不受歪曲、篡改的权利;

（五）复制权，即以印刷、复印、拓印、录音、录像、翻录、翻拍等方式将作品制作一份或者多份的权利；

（六）发行权，即以出售或者赠与方式向公众提供作品的原件或者复制件的权利；

（七）出租权，即有偿许可他人临时使用电影作品和以类似摄制电影的方法创作的作品、计算机软件的权利，计算机软件不是出租的主要标的的除外；

（八）展览权，即公开陈列美术作品、摄影作品的原件或者复制件的权利；

（九）表演权，即公开表演作品，以及用各种手段公开播送作品的表演的权利；

（十）放映权，即通过放映机、幻灯机等技术设备公开再现美术、摄影、电影和以类似摄制电影的方法创作的作品等的权利；

（十一）广播权，即以无线电方式公开广播或者传播作品，以有线传播或者转播的方式向公众传播广播的作品，以及通过扩音器或者其他传送符号、声音、图像的类似工具向公众传播广播的作品的权利；

（十二）信息网络传播权，即以有线或者无线方式向公众提供作品，使公众可以在其个人选定的时间和地点获得作品的权利；

（十三）摄制权，即以摄制电影或者以类似摄制电影的方法将作品固定在载体上的权利；

（十四）改编权，即改变作品，创作出具有独创性的新作品的权利；

（十五）翻译权，即将作品从一种语言文字转换成另一种语言文字的权利；

（十六）汇编权，即将作品或者作品的片段通过选择或者编排，汇集成新作品的权利；

（十七）应当由著作权人享有的其他权利。

著作权人可以许可他人行使前款第（五）项至第（十七）项规定的权利，并依照约定或者本法有关规定获得报酬。

著作权人可以全部或者部分转让本条第1款第（五）项至第（十七）项规定。

我国台湾地区"公平交易法"第 45 条

依照著作权法、商标法或者专利法行使权利之正当行为,不适用本法之规定。

《美国克莱顿法》第 3 条

商人在其商业过程中,不管商品是否授予专利,商品是为了在美国内、准州内、哥伦比亚区及美国司法管辖权下的属地及其他地域内使用、消费或零售、出租、销售或签订销售合同,是以承租人、买者不使用其竞争者的商品作为条件,予以固定价格,给予回扣,折扣,如果该行为实质上减少竞争或旨在形成商业垄断,是非法的。

《德国反对限制竞争法》第 30 条

1. 第 1 条不适用于垂直价格约束,在垂直价格约束中,企业在法律上或经济上对购买其出版物的购买人进行约束,要求他们在转销出版物时必须约定一定的价格,或者要求他们责成购买人在向最终消费者转售时接受相同的约束的。

2. 第 1 款所称的协议,以其涉及价格和价格要素为限,须以书面形式订立。当事人在援引价目表或价格通知书的文书上签名的,即可。《民法典》第 126 条第 2 款不适用。

3. 如

(1) 价格约束受到滥用,或

(2) 价格约束,或价格约束与其他限制竞争行为相结合后,可以使价格受约束的商品涨价,或者阻止其降价,或者限制其生产或销售,则联邦卡特尔局可依职或应某个受约束的购买人的申请,宣布价格约束为无效,并禁止实施新的、同类性质的价格约束行为。

《比利时经济竞争保护法》第 7 条

1. 如果相关企业希望本法第 2 条第 1 款所指之协议、决议和协同行为能够适用第 2 条第 3 款的规定,那么他们必须向竞争委员会申报这些协议、决议和协同行为。在收到这些申报之前,不得做出第 2 条第 3 款所指之宣告,除非有第 5 条第 1 款或者第 2 款规定之情形。

2. 本条第 1 款不适用于下列协议、决议或者协同行为:

(1) 如果它们只涉及两个企业并且其唯一效果是:

（a）限制合同一方在转售从合同另一方获得的货物时确定价格或者合同其他条款的自由；或者

（b）限制知识产权，尤其是专利、实用新型、设计或者商标的受让人或者使用人，或者依合同享有权利的人，行使其转让或者授权运用与使用和适用工业过程有关的制造方法或者知识的权利。

（2）或者他们的唯一目标是：

（a）发展或者统一应用标准或者类型；

（b）共同对技术改造进行研究，如果研究结果对所涉及企业开发并且其中每一个企业都能够从中获益。

这类协议、决议和协同行为也可以进行申报。

3. 国王应该就第1款所指之协议、决议或者协同行为的申报程序制定规则。

《克罗地亚竞争法》第10条

1. 特定种类的协议，如能促进货物和/或服务的生产或销售的改善，或促进技术或经济的进步，并能同时使消费者分享到一部分据此产生的收益，则应该在委员会的提议下按照克罗地亚共和国政府规定的条件被单独豁免或集体豁免。

2. 本条第1款中所规定的协议不得：

（1）施加给所涉企业与实现那些积极目标并无必然联系的限制，以及

（2）提供给所涉企业在构成协议标的内容的货物和/或服务的重大部分方面消除竞争的机会。

《克罗地亚竞争法》第11条

1. 本法第10条第1款中规定有关集体豁免的条例与下列种类的协议相关：

（1）在生产和销售上不处于同一个层级的企业间的协议，特别是独家销售协议、选择性销售协议、独家购买协议和特许经营权协议；

（2）在生产和销售上处于同一个层级的企业间的协议，特别是研究和开发协议以及专门化协议；

（3）转让技术、许可以及专有技术的协议；

(4) 关于机动车的销售和服务的协议,以及

(5) 保险协议。

2. 本条第 1 款中所提到的条例应规定以下事项:

(1) 第 1 款中规定的协议所必须包含的条款;

(2) 第 1 款中规定的协议不得包含的限制或条件;

(3) 第 1 款中规定的协议必须遵守的其他规定。

3. 满足了本法第 10 条所规定的条件的协议不需要再被提交给竞争局审查,以获得本法第 12 条所规定的单独豁免。

4. 如果维护竞争局认为,由于本身原因或相关市场内其他相似协议的累积影响,本条第 3 款中所提到的某特定协议并不符合本法第 10 条所规定的条件,那么它可以依职权主动发起审查此特定协议与特定条款的兼容性的程序。

《波兰反垄断法》第 3 条

本法不追究基于专利法、商标法、外观设计法、著作权法所获得的排他性权利;也不追究雇员和工会为保护雇员利益而与雇主达成的协议。

本法适用于行使前段排他性权利的特许协议和其他行为。

《日本禁止私人垄断及确保公平交易法》第 21 条

本法规定,不适用于被认为是行使著作权法、专利法、实用新型法、外观设计法或商标法所规定的权利的行为。

《韩国规制垄断及公平交易法》第 5 条

本法规定不适于被认定为行使著作权、特许法、实用新型、意匠法以及商标法规定的权利的行为。

《印度竞争法》第 3 条

(5) 本条中的任何内容都不限制

(i) 任何人防止他人对他的侵害的权利,或者是在合理情境下对其已经或可能被以下法案授予的权利给予必要的保护的权利,这些法案包括:

(a)《1957 年版权法》(1957 年第 14 号法案);

(b)《1970 年专利法》(1970 年第 39 号法案);

(c)《1958年贸易和商品标志法》(1958年第43号法案)或《1999年商标法》(1999年第47号法案);

(d)《1999年商品地理标志法(登记和保护)》(1999年第48号法案);

(e)《2000年设计法》(2000年第16号法案);

(f)《2000年半导体集成电路布局设计法 Layout-Design》(2000年第37号法案);

(ii)任何人为从印度出口货物的权利,只要协议的范围仅涉及为此出口而进行的货物的生产、供应、流通或管理或者提供的服务。

第五十六条 农业生产者及农村经济组织在农产品生产、加工、销售、运输、储存等经营活动中实施的联合或者协同行为,不适用本法。

【说明及立法理由】

一、反垄断法作为规范市场竞争秩序的基本法律,原则上对于所有的市场竞争活动都要适用

但是,在经济领域中也存在着一些特殊的行业,不适合过度竞争,这些行业完全适用反垄断法反而会对国家整体经济的发展和社会公共利益不利。对于这些行业,反垄断法往往明确规定排除适用。

农业就属于不适合过度竞争的产业,这是由农业自身的特点决定的:首先,农业对于自然条件的依赖性很强,生产者不便适应市场的变化而迅速转产;其次,农产品的供需弹性小,可替代性差;最后,农业在国民经济中处于基础地位,直接影响着人民的基本生活需求。农业的这些特点决定了农业领域的竞争必须维持在一个适当的程度,否则就会影响国民经济的发展,损害社会整体利益。因此,许多国家和国际组织不仅允许农业生产者订立限制竞争的协议,而且国家往往还规定最低保护价格,或由国家给予补贴,或由国家直接参与购销活动,以体现对农业的保护。这方面的典型例子是欧盟,欧盟范围内绝大多数农产品是由欧盟统一管辖,并由欧盟内的各成员国共同商定它们的最高限价和最低限价,实行出口补贴。根据欧盟条约第42条的规定,欧盟的

农业政策优先于竞争政策,同时根据欧盟委员会《关于处理农业领域协议的26号法规》规定,农业是得以"类别豁免"的行为。又比如,加拿大规定,渔夫或渔夫协会同特定人员或协会之间关于在特定条件下捕鱼,并以特定价格供鱼的协议不适用反垄断法。美国《克莱顿法》规定,不禁止为合法目的而采取互助措施的农业和园艺组织的活动。同时,根据美国《凯普—伏尔斯蒂德法》及《合作推销法》的规定,农产品生产者有权在生产、收集、储存、经销农产品方面进行合作,共同行动,并视其为一个主体,有权设定联盟政策和固定农产品价格,并对农业合作社的一些行为予以豁免。

我国的农业发展还比较落后,基础薄弱,而人民生活和工业发展对农业的需求很大,尤其面临入世后进口农产品对我国农业的冲击,国家更应采取多种保护措施加以保护。因此,本法借鉴国外立法经验,在本条明确规定农业活动可以排除适用反垄断法。

二、根据本条规定,农业生产者及农村经济组织在农产品生产、加工、销售、运输、储存等经营活动实施的联合或者协同行为,不适用本法

对本条的理解,应注意以下几点:

1. 本条所称的农业,是大农业的概念,既包括农产品种植业,也包括林业、畜牧业和渔业。

2. 本条仅是排除农业生产者和农村经济组织的经济活动对本法的适用。本条所称的农业生产者,既包括农民,也包括农业企业以及其他直接从事农业生产经营活动的组织;本条所称的农村经济组织,既包括农民专业合作经济组织,也包括农村集体经济组织。上述主体以外的从事与农业有关的生产经营活动的经营者的行为,仍然要适用本法的规定。

3. 依据本条规定,农业生产者和农村经济组织排除适用本法的行为范围限于农产品生产、加工、销售、运输、储存等经营活动中实施的联合和协同行为。农业生产者和农村经济组织的上述行为可以不受本法关于垄断协议和经营者集中的规定的约束,即使构成了排除、限制竞争的协议,或者构成具有或可能具有排除、限制竞争的经营者集中,也不会受到反垄断执法机构的处罚。

【相关规定】

《美国克莱顿法》第 6 条

人的劳动不是商品或商业物品。反托拉斯法不限制那些为了互助、没有资本、不盈利的劳动组织、农业组织、园艺组织的存在和活动,也不限制或禁止其成员合法地实现该组织的合法目的。依据反托拉斯法,这些组织或成员,不是限制贸易的非法联合或共谋。

《加拿大竞争法》第 4 条

本法不适用于下列情况:

渔夫或者渔夫协会同特定的人或协会之间关于在特定条件下捕鱼并以特定价格向该特定人供鱼的契约、协议或协定。

《德国反对限制竞争法》第 28 条

1. 第 1 条(关于垄断协议的规定)不适用于农业生产者企业,有关

(1) 农业产品的生产或销售,或

(2) 使用储藏、加工或处理农业产品的共同设施的协议,不适用于农业生产者企业联合会以及此类联合会订立的有关农业产品的生产或销售或使用储藏、加工或处理农业产品的共同设施的协议和作出的决议,但以其不包含价格约束并且不排除竞争为限。植物栽培企业和动物饲养企业以及在该类企业的层次上从事经营的企业,也视为农业生产者企业。

2. 第 1 条不适用于涉及有关农业产品的分类、标记或包装的垂直价格约束。

3. 农业产品是指《欧洲共同体条约》附录一所列的产品以及对这些产品进行加工或处理后所得的商品,这些商品的加工或处理通常由农业生产者企业及其联合会承担。

《瑞典竞争法》第 18 条

第 6 条(禁止对竞争的限制)规定的禁止不适用于初级农业协会内部或者其分支机构之间关于协会成员在下列方面进行合作的协议:

1. 生产、采集、加工、销售或有关活动,例如,共有设施的使用,农业、园艺或林业产品的储存、准备、分销或销售;或者

2. 购买前款规定的活动所需的货物或者服务。

然而，第一款的规定不适用于有以下目的或效果的协议：

1. 在以下方面，阻碍或损害成员在市场的自由活动：
（1）买方或供方的选择；
（2）离开协会的可能；或
（3）同样重要的其他方面。或者
2. 在以下情况下，成员生产的货物的售价被直接或间接固定：
（1）直接发生在成员与第三方之间的销售；或
（2）协会进行销售，并且在相当程度上禁止、限制或破坏市场竞争。

《芬兰竞争法》第2条

本法不适用于农业生产者或生产者协会关于初级农产品的、旨在提高农业生产力、促进市场的有效运行、增加食品供应以及达到合理的消费价格和较低成本的协议、决定或有关活动。

然而，如果第2款提及的活动严重阻碍农产品市场的正常有效竞争或导致滥用市场支配地位，则本法适用于这些活动。

第五十七条　本法自2008年8月1日起施行。

【说明及立法理由】

这一条规定了反垄断法的实施日期。反垄断法于2007年8月30日经十届全国人大第二十九次常委会会议审议通过，于2008年8月1日起施行。之所以规定了较长的准备时间，主要是考虑到：反垄断法规定的有关制度专业性、技术性较强，为了保证这些制度的正确实施，需要研究制定一系列可操作的配套规定。同时，国务院还需要依照本法建立反垄断委员会，明确承担反垄断执法职责的机构及其具体职责等。反垄断法具有较强的政策性和专业性，需要广泛宣传、培训，使有关执法机构和市场主体充分理解本法的规定及立法意图，以便于实践中更好地执行。上述工作需要一定的时间。这样安排有利于做好本法实施的各项准备工作。